Betriebliche Gesundheitsförderung

Europäische Hochschulschriften

Publications Universitaires Européennes
European University Studies

Reihe VI
Psychologie

Série VI   Series VI
Psychologie
Psychology

Bd./Vol. 713

PETER LANG

Frankfurt am Main · Berlin · Bern · Bruxelles · New York · Oxford · Wien

Ulrike Amon-Glassl

Betriebliche Gesundheitsförderung

Pausenprogramme am Arbeitsplatz

Theorie, Empirie und Tipps für die arbeitspsychologische Praxis

PETER LANG
Europäischer Verlag der Wissenschaften

Bibliografische Information Der Deutschen Bibliothek
Die Deutsche Bibliothek verzeichnet diese Publikation in der
Deutschen Nationalbibliografie; detaillierte bibliografische
Daten sind im Internet über <http://dnb.ddb.de> abrufbar.

Gedruckt mit Unterstützung des Bundesministeriums
für Bildung, Wissenschaft und Kultur in Wien.

Gedruckt auf alterungsbeständigem,
säurefreiem Papier.

ISSN 0531-7347
ISBN 3-631-39970-7

© Peter Lang GmbH
Europäischer Verlag der Wissenschaften
Frankfurt am Main 2003
Alle Rechte vorbehalten.

Printed in Germany 1 2   4 5 6 7

www.peterlang.de

DANKSAGUNG

An dieser Stelle möchte ich mich bei all jenen, die zur Entstehung dieses Buches beigetragen haben, für ihre Ideen und ihre Unterstützung bedanken. Sehr wertvoll waren meine Gespräche mit Univ. Ass. Prof. Dr. Renate Cervinka vom Institut für Umwelthygiene der Universität Wien sowie mit KollegInnen aus dem Bereich Arbeitspsychologie, wie auch Vorträge und Workshops mit Prof. Eberhard Ulich, Zürich, die ein differenziertes Verständnis für die arbeitspsychologische Praxis ermöglichten und zu immer neuen Ideen für dieses Buch inspirierten.

Bedanken möchte ich mich für das zur Verfügung Stellen von Projektunterlagen und die Genehmigung zur Verwendung von Textmaterial u.a. bei Univ. Ass. Prof. Dr. Renate Cervinka (s.o.), DDr. Oskar Meggeneder bzw. Frau Elfriede Kiesewetter vom Forum Gesundheit der Oberösterreichischen Gebietskrankenkasse und Mag. Martina Molnar von human ware, Institut für Gesundheit, Sicherheit und Ergonomie im Betrieb, Wien.

Bei Mag. Martina Molnar (s.o.) und Dr. Rosemarie Rerych von der Hauptstelle der Allgemeinen Unfallversicherungsanstalt bedanke ich mich für die Unterstützung bei der Suche nach einem Unternehmen für meine Studie, bei Univ. Ass. Prof. Dr. Walter Hackl-Gruber von der Technischen Universität Wien, Dr. Peter Hoffmann von der Arbeiterkammer Wien und Dr. Thomas Pfeiffer von der Hauptstelle der Allgemeinen Unfallversicherungsanstalt für das Bereitstellen von Gesetzestexten.

Dr. Gerhard Berka von der Telechance Ges. m. b. H., Jennersdorf, meinem Mann Markus Glassl und dem Verlag gilt Dank für die Durchsicht der Arbeit und für ihre Anregungen.

Hervorheben möchte ich weiters die grafische Arbeit meines Mannes, der mich immer wieder unterstützte und auch das Layout gestaltete.

Ein Dankeschön an meine Familie und vor allem an meine nunmehr acht Monate alte Tochter Laetizia Elena, die viel Verständnis für mich aufbrachte und mit Geduld auf meine Zeitknappheit reagierte.

Ulrike Amon-Glassl

VORWORT

„Betriebliche Gesundheitsförderung" wird mittlerweile von österreichischen Unternehmen als ein eigenständiger, den ArbeitnehmerInnenschutz ergänzender Weg verstanden, der auch zunehmend beschritten wird. Unklarheit besteht allerdings was alles unter diesen Begriff zu subsumieren ist. Hierzulande wird darunter ein Ansatz verstanden, der den vom „European Network Workplace Health Promotion" formulierten Qualitätskriterien[1] entspricht. Im folgenden sind die wichtigsten Merkmale betrieblicher Gesundheitsförderung umrissen:

Betriebliche Gesundheitsförderung setzt am konkreten Arbeitszusammenhang an. Während betriebliche Wellness-Konzepte die Veränderung gesundheitsgefährdenden persönlichen Risikoverhaltens (Rauchen, ungesunde Ernährungsweise usw.) der Mitarbeiter und Mitarbeiterinnen zum Ziel haben, stehen in der betrieblichen Gesundheitsförderung die Schaffung einer „gesunden" Unternehmenskultur im Mittelpunkt des Bemühens.

- Ähnlich dem ArbeitnehmerInnenschutz, versucht betriebliche Gesundheitsförderung Bedingungen und Ursachen von Gesundheit zu beeinflussen.

- Weiteres Ziel ist die Schaffung einer gesundheitsbejahenden Betriebskultur.

- Während die Akteure des ArbeitnehmerInnenschutzes Experten (Sicherheitsfachkraft, ArbeitsmedizinerIn) sind, liegt der Schwerpunkt der betrieblichen Gesundheitsförderung in der Nutzung des Erfahrungswissens der Betroffenen und Stärkung der Betroffenenkompetenz.

- Bemüht sich der ArbeitnehmerInnenschutz in seiner Expertenorientierung vorwiegend um naturwissenschaftlich-technisch orientierte Problemlösungen, so versteht sich betriebliche Gesundheitsförderung vor allem als sozialer Prozess.

Im Zusammenhang mit der Gesundheitsförderung in der Arbeitswelt gibt es zwei Konzepte:

Verhaltensorientiertes Konzept

Verhältnisorientiertes Konzept

Das verhaltensorientierte Konzept wird in der in der Fachliteratur als „Gesundheitsförderung im Betrieb" (englisch: Health Promotion at the Workplace) und das verhältnisorientierte Konzept wird als betriebliche Gesundheitsförderung

---

[1] Vgl. http://europa.eu.int/comm/health/ph/programmes/health/network7.htm

(englisch: Workplace Health Promotion) bezeichnet. Das verhaltensorientierte Konzept richtet sich, wie schon der Name sagt, vorwiegend an Einzelpersonen. Die hier eingesetzten Instrumente sind Aufklärung, Beratung und Information sowohl für Einzelpersonen als auch für Gruppen. Das verhältnisorientierte Konzept möchte nicht in erster Linie auf Einzelpersonen einwirken, sondern die Strukturen im Unternehmen verändern, so dass diese gesundheitsförderlich sind. Der Vorteil dieses Konzeptes liegt darin, dass mit einer Maßnahme gleich mehrere Personen erfasst werden. Im Bereich der verhältnisfördernden Programme gibt es zwei Stränge. Dies sind einerseits sogenannte ganzheitliche oder holistische Programme, sowie zielgruppenorientierte oder themenzentrierte Programme. Ganzheitliche Programme versuchen die gesamte betriebliche Arbeitsumwelt zu erfassen, wobei den Betroffenen eine hohe Kompetenz eingeräumt wird und diese damit auch die zu behandelnden Probleme mitbestimmen. Die eingesetzten Instrumente sind Gesundheitszirkel, Gesundheitsbericht, Mitarbeiterbefragungen sowie systematische Ist-Erhebungen und Ist-Analysen bezüglich der Arbeitsumwelt und Arbeitsbedingungen. Der zweite Strang sind sogenannte zielgruppenorientierte oder themenzentrierte Programme, welche gleichfalls in einem beteiligungsorientierten Ansatz entweder bestimmte, besonders gefährdete ArbeitnehmerInnengruppen erfassen, oder ganz bestimmte Themen aufgreifen. Im Zusammenhang mit der Arbeitspsychologie würden Einzelberatungen und Vorträge über die Arbeitspsychologie und Psychophysiologie von Arbeitspausen dem verhaltensorientierten Konzept entsprechen, während beispielsweise die Durchführung von nachhaltigen Pausenprogrammen in Gruppen am Arbeitsplatz, wie auch in vorliegendem Buch beschrieben, dem verhältnisorientierten Konzept zuzuordnen sind.

Das vorliegende, von Ulrike Amon-Glassl verfasste Buch bildet einen überaus wertvollen Beitrag zur Synthese von betrieblicher Gesundheitsförderung und modernen ArbeitnehmerInnenschutz. Die jüngste Novelle des ArbeitnehmerInnenschutzgesetzes eröffnet nunmehr auch Arbeitspsychologen und Arbeitspsychologinnen ein Betätigungsfeld im Bereich der Gesundheit und Sicherheit am Arbeitsplatz. Gerade die Berufsgruppe der Arbeitspsychologen und Arbeitspsychologinnen ist auf Grund ihrer Ausbildung besonders geeignet, den expertenorientierten und pathogenetischen ArbeitnehmerInnenschutz mit der beteiligungsorientierten salutogenetischen betrieblichen Gesundheitsförderung zu verbinden. Nach einer grundlegenden Darstellung beider Handlungsfelder legt die Autorin den Schwerpunkt ihrer Arbeit auf den Bereich Arbeitspausen, die, wenn richtig gestaltet, nicht nur Belastungen vermeiden oder lindern, sondern im Sinne der Salutogenese, Arbeitsfreude und Wohlbefinden steigern können. Dass Amon-Glassl in diesem Zusammenhang zahlreiche praktische Beispiele und erfolgreiche Projekte zur Pausengestaltung bringt, ist aus meiner Sicht ist als besonders positiv hervorzuheben. Das vorliegende Buch ist für Angehörige der Präventivdienste und für betriebliche Gesundheitsförderer eine Pflichtlektüre und ein wertvoller Arbeitsbehelf. Auch Sportwissenschaftern und Physiotherapeuten, welche ihr Fachwissen in Betrieben anwenden, kann das Buch sehr empfohlen werden, gibt es doch nützliche und praktische Hinweise, wie sie ihr Fachwissen in den Betriebsalltag implementieren können.

Dr. Dr. Oskar Meggeneder
Österreichische Kontaktstelle des
European Network Workplace Health Promotion

INHALT

15

Aus Gründen der besseren Lesbarkeit verzichtet die Autorin auf zweigeschlechtliche Formulierungen: Wenn z.B. von Arbeitnehmern die Rede ist, sind selbstverständlich Frauen und Männer gleichermaßen angesprochen.

1 Der Arbeitsbegriff im zeitlichen Wandel als Herausforderung an die präventiven Fachkräfte bezüglich Gesundheitsförderung

Gesundheitsförderung im Betrieb ist ein Thema, welches seit Österreichs Beitritt zur Europäischen Union immer mehr in den Mittelpunkt des Interesses trat. Wurde früher vorwiegend der Bereich Arbeitsschutz abgedeckt, erfolgt heute eine Bereichserweiterung in Richtung Primärprävention (Hauptverband der österreichischen Sozialversicherungsträger, 1997). Erstreckten sich die Bemühungen dazumal lediglich darauf, Arbeitsunfälle und Berufskrankheiten durch Rechtsvorschriften zu verhindern bzw. zu vermindern und waren gesundheitsfördernde Maßnahmen nur in Betrieben ab 250 Mitarbeitern gesetzlich vorgeschrieben, ist seit dem Jahr 2000 Gesundheitsförderung auch in Klein- und Mittelbetrieben etabliert und für die Zukunft Information als neuer Schwerpunkt gesetzt worden (Europäische Kommission, 1996).

Dass Arbeitsschutz mehr als Unfallverhütung und Sicherheitstechnik beinhaltet, zeigt sich speziell an der zunehmenden Beschäftigung mit dem Thema Bildschirmarbeit: es existieren kaum noch Büroarbeitsplätze ohne Bildschirmgeräte und neben der typischen Berufsbelastung steigt auch die Belastung im Privatbereich, da PCs in vielen Haushalten bereits zur Standardausrüstung gehören (Steinberg, 1995).

Auch im Hinblick auf den stetigen Wandel in der Arbeitswelt, wie z.B. Verkürzung der Erwerbsarbeitszeit mit gleichzeitigem Anstieg der Gesamtarbeitszeit und geringere durchschnittliche Verweildauer an einem Arbeitsplatz gegenüber früheren Langzeit-Beschäftigungen, sind der Gesundheitsförderung von Arbeitnehmern und somit auch den damit befassten Berufen wie Präventivfachkräften und „... sonstigen geeigneten Fachkräften, ... insbesondere jedoch Arbeitspsychologen..." (Allgemeine Unfallversicherungsanstalt, 2002, S. 116) neue Aufgabenbereiche aus den damit einhergehenden Veränderungen von Belastung und Beanspruchung erwachsen (Bamberg, Mohr & Resch, 1997; Richter, 1997; Udris, 1997). „Eine wesentliche Ursache für Stress in der Arbeitswelt liegt in der Veränderung der Arbeitsbedingungen und Belastungen selbst, insbesondere in der zunehmenden Leistungsverdichtung und psychischen Beanspruchung" (Kaufmann, Pornschlegel & Udris, 1982, S. 35). Es „... muss ein gesundheitsförderliches optimales Verhältnis von körperlichen und geistigen Beanspruchungen gesichert werden, das auch dem Bewegungsmangel ... vorbeugt" (Hacker, 1998,

S. 34). Nefiodow (2000) orientiert sich an den Gesundheitskriterien der Weltgesundheitsorganisation und meint generell, dass es „... für die Weiterentwicklung von Wissenschaft und Gesellschaft ... vor allem an psychosozialer Gesundheit ..." fehlt (S. 136).

Die Europäische Kommission für Beschäftigung, Arbeitsbeziehungen und soziale Angelegenheiten, Gesundheitswesen und Sicherheit am Arbeitsplatz hat bereits in ihrem Gemeinschaftsprogramm von 1996 drei Schwerpunkte festgelegt, auf Basis derer in Hinkunft die Verbesserung der Arbeitsumwelt gefördert werden soll, um die Sicherheit und Gesundheit der Arbeitnehmer besser zu schützen. Dazu zählen nichtlegislative Maßnahmen, die der Aufklärung, Bildung und Ausbildung im Gesundheitsbereich mehr Raum geben sollen, weiters legislative Maßnahmen, die durch Überarbeitung, Neuerungen und ergänzende Maßnahmen Unterstützung bringen sollen und schließlich die Einbindung der Themen Sicherheit und Gesundheitsschutz in andere politische Bereiche, um die Wirksamkeit aller Maßnahmen zu verbessern. Auch sollen künftig Untersuchungen zu wichtigen Themenkreisen eingeleitet und intensiviert werden, wie z.B.:

♦ „... Einfluss von übermäßigem Stress und persönlichem Verhalten auf die Inzidenz von Arbeitsunfällen, Berufskrankheiten und arbeitsbedingten Erkrankungen; ..." (Europäische Kommission, 1996, S. 17).

♦ „... Anreizsysteme, die Präventivmaßnahmen nach dem Gesichtspunkt ihrer Effizienz und ihrer Eignung für die allgemeine Anwendung fördern" (Europäische Kommission, 1996, S. 17).

Die Verbesserung von Arbeitsbedingungen ist ein Thema von allgemeinem Interesse, da die Chancen und Potentiale, die sich Unternehmen und ihren Mitarbeitern durch Gesundheitsförderung und höhere Sicherheits- und Gesundheitsschutzstandards eröffnen, beachtlich sind. Modellprojekte haben gezeigt, dass innerbetriebliche Maßnahmen während der Arbeitszeit zur Bewegungsförderung von Arbeitnehmern längerfristige Verbesserungen der Gesundheit der Beschäftigten bewirken als Wellnessprogramme, die von Betrieben für die Freizeitgestaltung ihrer Mitarbeiter zusammengestellt wurden (Richter und Hacker, 1998). Die organisierte Pausentätigkeit lässt für den Arbeitgeber nachhaltige Erfolge z.B. im Leistungs- und Wohlbefindensbereich (Amon-Glassl 2001; Amon-Glassl, Gesierich, Kammerer und Cervinka, 2002) und im Sinne einer Kostenersparnis und Steigerung der Wettbewerbsfähigkeit, wie auch eine Erhöhung der Produktivität erkennen, für die Arbeitnehmer einen höheren Erholungseffekt (Grandjean, 1991; Richter & Hacker, 1998). Hingegen gibt es keinerlei signifikante Hinweise, dass die so oft praktizierte Personalentlassung zur längerfristigen Gewinnentwicklung von Betrieben beiträgt (Richter, 1999a).

Da auf Grund der aktuellen Entwicklungen in der Arbeitswelt die Nachfrage nach Befunden bezüglich Konzentration und Wohlbefinden im Arbeitsbereich steigt, soll das vorliegende Werk als Handbuch für die (arbeitspsychologische) Praxis von Fachkräften der Präventivdienste sowohl theoretisch-rechtliche Aspekte, als auch ausgewählte praktische Beispiele für betriebliche Gesundheitsförderung beinhalten. Insbesondere sollen an Hand einer empirischen Studie Auswirkungen unterschiedlich strukturierter Pausengestaltung auf oben genannte psychologische Variablen erwachsener Arbeitnehmer am Büroarbeitsplatz dargestellt werden.

Ziel dieses Buches ist es, hinblicklich des von Arbeitswissenschaftlern prognostizierten Anstiegs von Gesamtarbeitszeit, Belastung und Beanspruchung, aktive Arbeitspausen mit strukturiertem Inhalt als gesundheitsfördernde Maßnahme zu verstehen und die Wirksamkeit von verschiedenen Pausenprogrammen näher zu beleuchten auf dem Weg zu einer interdisziplinären, zukunftsweisenden und nachhaltigen Gesundheitsförderung. Zu beachten ist dabei, dass beim Thema Gesundheitsförderung immer auf der verhaltens- *und* der verhältnispräventiven Ebene anzusetzen ist (Friesenbichler, Meggeneder, Riedl, Tinhofer, Vogt & Winker, 1997; Ulich, 2001), also am Verhalten der Person *und* an Maßnahmen im Bereich der Arbeitsbedingungen. Dies bietet „... Möglichkeiten von Stressmanagementinterventionen, die nicht das Individuum, sondern Merkmale des Arbeitsplatzes oder der Organisation betreffen ..." (Bamberg & Busch, 1996, S. 127) erfolgreich anzuwenden.

2 Historische Entwicklung der Gesundheitsförderung – vom Arbeiterschutz zur Arbeitswissenschaft[2]

2.1 Arbeitszeitregelung durch Verkürzung der Arbeitszeit und Vorläufer der Arbeitsphysiologie

Im 19. Jahrhundert stand die Frage der Arbeitszeitregelung im Mittelpunkt der wissenschaftlichen und politischen Interessen. Die wesentlichste Errungenschaft dieser Epoche war die Arbeitszeitverkürzung. Mit der Entwicklung der kapitalistischen Produktionsweise gewann die Ökonomisierung der Zeit zusehends an Bedeutung, was sich erst in Diskussionen um die Dauer, in weiterer Folge aber um die Dichte der Arbeitszeit ausdrückte. Eduard Heimann (1929, zitiert nach Sperling, 1983) beschreibt in seiner sozialen Theorie des Kapitalismus diesen historischen Prozess um das Arbeitszeitproblem, dass es „... als ein solches des Arbeiterschutzes begann und sich ... in ein solches der Arbeitswissenschaften verwandelte, wenn man dem Arbeiterschutz die Verhütung eines Schadens, der Arbeitswissenschaft aber die positive Förderung der Leistungsfähigkeit zuweist" (S. 12).

Neben Karl Diehl (1923, zitiert nach Sperling, 1983) formulierte auch Karl Marx (1983) den Zusammenhang zwischen maximaler physischer Belastbarkeit des Menschen und ausreichend langen Regenerationsphasen. Er orientierte sich an der Begrenzung des Normalarbeitstages mit 10 Stunden in England, um dessen Kampf sich die Arbeiter- und Gewerkschaftsbewegung im 19. Jahrhundert konstituierte. Ähnliche gesetzliche Bestimmungen folgten in Deutschland erst rund ein halbes Jahrhundert später (Rutenfranz & Rohmert, 1983). Die Forderung nach dem Achtstundentag wurde bald zum zentralen Thema der Arbeiterbewegung (Martin, 1994), u. a. unterstützt durch den Aufruf des Gründungskongresses der Zweiten Sozialistischen Internationale 1889 in Paris zur Demonstration für den Achtstundentag am 1. Mai eines jeden Jahres.

In der zweiten Hälfte des 19. Jahrhunderts wurden zahlreiche Experimente mit verkürzter Arbeitszeit unter dem Aspekt größter wirtschaftlicher Zweckmäßigkeit und möglichst geringem Kostenaufwand in Betrieben durchgeführt: Das

---

[2] Da das Werk von Sperling (1983) die umfangreichste Literaturquelle zur geschichtlichen Entwicklung der Arbeitspausen darstellt, wurde hier weitgehend auf andere weniger umfangreiche Zitate verzichtet

erste Experiment von Ernst Abbe (Sperling, 1983) zur Jahrhundertwende in den Zeiss-Werken in Jena galt als Vorläufer der Arbeitsphysiologie. Das Resultat nach einem Jahr zeigte eine Erhöhung der Tagesleistung um 1/30.

2.2 Entstehung des Leistungslohns und Einführung der wissenschaftlichen Betriebsführung - die Geburt der modernen Arbeitspause

Der Übergang zum modernen industriellen Kapitalismus zeichnete sich in der Erhöhung der Arbeitsintensität ab, deren Voraussetzungen Ernst Bernhard zu Beginn des 20. Jahrhunderts erforschte (Sperling, 1983). Z.B. sollten Pausenverkürzungen Leerzeiten und willkürliche Pausen verringern, wogegen Bernhard ein Pausenminimum von 30 Minuten für Industriearbeiter forderte und darauf hinwies, dass Frauen den gänzlichen Pausenentzug schlechter vertragen und dieser eigentlich nur Büroarbeitern zugemutet werden könne. Die Tendenz zur Disziplinierung der Arbeitnehmer durch Abschaffung der Betriebspausen kritisierte Marx (1983) als Diebstahl des Kapitals auf Kosten der Arbeiter. In dieser Zeit wurde mit Einführung der Schicht- und Akkordarbeit das Fundament für den industriellen Leistungslohn gelegt.

Die Rationalisierung und Ökonomisierung der in den Industriebetrieben noch vorherrschenden Handarbeit erfuhr große Fortschritte durch F. W. Taylor (1850 - 1915), der als Vater des „scientific management", der wissenschaftlichen Betriebsführung (Brüning, Frey, Stahlberg & Graf Hoyos, 1988; Hacker, 1986; Ulich, 2001; Weinert, 1987) gilt. Durch Beobachtung und Zerlegung von Arbeitsabläufen, deren Zeitstudien und Eliminierung von unnützen Bewegungen entwickelte Taylor für jeden Arbeitsablauf die „one best way"-Methode, den besten Weg jedes Arbeitsvorganges. Als Resultat sollten möglichst ökonomische Abläufe hervorgehen, ohne Überforderung des Arbeiters durch Übermüdung, Überlastung oder zu hohes Arbeitstempo. Um eine ausreichende Erholung zu gewährleisten, wurden deshalb auch Erholungspausen in den Arbeitsprozess einkalkuliert. Weiters errechnete man Maximalbeanspruchungen – z.B. für das Heben von Lasten – zur Vorbeugung einer Überbeanspruchung des Arbeitnehmers. F. B. Gilbreth (1868 - 1924) griff das Taylorsche Konzept auf und nahm Erweiterungen daran vor. Trotz zahlreicher Kritik am System Taylors und Gilbreths gelten jedoch beide als Begründer der vorgeschriebenen Arbeitspausen und Mindesterholungszeiten bzw. als Wegbereiter der Strukturierung von Arbeitszeit durch klare Trennung von Planungs- und Ausführungsaufgaben (Brüning et al., 1988; Neuberger, 1985).

2.3 Ermüdungsforschung - die Etablierung der Arbeitsphysiologie und Leistungsforschung als Thema der Arbeitswissenschaften

Zu Beginn des 20. Jahrhunderts etablierte sich eine eigene Wissenschaftsdisziplin, welche auf Untersuchungen zum Thema der Ermüdung aufbaute. Laut Lehmann und During (Sperling, 1983) gab es bis dahin keinen Begriff der Arbeitsphysiologie, da noch keine gezielten Forschungen zur menschenwürdigeren und gesundheitsfreundlicheren Arbeitsgestaltung angestellt wurden. Erst Lehmann (1954) definierte den Inhalt der Arbeitsphysiologie, durch welche größtmögliche Erträge ohne Gesundheitsschädigung der Arbeiter erzielt werden sollen, indem Leistungsgrenzen definiert und Belastungen optimiert werden: „... Arbeitsphysiologie betreiben heißt die Arbeit an den Menschen anpassen; ..." (S. 99). Die Forschungen dieser Zeit orientierten sich sehr stark an medizinisch-physiologischen Parametern. Durch Untersuchungen der Veränderungen von Urin, Blutbild, Temperatur, Gewicht, Blutdruck, Pulsfrequenz, Sinnesorganen wie Haut, Augen, Gehör, uvm. wurde auch die physiologische Notwendigkeit der Arbeitspause zur Regeneration des menschlichen Organismus wissenschaftlich diskutiert, wenngleich sich auch keine direkte Kausalität zwischen physiologischem Geschehen und Ermüdungsgrad zeigte (Sperling, 1983). Die sogenannte chemische Theorie der Ermüdung (Lehmann, 1954, 1962; Luczak, Rohmert & Rutenfranz, 1983b; Rohmert & Laurig, 1993) beschreibt, dass letztere durch eine Störung des Stoffwechselgleichgewichts hervorgerufen und durch arbeitstechnische Veränderungen variierbar und quantifizierbar wird.

Taylors Forderung nach Wissenschaft im Betrieb wurde vor allem von Hubert Hugo Hilf, dem Psychiater Emil Kraeplin und seinem Schüler Otto Graf weit über den Gegenstand der Arbeitsphysiologie hinaus fortgesetzt (Sperling, 1983). Hilf (1957, zitiert nach Sperling, 1983) definierte den Aufgabenbereich der arbeitswissenschaftlichen Leistungsforschung als „... die wissenschaftliche Erörterung der möglichen menschlichen Arbeitsleistungen und aller ihrer Vorbedingungen, unter denen die Arbeitsgestaltung unmittelbar von ihr angeregt wird" (S. 45). Kraeplin gilt als der Begründer der systematischen Arbeitsuntersuchungen, indem er graphische Arbeitskurven als Maß für die geistige Leistungsfähigkeit im zeitlichen Verlauf erstellte. Aus den Schwankungen dieser Arbeitskurven wollte er Daten für die günstigste Pause analysieren. Ein wesentliches Instrument war dabei die Einschaltung von Pausen unterschiedlicher Länge in verschieden lange Arbeitsprozesse. Der Psychiater Otto Graf (Sperling, 1983) setzte die Pausen-Forschungsarbeiten Kraeplins unter dem Titel „lohnende Pause" (S. 48) fort. Er verließ dabei die Laborbedingungen und untersuchte die praktische Industriearbeit. Er fand heraus, dass für ein optimales Leistungsergebnis neben der Länge der Pause auch weitere Faktoren wie die zeitliche Lage der Pause innerhalb des Arbeitstages und die Aufteilung in eine oder mehrere Rastzeiten eine entscheidende Rolle spielen. Weiters bestätigte Graf die Befunde Kraeplins von der positiven Vorauswirkung bei Aussicht auf eine bevorstehende Pause.

2.4 Hawthorne-Experimente und die Begründung der Arbeitspsychologie

Mitte der zwanziger Jahre erlebte die Arbeits- und Betriebspsychologie einen großen Aufschwung (Brüning et al., 1988; Ulich, 2001; Weinert, 1987). Die größte Bedeutung erlangten amerikanische – in Zusammenarbeit mit dem Management der Western Electric Company in den Hawthorne-Werken durchgeführte – Studien zur Wirkung von Beleuchtung auf die Produktivität der arbeitenden Menschen. Diese wurden als Widerlegung des Taylorismus gewertet: Da die ersten Ergebnisse gänzlich unabhängig von der Art der Beleuchtung waren, begann man, andere Faktoren der Arbeitsleistung wie Ermüdung, Ruhepausen, Länge der täglichen Arbeitszeit, Bezahlung und Arbeitseinrichtungen mit einzubeziehen. Als sich die Arbeitsleistung auch hierbei als unabhängig von den Arbeitsbedingungen erwies, vermutete man, dass die Leistungssteigerungen in Zusammenhang mit gruppendynamischen Prozessen stehen müssen. Somit gewann man erste Erfahrungen über Kleingruppenbildung, Gruppenbildung und Gruppendruck. Die Tatsache, dass allein die Teilnahme an einem Experiment bereits Einfluss auf das Verhalten einer Versuchsperson hat, wird in der Literatur als Hawthorne-Effekt bezeichnet (Brüning et al., 1988; Fröhlich, 1987; Sperling, 1983; Ulich, 2001; Weinert, 1987). Dies war die Begründung der Arbeitspsychologie, die sich – in Zusammenarbeit mit anderen Disziplinen wie z.B. Ingenieurs- und Wirtschaftswissenschaften, Medizin und Soziologie – um die Gestaltung von den für Menschen optimalen Arbeitsbedingungen bemüht (Benesch, 1987; Fröhlich, 1987; Molnar, 1997).

2.5 REFA, Gewerkschaftsbewegung und die 40-Stundenwoche

Die deutsche REFA-Lehre steht in ihrem arbeitswissenschaftlichen Anspruch ganz in der Tradition der von Taylor begründeten „wissenschaftlichen Betriebsführung" (Sperling, 1983). Erste systematische Arbeits- und Zeitstudien setzten in der deutschen Industrie bereits vor, verstärkt aber nach dem Ersten Weltkrieg ein. Im Jahre 1924 wurde schließlich der REFA-Verband gegründet, 1936 umbenannt in den „Reichsausschuss für Arbeitsstudien". Es wurden soziale, moralische und gesundheitliche Momente bei der Berechnung von Leistungsnormen berücksichtigt, auf Basis derer man die Entlohnung festsetzte: nicht mehr die Höchstleistung diente als Grundlage für die Berechnungen, sondern es wurden Durchschnittsleistungen und Durchschnittszeiten ermittelt und – je nach Art der Arbeit – bestimmte Zuschlagzeiten festgesetzt. So kam es zu einer Berücksichtigung und Ermittlung von Erholungszeit.

Im dritten REFA-Buch Anfang der fünfziger Jahre fand auch eine breitere Darstellung der Ermüdungszuschläge statt: jegliche Arbeit ruft eine Ermüdung hervor, die die Leistungsbereitschaft und -fähigkeit vermindert, was auf Dauer gesundheitsschädigend wirkt. Deshalb ist rechtzeitig für Erholungspausen zu sorgen, deren Länge sich nach Art der Tätigkeit und Inanspruchnahme richtet (Luczak, 1983a). Bei Arbeiten, die aus verschiedenen Teilvorgängen bestehen, wird die Erholungszeit in der Regel kürzer angesetzt, da bereits durch den Wechsel zwischen den unterschiedlichen Tätigkeiten ein gewisser Ermüdungsausgleich vorliegt. Bei regelmäßiger Arbeit unter zusätzlichen Belastungen – wie z.B. Hitze – gibt es gesonderte Erholungszuschläge. Dass sich häufige kurze Pausen als effizienter erweisen als wenige längere Erholungszeiten (siehe Kapitel 6.2.2) und es interindividuelle Pausenbedürfnisse gibt, wird ebenfalls berücksichtigt.

Die anfänglich ablehnende Haltung der Gewerkschaften gegenüber den betriebs- und arbeitswissenschaftlichen REFA-Verfahren wandelte sich allmählich (Sperling, 1983). Die Betriebe wurden technisch und organisatorisch mit dem Ziel der Produktivitätssteigerung, wie auch mit der Aufgabe, Normen zum Schutz der Gesundheit der Arbeiter aufzustellen, durchdacht. Die Arbeit sollte erleichtert und gleichzeitig ein höchstmöglicher ökonomischer Nutzen erzielt werden.

Bereits nach dem Ersten Weltkrieg bekämpften die Gewerkschaften die vorherrschenden Akkordmissstände (Sperling, 1983): Arbeitstätigkeiten waren hauptsächlich vom Technik- und Produktionsstandpunkt aus rationalisiert worden und hatten zur Ausbeutung von Arbeitern geführt. Deshalb wurde die Forderung nach Einführung von Kurzpausen bei der Fließbandarbeit immer massiver. Die Arbeitsverordnung vom 21.12.1923 ermöglichte schließlich eine Verlängerung der Arbeitszeit: Kurzpausen wurden für die angestrebte Produktionssteigerung als relevant angesehen, da sie die Arbeitsleistung erhöhen. Daraus entstand jedoch ein weiterer Konflikt: während Arbeitgeber und Gewerkschaften für die Einhaltung längerer und oftmaliger Pausen plädierten, traten Betriebsräte und Arbeiterschaft für kürzere Pausen ein, um die außerbetriebliche Freizeit zu verlängern. Diese Streitfrage verlor aber unter den Auswirkungen der Weltwirtschaftskrise an Bedeutung.

In der ersten Hälfte der fünfziger Jahre stellte der Deutsche Gewerkschaftsbund die Forderung nach der Fünftagewoche mit täglich 8 Stunden Arbeitszeit bei vollem Gehalts- und Lohnausgleich (Sperling, 1983). Als Begründung dafür wurden Belastungsverringerungen der Arbeitnehmer angeführt, sowie bessere Möglichkeiten zur Entspannung durch Bewegung, zur kulturellen und politischen Tätigkeit sowie zur Festigung des familiären Lebens. Die Durchsetzung der 40-Stundenwoche gegenüber der 48-Stundenwoche erfolgte in mehreren Teilschritten – je nach Wirtschaftszweig und Gewerkschaft – und wurde zu Beginn der siebziger Jahre tariflich vereinbart. Dadurch erlangte die Pausenfrage wieder neue Dimensionen, um der Erhöhung der Arbeitsintensität entgegenzuwirken.

1963 (Sperling, 1983) veröffentlichten Reimar Birkwald und Hans Pornschlegel einen überarbeiteten Vorschlag zur Ermittlung von Erholungszeiten. Im Jahre 1965 (Sperling, 1983) gab der REFA-Grundsatzausschuss „Ermüdung und Erholung" den Entwurf „Erholungszeit" heraus, der ein analytisches Verfahren zur Ermittlung der Erholungszeit und Begriffsklärungen enthielt. Die Gewerkschaften gaben sich, trotz der fehlenden Unterscheidungen zwischen Belastungen für Männer und Frauen, weitgehend zufrieden. Erst 1971 wurde das gesamte Werk der Öffentlichkeit zugänglich gemacht. Neu bei der Ermittlung der Erholungszeit ist die zusätzliche Befragung einerseits der Arbeitenden nach ihrem subjektiven Müdigkeitsgefühl und andererseits der Vorarbeiter und Meister nach Belastung und Beanspruchung (REFA, 1975). Allgemein gilt weiterhin die Grundregel, dass bei insgesamt gleicher Dauer mehrere Kurzpausen effektiver die Ermüdung aufheben als wenigere lange Pausen. Der neue Tarifvertrag zur Regelung von Kurzpausen wurde am 17.05.1979 beschlossen und trat am 1.1.1980 in Kraft. Darin wurden u. a. 30 Minuten Kurzpausen bei einer täglichen Arbeitszeit von 8 Stunden gewährt. Leider sah es in der Praxis so aus, dass sich viele Arbeitnehmer aus Angst vor Image- oder Arbeitsplatzverlust nicht trauten, ihre frei wählbaren Pausen zu konsumieren. Außerdem erwies sich die fünfminütige Pause als zu kurz. Es begannen Diskussionen um die optimale Pausenlänge, die mit mindestens 10 Minuten angesetzt wurde (Sperling, 1983).

2.6 Ergonomie

Der Begriff „Ergonomie" erschien erstmals im Jahre 1875 (Hackl-Gruber, 1997) in einer polnischen Zeitschrift, setzt sich aus den griechischen Worten „ergon" =

Werk, Arbeit und „nomos" = Regel, Gesetz, Lehre zusammen und bedeutet „die Wissenschaft um den arbeitenden Menschen" (Hackl-Gruber, 1995, 1997). Die Ergonomie erforscht die Funktionsweise des menschlichen Organismus, um die Arbeit bestmöglich an den Menschen anzupassen und umgekehrt. Im deutschsprachigen Raum stellt die Ergonomie ein Teilgebiet der Arbeitswissenschaft dar, welche sich mit der Anpassung von Maschinen und Umgebungsbedingungen an die menschliche Belastbarkeit und Leistungsfähigkeit auseinandersetzt. In das interdisziplinäre Gebiet der Ergonomie fließen Betrachtungsweisen aus Technik, Humanbiologie, Medizin, Psychologie, Pädagogik, etc. ein.

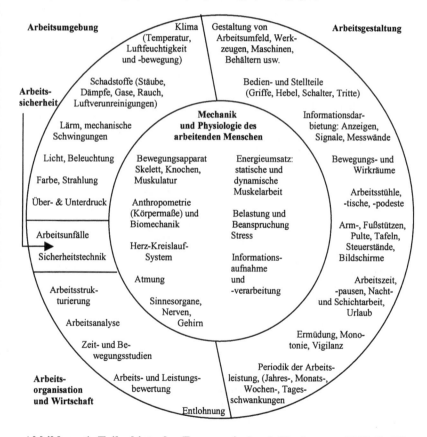

Abbildung 1. Teilgebiete der Ergonomie (nach Neuberger, 1985, S. 43)

Die historische Entwicklung der Ergonomie lässt bis dahin drei Richtungen erkennen (Hackl-Gruber, 1995, 1997): Die **technisch-wirtschaftliche Richtung** wird vor allem durch die Arbeiten Taylors, Gilbreths und des REFA-Verbandes bestimmt (siehe auch Kapitel 2.2 und 2.5). Die **psychologische Richtung** nimmt ca. 1860 ihren Beginn auf Basis des von Weber 1834 (Fröhlich, 1987) geprägten Begriffes der Psychophysik, systematisiert beforscht durch Ferchner und Müller. Hierbei geht es um die Zusammenhänge zwischen Reiz- und Empfindungsintensitäten und das Entwickeln psychophysischer Meßmethoden. Weiters entstand 1912 (Fröhlich, 1987; Hackl-Gruber, 1995, 1997) durch Münsterberg die Psychotechnik, die sich mit der Untersuchung und Anwendung psychologischer Erkenntnisse in praktischen Bereichen befasst. Münsterberg begründete somit die psychologische berufskundliche Forschung. Durch die Motivations- und Einstellungsstudien mittels der Hawthorne-Experimente (siehe Kapitel 2.4) verlagerte sich der Forschungsschwerpunkt in Betrieben auf soziale Probleme. Erst mit Ende des Zweiten Weltkrieges ersetzten die Begriffe Arbeits- und Betriebspsychologie den der Psychotechnik (Fröhlich, 1987). Die **physiologische Richtung** hat ihren Beginn mit der Gründung des Kaiser-Wilhelm-Institutes für Arbeitsphysiologie (Hackl-Gruber, 1995, 1997) im Jahre 1912, dem späteren Max-Planck-Institut, dessen Forschungsergebnisse 1953 von G. Lehmann in seinem Werk „Praktische Arbeitsphysiologie" zusammengefasst wurden.

Mit dem Zweiten Weltkrieg und den durch die rasante Entwicklung ständig wachsenden Anforderungen an Mensch und Technik trafen Menschen erstmals auf die Grenzen ihrer Belastbarkeit, z.B. beim Fliegen in großer Höhe und bei enormen Beschleunigungskräften im Sturzflug (Hackl-Gruber, 1997). Eine vermehrte Zusammenarbeit von Wissenschaftlern aus verschiedensten Gebieten ermöglichte das Studium menschlicher Leistungsfähigkeit in unterschiedlichsten Umgebungsbedingungen. Im Juli 1949 wurde dieses neuartige interdisziplinäre Arbeitsgebiet in England als „ergonomics" bezeichnet (Hackl-Gruber, 1995, 1997). Ergonomie beschäftigt sich nach Neuberger (1985) mit folgenden Teilgebieten (siehe Abbildung 1).

Als besonderes Problem galt und gilt heute noch die Büroarbeit: Derzeit ist mehr als die Hälfte aller unselbständig Erwerbstätigen in Büros beschäftigt (Maintz, 1995; Sperling, 1983), davon ist bei mehr als 72 % Bildschirmarbeit zur Regel geworden (Ertel, Junghanns, Pech & Ullsperger, 1997). Da die Arbeit am Bildschirm eine wesentlich höhere Intensität aufweist und eine extreme Belastung für Augen und Nervensystem darstellt, gab es 1978 in der Druckindustrie die erste tarifliche Vereinbarung bezüglich Arbeitszeiten und Pausen an Bildschirmgeräten (Sperling, 1983). Auch die Notwendigkeit von nach ergonomischen Erkenntnissen eingerichteten Bildschirmarbeitsplätzen zur Minimierung von Belastung und Beanspruchung der Arbeitnehmer wurde erkannt. Dem Umstand vermehrter menschlicher Beanspruchung hat der Gesetzgeber in Österreich bereits 1972 Sorge getragen (Hackl-Gruber, 1975), indem Ergonomie im § 2 des Arbeitnehmerschutzgesetzes, welches Maßnahmen zum Lebens- und Gesundheitsschutz von Arbeitnehmern vorsieht, explizit angesprochen wurde. Wie einschlägige Untersuchungen belegen, sind gesundheitsfördernde und präventive Maßnahmen mehr denn je ein aktuelles Thema, welches im vorliegenden Buch näher beleuchtet werden soll.

2.7 Der Arbeitsbegriff im Wandel der Zeit

Seit dem vorigen Jahrhundert wurde fast ausschließlich Erwerbsarbeit als Arbeit angesehen (Bamberg et al., 1997; Richter, 1997), wodurch die destruktiven Komponenten von Arbeit kaum Beachtung fanden. Die zunehmende **Auflösung der traditionellen Beschäftigungsmuster** bedeutet für unsere Gesellschaft durch einen ständigen Prozess der Um- und Neuorientierung beruflicher Tätigkeit neue Anforderungen: Arbeit ist zu einem knappen, neu zu gestaltenden Gut geworden (Bamberg et al., 1997; Matthies, Mückenberger, Offe, Peter & Raasch, 1994; Strümpel, 1995), was zu einer Verunsicherung der Arbeitnehmer führt (Matthies et al., 1994). Denn obwohl keine signifikanten Hinweise existieren, dass Personalentlassung zur Gewinnentwicklung von Betrieben beiträgt, wird sie häufig praktiziert (Richter, 1999a).

Als Folgen des **aktuellen gesellschaftlichen, technologischen und wirtschaftlichen Wandels** wie z.B. Veränderung der Werte des Menschen (Bamberg et al., 1997; Strümpel, 1995), steigende Arbeitsplatzbedrohung, ständiges Verfügbarsein von Zeit und Dienstleistungen, zunehmende Flexibilisierung der Erwerbsarbeitszeiten auf Kosten des „'Normalarbeitsverhältnisses' (d.h. einer tariflich abgesicherten Vollzeitstelle mit täglich festen Arbeitszeiten von Montag bis Freitag)" (Bamberg et al., 1997, S. 42), Wegzeitverlängerungen zur Arbeit in den letzten Jahrzehnten (Martin, 1994; Rutenfranz & Rohmert, 1983), massenhafte Einführung von Billigjobs (Richter, 1999b) und hohe Kosten im Gesundheitswesen (Greif & Cox, 1995) ergeben sich neue Aufgabenbereiche für die Arbeitspsychologie, die über jene der traditionellen Formen von Lohnarbeit hinausgehen (Richter, 1997). Neue, „fragmentierte, 'flockige' Arbeitsstrukturen mit 'nomadisierendem' Ortswechsel" (Richter, 1999a, S. 699) werden künftig die Arbeitswelt bestimmen. Dabei ist zu betonen, dass die Erwerbstätigkeit große Bedeutung für Wohlbefinden und die psychosoziale Entwicklung innehat (Greif, Bamberg & Semmer, 1991; Kohn, 1991; Leitner, 1993). Der Arbeitsprozess fördert die Persönlichkeitsentwicklung durch Selbstveränderung (Hacker, 1986,

1998; Hoff & Hohner, 1995). Hacker (1998) bemerkt dazu: „Persönlichkeitsentwicklung im Arbeitsprozeß ist im entscheidenden Maße Selbstveränderung durch das Gestalten der prägenden Bedingungen in der eigenen Arbeitstätigkeit" (S. 788). Die psychische Entwicklung wird in erster Linie durch Diskrepanzen zwischen nicht restriktiven und restriktiven Lebensbedingungen vorangetrieben (Hoff, Lempert & Lappe, 1991): Die auftretenden Widersprüche und Konflikte beziehen sich unter anderem auf die Arbeit und Diskrepanzen zwischen beruflichen und privaten Lebensbedingungen. Der Freizeitbereich (siehe auch Kapitel 6.2.2) ist demnach als Kompensationsraum wichtig (Koller, Kundi & Haider, 1991), weshalb er im betrieblichen und im individuellen Interesse keine negativen Folgen der Arbeit beinhalten sollte (Eckardstein, Lueger, Niedl & Schuster, 1995). Zu den Funktionen von Freizeit zählen Erholung, Ausgleich, Erlebnis und Bildung (Eckardstein et al., 1995). Betriebe sollen künftig als Orte der Kommunikation begriffen und gestaltet werden (Matthies et al., 1994).

Die sogenannte „24-Stunden-Gesellschaft" (Moore-Ede, 1993, zitiert nach Richter, 1997) wird immer mehr zur Realität, das **klassische Arbeitszeitmodell verändert** sich (Martin, 1994): Bezahlte Erwerbstätigkeit sinkt bei steigendem Arbeitsvolumen und unbezahlte Arbeit wie in Haushalt und Familie, ehrenamtliche Tätigkeiten und Eigenarbeit (Bamberg et al., 1997; Richter, 1997; Ulich, 2001, 1999), welche sich zusehends aus dem privatwirtschaftlichen und öffentlichen Bereich in den wenig beachteten und geschätzten privaten und gesetzlich noch größtenteils unkontrollierten Bereich verlagert (Bamberg et al., 1997; Richter, 1997; Ulich, 1999), steigt. Auch die **Erwerbssituation von Frauen** hat sich **verschlechtert**: Frauen sind wieder vermehrt auf Teilzeitbeschäftigungen und Tätigkeiten auf Abruf angewiesen und werden aus dem Arbeitsmarkt gedrängt. Vermehrt zeigen Befunde, dass sich speziell für Frauen Belastungskumulationen (Koller et al., 1991), Zeitprobleme (Martin, 1994), Erhöhungen der Aktivität und Ermüdungssymptome (Bamberg et al., 1997; Richter, 1997; Ulich, 1999) abzeichnen. Dabei wirkt die berufliche Dauerbelastung eines Partners auf den anderen Partner, was die Beziehungsqualität verändert und sich wiederum auf die berufliche Situation auswirken kann (Eckardstein et al., 1995).

Weiters verschieben sich die Anforderungen immer mehr in den **kognitiven Bereich**, von muskulären zu psychischen Beanspruchungen und Beanspruchungsfolgen (Hacker & Richter, 1984; Schug, 1989), was sich auch auf die erforderliche Art der Erholung auswirkt. Der Organismus ist zwar phylogenetisch gut an körperliche Belastungen angepasst, hat aber gegen psychische Belastungen nur unzureichende Warnmechanismen ausgebildet (Hacker & Richter, 1984). Deshalb wird künftig im Sinne einer sozialverträglichen Arbeitsgestaltung

unter anderem die Diagnostik von Erholungsstörungen einen wichtigen Bestand-
teil der Beanspruchungsforschung darstellen (Richter, 1997):

Diese Perspektivenerweiterung der Arbeitspsychologie, über den 'Produk-
tivitätsmythos' der Erwerbsarbeit hinaus auch Haushalts- und Familienar-
beit als 'produktive Arbeit' zu verstehen und zur Bewertung von Arbeit
auch die Restitutionsphasen heranzuziehen, öffnet den Blick auf gesamtge-
sellschaftliche Kosten, die aus der Bewahrung oder dem Verschleiß von
Humanressourcen erwachsen (Richter, 1997, S. 31).

3 Gesetzliche Grundlagen für arbeitspsychologische Tätigkeit in Österreich

Mit dem Beitritt zum Europäischen Wirtschaftsraum (EWR) am 1.1.1993 wurde es notwendig, dass Österreich die Umsetzung der Richtlinien der Europäischen Gemeinschaft (EG) 89/391 EWG, betreffend Maßnahmen bezüglich Sicherheit und Gesundheitsschutz von Arbeitnehmern, in österreichisches Recht in Angriff nahm (Lenzmann & Oels, 1997).

3.1 Neuerungen im ArbeitnehmerInnenschutzgesetz

Das mit 1.1.1995 in Kraft getretene **ArbeitnehmerInnenschutzgesetz (ASchG)** und seine Verordnungen (Allgemeine Unfallversicherungsanstalt, 1995) ersetzten das bis dahin gültige Arbeitnehmerschutzgesetz und sorgen für die Übertragung von Einzel- und Rahmenrichtlinien der Europäischen Union (EU) in die nationale Rechtsgebung. Die vom „Beratenden Ausschuss für Sicherheit, Arbeitshygiene und Gesundheitsschutz am Arbeitsplatz" der EU-Kommission beschriebenen Sicherheits- und Gesundheitsrichtlinien werden damit umgesetzt. Deren Bedeutung geht weit über den bisherigen Arbeitnehmerschutz hinaus, indem das ASchG direkt auf strategische Unternehmens- und Führungsaufgaben einwirkt (Lengauer, 1996). Mit 1.1.2002 traten weitere **Änderungen im ArbeitnehmerInnenschutzgesetz** in Kraft. Die neuen Gesetzesrichtlinien schaffen u.a. Veränderungen bei den Präventivfachkräften: ein neues, gefahrenangepasstes 3-Stufen-System für Präventionszeiten und die Möglichkeit, für Beratungsleistungen u.a. Arbeitspsychologen neben Arbeitsmedizinern und Sicherheitsfachkräften heranzuziehen (Allgemeine Unfallversicherungsanstalt, 2002; SVP News, 2002). Damit soll neuen Arbeitsrisiken wie Stress und psychosoziale Belastungen Rechnung getragen werden.

In den nachstehenden Gesetzespassagen liegen Ansatzpunkte für arbeitspsychologische Tätigkeiten begründet:

§ 7 Z 7 ASchG: „... Gefahrenverhütung mit dem Ziel einer kohärenten Verknüpfung von Technik, Arbeitsorganisation, Arbeitsbedingungen, sozialen Beziehungen und Einfluss der Umwelt auf den Arbeitsplatz" (Allgemeine Unfallversicherungsanstalt, 2002, S. 17).

§ 60 Abs. 2 AschG: „Arbeitsvorgänge sind so zu gestalten, dass Belastungen durch Monotonie, einseitige Belastung sowie taktgebundene Arbeiten und Zeitdruck möglichst gering gehalten und ihre gesundheitsschädigenden Auswirkungen abgeschwächt werden." (Allgemeine Unfallversicherungsanstalt, 2002, S. 81).

§ 67 AschG: Bildschirmarbeitsplätze – Vermeidung von Belastungen durch richtige Gestaltung, geeignete Geräte und Einrichtungen wie Arbeitstische, Sitzgelegenheiten, Fußstützen, etc. müssen zur Verfügung stehen und einschlägige Normen eingehalten werden (Allgemeine Unfallversicherungsanstalt, 2002).

§ 68 AschG: Besondere Maßnahmen bei Bildschirmarbeit

(Abs.1): „Im Rahmen der Ermittlung und Beurteilung der Gefahren ist auch auf die mögliche Beeinträchtigung des Sehvermögens sowie auf physische und psychische Belastungen besonders Bedacht zu nehmen..." (Allgemeine Unfallversicherungsanstalt, 2002, S. 90).

(Abs. 3): „Die Arbeitgeber haben die Tätigkeit so zu organisieren, dass die tägliche Arbeit an Bildschirmgeräten regelmäßig durch Pausen oder durch andere Tätigkeiten unterbrochen wird, die die Belastung durch Bildschirmarbeit verringern." (Allgemeine Unfallversicherungsanstalt, 2002, S. 90). Weiters sind in diesem Abschnitt des AschG das Recht der Arbeitnehmer auf augenärztliche Untersuchungen und spezielle Sehhilfen festgelegt, sobald Sehbeschwerden auftreten. Die Kosten werden dann vom zuständigen Krankenversicherungsträger übernommen, wenn es sich um eine behandlungsbedürftige Krankheit im sozialversicherungsrechtlichen Sinne handelt.

Bereits im seit 1.1.1995 gültigen ASchG wurden erstmals diese spezifischen Vorschriften für Bildschirmarbeitsplätze festgelegt, welche Arbeitnehmer zur ergonomischen Gestaltung von Bildschirmarbeitsplätzen und zu organisatorischen Maßnahmen in diesem Bereich verpflichteten. Damit soll gesundheitlichen Störungen vorgebeugt werden (Kammer für Arbeiter und Angestellte für Wien, 1997; Kittel, Puringer und Totter, 1997).

§ 76 und § 81 Abs. 3 ASchg: Beiziehung der Präventivkräfte oder von anderen Fachleuten „... in arbeitsphysiologischen, arbeitspsychologischen und ergonomischen sowie arbeitshygienischen Fragen, insbesondere der Gestaltung der Arbeitsplätze und des Arbeitsablaufes, ..." (Allgemeine Unfallversicherungsanstalt, 2002, S. 101).

Bezüglich Stressbelastung und Neuerungen bei Bildschirmarbeit wurde schon im **Bescheid des Bundesministeriums für Soziale Verwaltung vom 23.3.1982** auf Basis arbeitswissenschaftlicher und -medizinischer Erkenntnisse eine Pause von zehnminütiger Dauer für 50 Minuten kontinuierlicher Arbeit am Bildschirm vorgeschrieben: Bildschirmarbeit zieht Sehbeschwerden, Augenbrennen und Kopfschmerzen auf Grund der ständig wechselnden Anpassung des Auges auf verschiedene Entfernungen und Leuchtdichten nach sich. Spannungen im Halswirbelsäulen- und Rückenbereich durch Zwangshaltungen und seltene Positionswechsel können Abnützungsschäden verursachen. Die aus den typischen Merkmalen der Bildschirmarbeit (Arbeitsablauf, -inhalt und -aufgabe) resultierenden Beanspruchungen im psychisch-mentalen Bereich können „... bei kontinuierlicher Tätigkeit als Stressoren wirksam werden." (Bescheid des Bundesministeriums für soziale Verwaltung 1982, S. 8).

3.2 Gesundheitsförderungsgesetz vom 27.03.1998

In diesem Gesetz (Bundesgesetzblatt für die Republik Österreich, 1998) finden wichtige Ansatzpunkte für arbeitspsychologische Tätigkeiten ihre Begründung. Im **Vorblatt** zum Entwurf für das Bundesgesetz über Maßnahmen und Initiativen zur Gesundheitsförderung, -aufklärung und -information (**Gesundheitsförderungsgesetz – GfG**) vom **6.11.1997** wird folgende Problemstellung formuliert:

Die steigenden Kosten im Gesundheitswesen machen es ... notwendig, verstärkt Maßnahmen zur Gesundheitsförderung zu setzen. Es ist daher ein gesundheitspolitisches Ziel, ... Informationen über gesunde Lebensgestaltung zu vermitteln und sowohl die Entwicklung positiver Verhaltensweisen als auch gesundheitsfördernder Rahmenbedingungen dafür zu unterstützen. (Bundesministerium für Arbeit, Gesundheit und Soziales, 1997, S. 3)

Weiters wird im Vorblatt und in den dazugehörigen Erläuterungen festgehalten, dass nur nachhaltige, langfristig konzipierte Programme zur Gesundheitsförderung wirklich effizient sind im Gegensatz zu bisherigen Einzelmaßnahmen, was Einsparungen in manchen Bereichen erwarten lässt.

Die Zielsetzungen im **Gesundheitsförderungsgesetz vom 27.03.1998 § 1 (1)** orientieren sich am Gesundheitsbegriff der WHO, welcher den biomedizinischen Ansatz mit den psychosozialen und gesellschaftlichen Aspekten von Gesundheit und Gesundheitsförderung vereinigt:

♦ „1. Erhaltung, Förderung und Verbesserung der Gesundheit der Bevölkerung im ganzheitlichen Sinn und in allen Phasen des Lebens.

♦ 2. Aufklärung und Information und über vermeidbare Krankheiten sowie über die die Gesundheit beeinflussenden seelischen, geistigen und sozialen Faktoren" (Bundesgesetzblatt für die Republik Österreich, 1998).

§ 2 des Gesetzes: Diese Ziele sollen an mehreren Ebenen gleichzeitig ansetzen und erreicht werden durch Einbeziehung bereits bestehender Strukturen und Einrichtungen, Entwicklung und Vergabe von Programmen zur Gesundheitsförderung, Krankheitsprävention, zielgruppenspezifischer Information und Beratung, zur Weiterentwicklung und Krankheitsprävention, Epidemiologie, Evaluation und Qualitätssicherung sowie Unterstützung und Fortbildung in der Gesundheitsförderung und Krankheitsprävention tätiger Personen.

3.3 Entwurf zur Messung und Erfassung der psychischen Arbeitsbelastung (ISO-Norm vom 17.1.2002)

Ergonomische Grundlagen bezüglich psychischer Arbeitsbelastung sind bereits im Teil 1 und 2 der ISO-Norm ISO 10075-1 bzw. 2 (1996) verankert. Während es sich im Teil 1 und 2 um Allgemeines, Begriffsdefinitionen und Gestaltungsgrundlagen handelt, werden im Teil 3 (prEN ISO 10075-3, 2002) erstmals Grundlagen zur Messung und Erfassung der psychischen Arbeitsbelastung vorgeschlagen: „EN ISO 10075-3 enthält technische Informationen, die im Zusammenhang mit der Erarbeitung, Bewertung und Auswahl von Messverfahren zur Erfassung der psychischen Arbeitsbelastung wesentlich sind, wie sie in EN ISO 100075-1 und EN ISO 10075-2 definiert und behandelt wird" (prEN ISO 10075-3, 2002, S. 4). Ziel dieser Norm ist „... die Bereitstellung von Informationen für die Entwicklung von Messverfahren, welche Spezifikationen erforderlich sind, damit ein gegebenes Verfahren hinsichtlich seiner Gebrauchstauglichkeit als Messverfahren für die Erfassung der psychischen Arbeitsbelastung bewertet werden kann" (prEN ISO 10075-3, 2002, S. 4). Inhalt sind Orientierungshilfen zum Anwendungsbereich, z.B. welche Arten von Verfahren zur Verfügung stehen, welche die wesentlichen Kriterien bei der Bewertung von Messverfahren sind und welches Instrumentarium sich für welchen Zweck eignet. Auch Stufen der Messgenauigkeit sind angegeben.

Das in dieser Norm verwendete Modell zur Erfassung der Arbeitsbelastung hat eine dreidimensionale Struktur, indem es unterschiedliche Aspekte der psychischen Arbeitsbelastung berücksichtigt (z.B. psychische Belastung, Beanspruchung und Ermüdung, ...), unterschiedliche Messtechniken (z.B. Aufgabenanalyse, Leistungserfassung, subjektive Einschätzungen, psychophysiologische

Messungen, ...) und unterschiedliche Präzisionsgrade der Messungen (z.B. orientierendes – Stufe 3, Übersicht gebendes – Stufe 2 oder genaues Niveau – Stufe 1). Letzteres ist nur durch im theoretischen Background, in der Handhabung und Interpretation der Ergebnisse angemessen ausgebildete Fachleute, z.b. Psychologen, anwendbar und dient dem Gewinn zuverlässiger und valider Daten bezüglich Art und Quelle von Über- bzw. Unterforderung zur Optimierung von Arbeitsbedingungen. Stufe 2 hingegen dient als Screening auf mittlerem Niveau der Gewinnung einer Gesamtübersicht, um Probleme einer psychischen Arbeitsbelastung vorauszusehen oder Ursachen einer unangemessenen Arbeitsbelastung zu ermitteln. Stufe 3 dient dem Sammeln von Informationen auf niedrigem Präzisionsniveau, um „... negativen Auswirkungen vorzubeugen, indem Managemententscheidungen auf der operativen Stufe erfolgen, wie die Veränderung der Arbeitsaufgaben und/oder Arbeitsverfahren und –bedingungen" (prEN ISO 10075-3, 2002, S. 8). Bei Risikobewertungen und für rechtliche Auseinandersetzungen scheint diese Stufe aber als nicht geeignet.

Es werden auch genaue Richtlinien bezüglich quantitativer Anforderungen an Messverfahren und Anforderungen an die Dokumentation gegeben.

4 Betriebliche Gesundheitsförderung

4.1 *Grundlagen und Ziele*

Laut World Health Organisation (WHO) ist ...

Gesundheitsförderung ... die gemeinsame konzeptuelle Basis für Programmansätze, die Chancengleichheit in Gesundheit und Gesundheitsversorgung herstellen sollen und die Verbesserung von Lebensweisen anstreben. Sie setzt bei den jeweiligen Lebenszusammenhängen an und ist bemüht, persönliche und gesellschaftliche Verantwortlichkeiten miteinander in Einklang zu bringen. (Friesenbichler et al., 1997, S. 2)

Gesundheitsförderung soll einen gesundheitsbewusstseinsbildenden Prozess bewirken zur Erlangung von Wohlbefinden auf körperlicher, seelischer und sozialer Ebene (Friesenbichler et al., 1997; Gundlach, 1991). Für die Entstehung und Aufrechterhaltung von gesundheitsförderlichen Lebensweisen kommt der Arbeitswelt eine zunehmend wichtigere Bedeutung zu (Gundlach, 1991; Wenzel, 1999), da es durch die Veränderungen der Erwerbsbevölkerung, der Altersstruktur der Gesamtbevölkerung und deren Krankheiten (Friesenbichler et al., 1997) zur Kostenexplosion im klassischen Gesundheitssystem der Akutbehandlung kommt. Neue Modelle zum Gesundheits- und Arbeitsschutz in Richtung Prävention sind notwendig, da durch neue Strukturen in der Wirtschaft – wie die Flexibilisierung der Organisationsstrukturen – auch die psychophysischen Anforderungen an die Arbeitnehmer enorm steigen.

Verhaltens- und Verhältnisprävention

Der präventive Ansatz der Gesundheitsförderung muss sowohl bei der persönlichen Lebensweise – **Verhalten** – ansetzen, um das persönliche Risiko zu minimieren, wie auch auf der Organisationsebene – **Verhältnisse,** z.B. Arbeitssituation, Strukturen, gesundheitsgerechte Gestaltung der Arbeitsumwelt, Förderung sozialer Netzwerke; etc. (Friesenbichler et al., 1997; Ulich, 2001).

Unter 'betrieblicher Gesundheitsförderung' verstehen wir ein ganzheitliches Konzept planvoller, steuerbarer und evaluierbarer Maßnahmen (personen- und strukturzentriert), das auf die gesundheitsfördernde Veränderung von Verhalten und Verhältnissen gerichtet ist und an der tatsächlich erfassten betrieblichen Problemsituation orientiert ist. Betriebliche Gesundheitsförderung ist ein umfassender Kommunikations- und Kooperationsprozess der Betroffenen, die als mündige selbstbestimmte Partner aktiv die gesundheitsfördernden Veränderungen realisieren. (Wenzel, 1999, S. 279)

In Anlehnung an die Ottawa-Charter der Gesundheitsförderung (Frieling & Sonntag, 1999; Friesenbichler et al., 1997) soll für Arbeitnehmer mehr Selbstbestimmung in Gesundheitsfragen ermöglicht werden. Der Betrieb wird als Arbeits-, Lebens- und Präventionsraum definiert und dementsprechend gestaltet. Die Förderung von gesundheitsgerechtem Verhalten, Steigerung von Bildungsmaßnahmen auf diesem Gebiet, wie z.b. Kompetenzentwicklung und -organisation der Betroffenen durch spezifische Programme (Stressabbau, Bewegung, uvm.), Gesundheitsberatung und Gesundheitsprojekten wird also künftig den gemeinsamen Schwerpunkt von staatlichen und nichtstaatlichen Gesundheitseinrichtungen bzw. politischen und wirtschaftlichen Organisationen bilden (Breuer-Stern, 1995; Demmer, 1996; Friesenbichler et al., 1997; Hauptverband der österreichischen Sozialversicherungsträger, 1997). Udris und Frese (1988, 1999) bzw. Schwager & Udris (1995, zitiert nach Frieling & Sonntag, 1999) – siehe Tabelle 1 – zeigen Ansatzpunkte zur Reduktion von Belastung und Förderung von Gesundheit auf, welche einerseits auf verhältnisorientierter Ebene mit der Möglichkeit zur Pausengestaltung zum Teil Grundlagen zu den in diesem Buch beschriebenen Projekten darstellen, andererseits auf verhaltensorientierter Ebene mit speziellen Übungsprogrammen zur Stressreduktion.

Tabelle 1. Verhaltens- und verhältnisorientierte Maßnahmen zur Gesundheitsförderung (nach Frieling & Sonntag, 1999, S. 208; Udris & Frese, 1988, S. 440; Udris & Frese, 1999, S. 440)

	Individuell (Person) verhaltensorientiert	Institutionell (Situation, Betrieb) verhältnisorientiert
Reduktion von Belastungen, Stressoren und Beanspruchungen (korrektiv)	z.B.: Entspannung, Stressmanagement, Kurse zur Veränderung gesundheitsschädlicher Verhaltensweisen (Risikoverhalten)	z.B.: ergonomische Arbeitsplatzgestaltung, Abbau belastender Umgebungsbedingungen, Pausengestaltung, Entlohnungssysteme, Reduktion von Ungewissheit
Förderung von Ressourcen zur Bewältigung von Belastungen und Stressoren (prospektiv)	z.B.: Qualifizierung, Schulung, Kompetenztraining	z.B.: Erhöhung des Handlungs- und Kontrollspielraumes, Verbesserung des Kooperationsklimas, Sozialklima, Einrichtung von Gesundheitszirkeln

Psychische Gesundheit und Arbeit

Warr (1995) fasst fünf Hauptaspekte für „gesunde" Verhaltensweisen und Erfahrungen zusammen: emotionales Wohlbefinden, Kompetenz, Autonomie, Ehrgeiz und integriertes Funktionieren. Arbeit kann mehrere dieser fünf Komponenten beeinflussen. Dies veranschaulicht Warr (1995) in seinem Vitamin-Modell, in welchem Arbeitsplatzmerkmale die psychische Gesundheit ähnlich wie die Vitamingruppen „CE" und „AD" beeinflussen: „AD" wirkt in großen Dosen toxisch, während „CE" einen konstanten Effekt, ungeachtet der verabreichten Menge, zeigt. Analog dazu werden neun Arbeitsplatzmerkmale in zwei Gruppen geteilt. Zu „AD" zählen Kontrollmöglichkeiten, Möglichkeit zur Anwendung von Fähigkeiten, extern gesetzte Ziele, Abwechslungsreichtum, Klarheit über die Umwelt und Möglichkeit zu zwischenmenschlichen Beziehungen, zu „CE" Verfügbarkeit über Geld, physikalische Sicherheit und angesehener Sozialstatus. Dieses Modell eignet sich auch für die Interpretation von Effekten der Erwerbslosigkeit.

4.2 Verhütung von Problemen am (Bildschirm-)Arbeitsplatz

Eine Kennzeichenliste „gesunder Arbeit" für das Büro aus **psychosozialer Perspektive** von Karasek und Theorell (1990) dient auch als allgemeines Modell zur Vermeidung von übermäßiger Arbeitsbelastung und -beanspruchung. Hierin sind Punkte angeführt wie Arbeitsplatzsicherheit, Sicherheit der beruflichen Stellung und in der Arbeitsumgebung, Vermeidung einseitiger Belastungen, selbstbestimmte, qualifizierte und sinnvolle Arbeitstätigkeiten, Anerkennen der Arbeitsleistung durch Kollegen, Vorgesetzte, etc., soziale Unterstützung am Arbeitsplatz (zur Vermeidung von Mobbing, Isolation und Rivalität), aktive Stress- und Konfliktbewältigung, Gleichgewicht zwischen erbrachter Leistung und Ressourcen und Ausgewogenheit zwischen Arbeit und Freizeit. Nibel (1995) fordert eine **Organisation der Arbeitsgestaltung** mit ausreichenden Freiräumen zur Vermeidung einseitiger Belastungen, täglicher Belastungshöhepunkte und zum Ausgleich emotionaler Belastungen. Wenzel (1999) spricht zusammenfassend von **Gesundheit, die durch Organisationen geschaffen wird.**

Kompier und Levi (1995) sprechen von drei grundlegenden Strategien zur Verhütung von Stress, ähnlich dem Konzept primärer, sekundärer und tertiärer Prävention nach Quick, Murphy, Hurrell und Orman (1992): 1. Beseitigung der Stressauslösenden Situation (oder Entfernen der betroffenen Person aus der Situation), 2. Abänderung der Arbeit und 3. Stärkung des Widerstandes von Arbeitnehmern gegen Stress. Punkt 1 und 2 sind **Maßnahmen, die auf die Arbeitssituation ausgerichtet sind** und entsprechen der Arbeitsgestaltung nach Kaufmann und Pornschlegel (1982), welche die Gestaltung von Arbeitsplatz, Arbeitsumgebung, Arbeitsorganisation und Arbeitsinhalten vorsieht. Schon Altmann und Hacker (1968) wie auch später Udris (1981) und Franke (1998) empfehlen Maßnahmen zur Arbeitsgestaltung im Sinne der Wirtschaftlichkeit und ergonomischer Arbeitsbedingungen und Hacker (1998) beschreibt eine systematische Gestaltung von Arbeitstätigkeiten zur Persönlichkeitsentwicklung im Arbeitsprozess. Udris (1995) bzw. Udris und Kaufmann (1982) empfehlen eine Kombination von Arbeitsgestaltung, Erhöhung individueller und kollektiver Einfluss- und Kontrollmöglichkeiten bei der Arbeit und Arbeitsbedingungen, die soziale Unterstützung ermöglichen zur Abschwächung psychischer Beanspruchung und deren Folgen. Dies entspricht der Klassifikation gesundheitsförderlicher Faktoren unter dem **Ressourcenaspekt** nach Richter und Hacker (1998), siehe Tabelle 4, S. 55: Organisationale, soziale und personale Ressourcen beinhalten Komponenten, die es ermöglichen, eigene Ziele anzustreben und unangenehme Aspekte zu reduzieren, was allerdings aufwendiger und langfristiger Planung und Durchführung bedarf (Kompier & Levi, 1995). Bis zur ihrer Wirksamkeit und auch zur ihrer Unterstützung bedarf es der unter Punkt 3 angeführten Strategie, den **personen-orientierten Maßnahmen** (Kompier & Levi, 1995; Udris, 1981; Wenzel, 1999) wie körperliche Übungen und Entspannungsmethoden, sowie Medikation bzw. Beratung durch Ärzte oder Therapeuten.

In der ÖNORM EN ISO 10075-2 (1996) werden Beispiele zur Vermeidung von Folgen psychischer Arbeitsbelastung angeführt: Unter anderem werden im Rahmen der zeitlichen Organisation von Arbeitstätigkeiten Erholungspausen zur Vermeidung von Ermüdung, Monotonie und Sättigung beschrieben sowie u. a. eine Verringerung der Tätigkeitsdauer bei herabgesetzter Wachsamkeit.

4.3 Nutzen und Vorteile betrieblicher Gesundheitsförderung

Gesundheitsförderung betont die Stärkung sozialer und personaler Gesundheitspotentiale (Wenzel, 1999). Nutzen und Vorteile lassen sich aus drei verschiedenen Perspektiven beschreiben (Friesenbichler et al., 1997): Für die **Beschäftigten** ergibt sich eine Senkung gesundheitlicher Risikofaktoren, was auch die Auftretenswahrscheinlichkeit chronischer und psychosomatischer Erkrankungen vermindert. Weiters verbessert sich das individuelle Wohlbefinden, da mit Belastungen besser umgegangen werden kann, sich die Kompetenz in Gesundheitsfra-

gen erhöht und Arbeitszufriedenheit und Arbeitsmoral steigen. Auch die Erhö-
hung und Sicherung der persönlichen Lebensqualität, die Verbesserung der
Kommunikation bezüglich gesundheitlicher Belange und die Beziehung der
Beschäftigten untereinander im Betrieb tragen zu höherem Wohlbefinden und
Selbstwertgefühl bei (Franke, 1998; Friesenbichler et al., 1997; Richter &
Hacker, 1998).

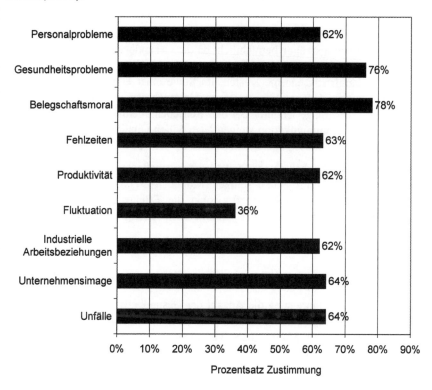

**Abbildung 2. Positive Effekte von betrieblichen Gesundheitsprojekten nach
Aussagen von 1451 EU-Unternehmen (nach Molnar, 1997, S. 15)**

Für **Betriebe** ergibt sich langfristig gesehen ebenfalls ein beträchtlicher Gewinn:
Kosteneinsparungen durch verringerte Krankenstände – Zivilisationskrankheiten
verursachen heute schon drei Viertel der krankheitsbedingten Fehltage – sind
eine Begleiterscheinung, sollten jedoch nicht das endgültige Ziel von Gesundheitsförderungsmaßnahmen sein (Maess & Maess, 2001; Wenzel, 1999). Durch
soziale Effekte (als einer von vielen Humanfaktoren) werden Marktchancen und
Konkurrenzfähigkeit von Unternehmen gesteigert. Arbeitsmoral und Firmen-

image verbessern sich in der Folge und die Personalfluktuation nimmt ab. Kommunikationsstrukturen und Kommunikationsprozesse werden effektiver, Arbeitszufriedenheit und Motivation sowie die Identifikation mit dem Betrieb wachsen, Verhaltensveränderungen bei den Arbeitnehmern führen zu einer Verbesserung des Betriebsklimas. Da die Maßnahmen auch strukturelle Veränderungen mit sich bringen, wird die Effizienz gesteigert (Friesenbichler et al., 1997; Wenzel, 1999).

Die Vorteile aus Präventivmaßnahmen im Gesundheitsbereich sind auch für **Sozialversicherungsträger** beträchtlich: da die Gesundheitsgefährdungen durch Maßnahmen, die an allen Lebensbereichen ansetzen, geringer werden, entfallen damit auch langfristig enorme Kosten. Im Sinne einer Umwegrentabilität wird durch die bessere Kooperation zwischen Unternehmen und Krankenversicherungsträgern das Image letzterer bei den Betrieben ebenfalls verbessert. Durch die verbesserte Kommunikation steigen letztendlich Qualifikation und Effizienz (Friesenbichler et al., 1997; Pelikan, Demmer & Hurrelmann, 1993).

Erfolge von betrieblichen Gesundheitsförderungsmaßnahmen lassen sich durch bereits durchgeführte Projekte bestätigen (Molnar, 1997). Dies zeigt eine Umfrage der Europäischen Gemeinschaft, wobei die Effekte (siehe Abbildung 2) oftmals höher liegen, als von der Unternehmensleitung ursprünglich erwartet wurde.

4.4 Fitness- und Stressbewältigungsprogramme

Während der 70er Jahre stieg die Anzahl der Gesundheitsprogramme in Amerikas Unternehmen rapide an (Gundlach, 1991). Als Ursache für die Durchführung gesundheitsfördernder Maßnahmen wie Fitness- und Stressbewältigungsprogramme, welche ihrerseits wieder zu unterteilen sind in **Stressbewältigungstechniken** (z.B. diverse Entspannungstechniken wie Autogenes Training, Progressive Muskelentspannung und Biofeedbackmethoden) und **Stressreduktionstechniken** (z.B. Trainings zur Persönlichkeitsentwicklung wie Selbstsicherheits-, Konfliktmanagement- und Entscheidungstrainings), sind Faktoren wie z.B. die Verbesserung der Gesundheit von Mitarbeitern zu sehen. Der gesundheitliche Nutzen erstreckt sich von Gewichtsreduktion über Risikoverringerung von Herz-Kreislauferkrankungen bis hin zur Verbesserung der psychischen Befindlichkeit. Weitere positive Aspekte liegen in Vorteilen für den Betrieb selbst: Steigerung der Belastbarkeit und Arbeitsmoral und geringere Fehlzeiten (Gundlach, 1991; Haskell & Blair, 1982).

Die aus zahlreichen empirischen Untersuchungen dargestellten positiven Ergebnisse auf psychischer und physischer Ebene zeigen sich in steigender Arbeitszufriedenheit, niedrigerer Rate an Krankenständen und positiver Beeinflussung von Cholesterinspiegel und Blutdruck (Follick, Abrams, Pinto & Fowler, 1987). Diese Resultate bedürfen jedoch einer besonders kritischen Betrachtung auf Grund methodischer Mängel (Gundlach, 1991). Auch liegen große Probleme bei der Durchführung betrieblicher Gesundheitsförderungsprogramme in der relativ geringen Anzahl an Teilnehmern bei zugleich hoher Ausfallsquote. Weiters nehmen hauptsächlich Personen mit geringeren Gesundheitsrisiken an den gebotenen Maßnahmen teil. Jene Zielgruppen, welche besonders profitieren könnten, wie z.b. Raucher und Personen mit erhöhten Blutdruckwerten, fühlen sich hingegen weniger bis kaum angesprochen (Follick et al., 1987; Gundlach, 1991).

4.5 Erfolgsfaktoren betrieblicher Gesundheitsförderung

Um zu statistisch relevanten Daten bezüglich der Effektivität von gesundheitsfördernden Maßnahmen in Betrieben zu gelangen ist es daher von besonderer Wichtigkeit, bei der Planung und Durchführung folgende Faktoren zu beachten:

♦ Innerbetriebliche Unterstützung zur Erhöhung der Akzeptanz des Projektes (Gundlach, 1991) und soziale Unterstützung durch die Managementphilosophie bzw. Support durch geeignete Organisationsstrukturen (Klugger, 1991), Unterstützung von Management *und* Belegschaft zur ausreichenden Hervorhebung des Stellenwertes einer Untersuchung (Wenzel, 1999)

♦ Einstellungsanalyse der Mitarbeiter zum Programmangebot und -nutzen, Einbeziehung von Beschäftigten bei Planung und Implementierung (Büchner & Schröer, 1996, zitiert nach Frieling & Sonntag, 1999)

♦ Mögliche Nutzbarkeit formaler und informeller Kommunikationssysteme des Betriebes zur Erleichterung und Sicherstellung, damit möglichst viele Personen erreicht werden (Gundlach, 1991) und Möglichkeiten zur Besprechung während der Untersuchung zur sozialen Unterstützung im Gruppensetting (Büchner & Schröer, 1996, zitiert nach Frieling & Sonntag, 1999)

♦ Ermöglichung der Teilnahme am Projekt während der Arbeitszeit, da innerbetriebliche Maßnahmen effektiver sind als jene in der Freizeit (Richter & Hacker, 1998)

- Beachtung von Alter und Geschlecht der Arbeitnehmer sowie Berücksichtigung spezifischer Arbeitsplatzmerkmale (Gundlach, 1991; Haskell & Blair, 1982)

- Erstreckung der Maßnahmen auch auf Strategien zur Veränderung von belastenden Arbeitsbedingungen, da Fitness- und Stressbewältigungsprogramme alleine unzureichende Arbeitsbedingungen keineswegs ausgleichen können. Dies kann bedingen, dass sich Beschäftigte solchen Maßnahmen widersetzen, solange die notwendigen Veränderungen im Arbeitsumfeld vernachlässigt werden (Gundlach, 1991).

- Vorgaben einer innerbetrieblichen Struktur bei betrieblichen Gesundheitsförderungsprojekten: Untersuchungen zeigten, dass außerbetriebliche Angebote zum Abbau von Gesundheitsrisiken kaum bis gar nicht in Anspruch genommen werden, weshalb es der Errichtung von Strukturen im Betrieb bedarf. Dabei werden auch Personen erreicht, die ursprünglich nicht angesprochen wurden (Amon-Glassl, 2001; Amon-Glassl, Gesierich, Kammerer & Cervinka, 2002; Cervinka, Neuberger & Schoberberger 1986; Neuberger, Cervinka & Schoberberger, 1986; Neuberger, Cervinka, Schoberberger & Piegler, 1987).

- Maßnahmen zur Aufrechterhaltung gesundheitsfördernder Strukturen, da sich zeigte, dass es zu einem Abfall bereits erzielter Effekte kommt, sobald das strukturierte Setting wegfällt (Amon-Glassl, 2001; Amon-Glassl, Gesierich, Kammerer & Cervinka, 2001; Gesierich, Kammerer & Cervinka, 2002).

5 Belastung und Beanspruchung

Im Alltag begegnet der Mensch Situationen, die mehr oder weniger belastend sind: Teils sind sie gut bewältigbar, teils sehr schwierig, nahezu überfordernd und werden alltagssprachlich mit „Fehlbeanspruchung" oder „Stress" benannt. Diese Bezeichnungen sind bis zu ihrer Standardisierung in der Internationalen Norm ISO 10075 im Jahr 1995 (Richter & Hacker, 1998) in der Literatur nicht einheitlich beschrieben (Greif, 1991; Marstedt & Mergner, 1986; Rutenfranz, 1981; Udris & Frese, 1988), weshalb nachstehend die gängigsten Begriffsklärungen erläutert werden.

5.1 Begriffsklärung

Einteilung nach Udris & Frese

Um einer Begriffsunsicherheit vorzubeugen, schlagen Udris & Frese (1988) die in Tabelle 2 wiedergegebene Einteilung mit den wichtigsten deutschen und englischen Belastungs- und Stressbegriffen vor, wie sie auch in der arbeits- und organisationspsychologischen Forschung verwendet werden. Dabei kommen die jeweiligen Begriffe innerhalb einer Spalte synonym zur Anwendung.

Tabelle 2. Deutsche und englische Belastungs- und Stressbegriffe (nach Udris & Frese, 1988, S. 428)

Umwelt	Person (Folgen)
Belastung	Beanspruchung
Belastungsfaktor	Fehlbeanspruchung
Load	Beanspruchungsfolgen
Stressor	Stress
Stressfaktor	Stressreaktion, Strain

Beschreibung von Stress nach Greif

Greif (1991) sowie Marstedt und Mergner (1986) führen die Begriffsvielfalt auf die unterschiedlichen Begriffskonnotationen im englischen und deutschen Sprachraum zurück. Deshalb schlägt Greif (1991) zur Klärung folgende aus Tabelle 3 ersichtlichen Bezeichnungen vor:

48

Tabelle 3. Begriffsdefinition (nach Greif, 1991, S. 6)

Stressor	„...Stressoren sind theoretische Konstrukte externer, aber auch innerpsychischer Stimuli oder Faktoren, welche hypothetisch die Stressreaktion auslösen."
Stressreaktionen	„...sind Konstrukte, welche die unmittelbar auf Stressoren folgenden psychischen Zustände und Verhaltensweisen beschreiben."
Stresssituation	„Um die gemeinsame, durch Merkmale der Situation mitbestimmte Interaktion zwischen Stressoren und Streßreaktionen herauszustellen, kann der Begriff der 'Streßsituation' herangezogen werden."

Begriffsverwendung von Belastung und Beanspruchung im vorliegenden Buch

Im diesem Werk sollen die Begriffe Belastung, Beanspruchung und die möglichen Reaktionen darauf folgendermaßen verwendet werden (siehe Abbildung 3): **Belastung** gilt in der Arbeitswissenschaft als objektive Einwirkungsgröße auf den Organismus des Menschen (Kaufmann et al., 1982) und ist demnach nicht nur negativ zu verstehen. Die einzelnen einwirkenden Faktoren, die **Stressoren**, lösen mit großer Wahrscheinlichkeit Unbehagen aus und können von unterschiedlicher Zeitdauer und unterschiedlichem Verlauf sein (Eckardstein et al., 1995). **Beanspruchung** gilt als die Summe aller auf den Menschen einwirkenden Belastungen (Hettinger, 1995), wobei ein und dieselbe Belastung bei verschiedenen Personen unterschiedliche Beanspruchungen hervorrufen kann (Ulich, 2001), abhängig von Konstitutions-, Alters-, Geschlechts- und Trainingsfaktoren (Schmidtke, 1993). **Beanspruchungsfolgen** sind mögliche physische und psychische Reaktionen des Organismus auf Beanspruchungen (Kaufmann et al., 1982).

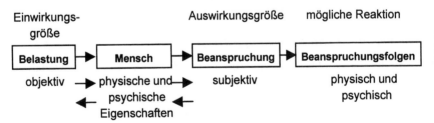

Abbildung 3. Belastung, Beanspruchung und Beanspruchungsfolgen (nach Molnar, 1997, S. 16)

Definition von psychischer Belastung und Beanspruchung

1975 kam es in der ergonomischen Literatur zur bereits erwähnten Begriffsstandardisierung (Richter & Hacker, 1998). Demnach werden, laut Normenausschuss Ergonomie, 1987 (zitiert nach Greif, 1991) psychische Belastung (stress) und psychische Beanspruchung (strain) ähnlich definiert wie im Entwurf der ÖNORM EN ISO 10075-1 (1996): **Psychische Belastung** wird verstanden als „Die Gesamtheit aller erfassbaren Einflüsse, die von außen auf den Menschen zukommen und psychisch auf ihn einwirken" (S. 4). **Psychische Beanspruchung** hingegen wird bezeichnet als „Die unmittelbare (nicht die langfristige) Auswirkung der psychischen Belastung im Individuum in Abhängigkeit von seinen jeweiligen überdauernden und augenblicklichen Voraussetzungen, einschließlich der individuellen Bewältigungsstrategien" (ÖNORM EN ISO 10075-1, 1996, S. 4).

5.2 Konzepte von Belastung, Beanspruchung und Stress in der Arbeit

5.2.1 Belastungs-Beanspruchungskonzepte

Ergonomisches Belastungs-Beanspruchungskonzept

Das Belastungs-/Beanspruchungsmodell der Arbeitswissenschaft will auf Grund der Begriffsvielfalt in der Stress- und Belastungsforschung eindeutige Unterscheidungen zwischen Reizen (Belastungen) und Reaktionen (Beanspruchungen) treffen (Ulich, 2001). Rohmert (1984) berücksichtigt in diesem Stress-Strain-Konzept körperliche, informatorische (geistige) und soziale Belastungen und deren aktuelle bzw. langfristige Auswirkungen. Die resultierenden Beanspruchungen sind physischer (Beanspruchung von Muskeln, Skelett, Herz-Kreislauf-System, usw.) und psychischer (Beanspruchung von Gedächtnis, Aufmerksamkeit, usw.) Natur. „Der Grad der Beanspruchung steht in Relation zu individuellen Merkmalen der tätigen Person, ..." (Marstedt & Mergner, 1986, S. 6).

Aktivierungstheoretischer Ansatz und handlungstheoretisches Modell

Im **aktivierungstheoretischen Modell** von Bartenwerfer (1970, zitiert nach Udris & Kaufmann, 1982) lässt sich die psychische Beanspruchung ableiten von der allgemeinen zentralen Aktiviertheit des Zentralnervensystems und ist erfassbar durch Selbstbeurteilung der inneren Angespanntheit oder durch physiologische Messungen. Der Grad der psychischen Beanspruchung bestimmt die Folgen: psychische Ermüdung (siehe Kapitel 5.4 und 6.1.3) bzw. ermüdungsähnliche Zustände wie Monotonie, psychische Sättigung (siehe Kapitel 5.4) und Vigilanz (Wachheit). Im **handlungstheoretischen Modell** (Hacker & Richter, 1984; Udris & Kaufmann, 1982) werden sowohl die handelnde Person als auch der Auftrag durch die Arbeitstätigkeit verändert: Der Arbeitende übernimmt bewusst eine Aufgabe durch Wahrnehmung gemäß seiner individuellen Voraussetzungen, bewertet sie und handelt entsprechend.

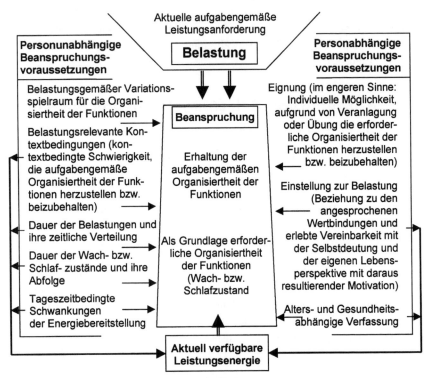

Abbildung 4. Beanspruchungsmodell (nach Franke, 1998, S. 18.).
(Pfeile = Wirkungsrichtungen)

Soziologische Belastungskonzepte

Das **Konzept der Mehrfachbelastungen** beschreibt ein gleichzeitiges Auftreten von mehreren Belastungen am Arbeitsplatz, die einander verstärken (Udris &

Kaufmann, 1982). Da aber deren Zusammenhang nicht erklärt wird, sind Aussagen über die Auswirkungen problematisch. Auch bei Mergners **Konzept der Gesamtbelastung** aus dem komplexen Zusammenwirken aller betrieblichen und außerbetrieblichen Faktoren bleiben die Zusammenhänge ungeklärt. Bemerkenswert ist, dass hier auch nicht wahrgenommene Belastungen die Gesundheit oder das Befinden beeinträchtigen können. Im **integrierten Belastungskonzept** wird schließlich darauf aufmerksam gemacht, dass sich zeitlich aufeinanderfolgende Belastungen möglicherweise gegenseitig in ihrer Wirkung verstärken (Udris & Kaufmann, 1982). Ungenügend berücksichtigt bleibt hier der Prozesscharakter von Belastung, Beanspruchung und Bewältigung.

Beanspruchungsmodell nach Franke

Im Modell von Franke (1998) beeinflussen personunabhängige und personabhängige Beanspruchungsvoraussetzungen das Ausmaß der Beanspruchung und moderieren die aktuell verfügbare Leistungsenergie des Menschen (siehe Abbildung 4). Letztere bildet die Basis für die Grund-Organisiertheit und Erhaltung der aufgabengemäßen Organisiertheit der Funktionen, welche auf die Bewältigung der Belastung ausgerichtet sind. Je enger die von einer Aufgabe geforderte Organisiertheit der Funktionen ist, desto kürzer und unterschiedlicher sollten die aufeinanderfolgenden Belastungen sein.

5.2.2 Stresskonzepte und Coping

Die psychologische Stressforschung unterscheidet drei Erklärungsansätze von Stress (Frieling & Sonntag, 1999; Korunka, 1997; Semmer, 1997; Udris & Frese, 1988, 1999): Stimulus-, Reaktions- und kognitive Konzepte. Bei **Stimuluskonzepten** stellen Stressoren Stress erzeugende Umweltbedingungen dar. Unberücksichtigt bleibt, dass unterschiedliche Individuen auf dieselben Außenbedingungen in unterschiedlicher Art und Weise reagieren. Bei **Reaktionskonzepten** (z.B. Selye, 1981) wird Stress über das Verhalten des Organismus bestimmt. Wie Stress ausgelöst wird, ist dabei nicht bedeutsam. Transaktionale Konzepte wie jenes von Lazarus und Launier (1981) versuchen durch die Miteinbeziehung der subjektiven Bewertung von Stress durch den Menschen die Probleme von Stimulus- und Reaktionskonzepten zu überwinden. Deshalb spricht man bei diesen Konzepten auch von **kognitiven Konzepten**.

Modelle von Cannon und Selye

Cannons Stressbegriff und sein Modell der Notfallreaktion (Greif, 1991) wurde in Selyes Reaktionskonzept (Greif, 1991; Rutenfranz, 1981) übernommen. Auch Levi (Udris, 1981) verwendet den Stressbegriff im Sinne Selyes als unspezifische Körperreaktion auf die an den Organismus gestellten Anforderungen. Auf intensive Reize folgt ein biologisch vorprogrammiertes, allgemeines Adaptionssyndrom oder Stresssyndrom in drei Stadien (Greif, 1991; Müller-Limmroth, 1993): 1. Alarmreaktion, 2. Widerstand und Mobilisierung von Energiereserven und 3. Erschöpfung nach dem Aufbrauchen der sogenannten Anpassungsenergie. Durch zivilisatorische Gegebenheiten wie z.b. Bewegungsmangel ist es dem Menschen unmöglich, die stressbedingt aufgebaute Erregung ausreichend körperlich abzureagieren (Kompier & Levi, 1995; Vester, 1995), was in der Folge Zivilisationskrankheiten bedingen kann (Cooper, Liukkonen, & Cartwright 1996; Vester, 1995). Selyes daraus abgeleitete Gesundheitstipps beinhalten demnach Bewegung, gesunde Ernährung und geringeren Zigarettenkonsum (Greif, 1991). Allerdings wäre reines Gesundheitsverhalten nach Selye bei andauerndem Arbeitsstress nach heutigen Erkenntnissen bloße Symptombehandlung.

Transaktionales Modell von Lazarus

Transaktionale, kognitive Stresskonzepte (Bakal, 1992; Lazarus, 1966, zitiert nach Greif & Cox, 1995; Greif, 1991; Lazarus & Launier, 1981), die heute vielen wissenschaftlichen Disziplinen als Grundlage dienen, berücksichtigen die subjektive Bewertung von Stress in Form von geistiger und gefühlsmäßiger Auseinandersetzung des Menschen mit den Anforderungen und unterscheiden dabei folgende Punkte: 1. die subjektive Situationsbewertung, 2. die Kontrolle über die Situation und 3. die Möglichkeiten zur Stressbewältigung durch die Person. Die Situationsbewältigung (Coping) wird durch Bewältigungsstrategien und -kompetenzen bewerkstelligt.

In **handlungspsychologischen Stresskonzepten**, z.B. von Schönpflug oder Hockey (Richter & Hacker, 1998) wird die gleichzeitige Einbeziehung von Person-, Umwelt- und Aufgabenvariablen besonders bedeutsam, indem die Entstehung von Stress durch die Ineffizienz von Regulationsprozessen genau betrachtet wird. Dadurch können nämlich neue Probleme entstehen, die den Stresszustand verstärken. Signale dafür sind die Unmöglichkeit der Stressreduktion durch die eigene Tätigkeit, chronisch erhöhte Aktivitätszustände einhergehend mit verminderter Erholungsfähigkeit, eingeschränkter Handlungsfähigkeit und einer Intensität und Zeitdauer, die Beunruhigung, Gefährdung oder Versagen wahrscheinlich macht.

Begriffspräzisierung durch Greif

Da am transaktionalen Modell kritisiert wird, dass es einer gewissen Beliebigkeit bezüglich „... individuellen und situativen Bewertungen und moderierenden Variablen ..." unterliegt (Eckardstein et al., 1995, S. 7), schlägt Greif (1991) eine

Begriffspräzisierung über die zeitliche Dauer von Stresssituationen vor: „'Stress' ist ein subjektiv intensiv unangenehmer Spannungszustand, der aus der Befürchtung entsteht, dass eine stark aversive, subjektiv zeitlich nahe (oder bereits eingetretene) und subjektiv lang andauernde Situation sehr wahrscheinlich nicht vollständig kontrollierbar ist, deren Vermeidung aber subjektiv wichtig erscheint" (S. 13).

Modelle mit dem Fokus auf unterschiedliche Stressoren am Arbeitsplatz

Nach dem **Konzept des Rollenstresses** (Kahn, Wolpe, Quinn, Snoek & Rosenthal, 1964) entsteht Stress durch Rollenkonflikt auf Grund unvereinbarer Rollenanforderungen, rollenbezogener Überforderung, Ambiguität (die Information einer Person reicht nicht aus zur angemessenen Realisierung ihrer Rolle) und rollenbezogene Verantwortung. Das **Stress-Management-Model of Strain** (Karasek, 1979) stellt Arbeitsanforderungen dem Entscheidungsspielraum gegenüber. Daraus ergeben sich vier Tätigkeitstypen, die wenig (gemächliche) und die stark belastende (schwere) bzw. die aktive und die passive Tätigkeit. Das Ausmaß von psychischer Beanspruchung ist demnach bei gleicher Arbeitsintensität abhängig von den gegebenen Handlungs- und Entscheidungsspielräumen (Udris & Kaufmann, 1982). McGrath (1981) definiert in seinem **Rahmenkonzept** einen Stresszyklus mit 6 Klassen von Stressquellen aus Aufgabe, Rollen, Verhaltensraum, materieller und sozialer Umwelt und aus der Person selbst, für die es jeweils gesonderte potentielle Reaktionsklassen und Verhaltensweisen gibt. Semmer (1984) beschränkt sich auf ein **Vier-Klassen-Stresskonzept** mit aufgabenbezogenem, interpersonalem, personalem und Umwelt-Stress. Im **Person-Environment-Fit (Pe-Fit) Modell** (French, 1978; Udris, 1981) entstehen physiologische Stressreaktionen, Arbeitsunzufriedenheit und negative Gestimmtheit bis hin zu Depressionen bei Nicht-Übereinstimmung von Umweltanforderungen und Fähigkeiten bzw. zwischen den Umweltangeboten und Bedürfnissen der Person (Caplan & Harrison, 1993). Bei Kannheisers **tätigkeitsorientiertem Stresskonzept** (1983) werden in die Stressanalyse auch Rückwirkungen der Umwelt und Tätigkeitsresultate eigener und anderer Personen miteinbezogen.

Distress-Kreislauf nach Cooper, Liukkonen und Cartwright

Im Rahmen einer Studie zum Thema Stressmanagement in einem großen britischen Pharmaziekonzern wurde das in Abbildung 5 gezeigte Stress-Kreislaufmodell – „Distress Cycle" (Cooper et al., 1996, S. 62) – erarbeitet. Auf die Probleme in den verschiedenen Bereichen antwortet der Organismus adaptiv in einem „Wellness Cycle" (Cooper et al., 1996, S. 63) durch Ausbildung von entsprechenden Skills, die die Funktionsfähigkeit wieder verbessern.

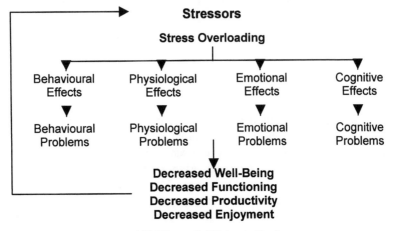

Abbildung 5. Distress Cycle
(nach Cooper, Liukkonen & Cartwright, 1996, S. 62)

Standen in der bisherigen Stressforschung Themen wie Arbeitsdesign, Rollenverständnis und zwischenmenschliche Beziehungen im Mittelpunkt, so stellen jetzt auch Aspekte der Unternehmenskultur und des Betriebsklimas wesentliche Determinanten für die Gesundheit von Arbeitnehmern und die Effektivität einer Organisation dar (Sauter & Murphy, 1995; Wenninger, 1999).

Coping – Bewältigung von Stress

Dass bei gleichartigen Arbeitsbelastungen manche Personen gesundheitliche Beeinträchtigungen davontragen und manche nicht, liegt am Coping- bzw. Bewältigungsprozess, der Interaktion, zu der es zwischen Person und Umwelt kommt (Udris & Frese, 1988).

Nach **Miller** (Klugger, 1991) kommen folgende Bewältigungsstrategien zur Anwendung: Rationale Bewältigung der Bedrohung, unmittelbare Stressreduktion, Verleugnung, Neudefinition der Situation, „Verhaltensstörung" und Aggression. Gewählt werden die Strategien nach körperlichem Zustand, Konstitution, Persönlichkeit und der Möglichkeit, Hilfe von anderen Personen zu bekommen. Nach **Lazarus und Launier** (1981) besteht Bewältigung „... sowohl aus verhaltensorientierten als auch intrapsychischen Anstrengungen, mit umweltbedingten und internen Anforderungen sowie den zwischen ihnen bestehenden Konflikten fertig zu werden (d.h. sie zu reduzieren, zu tolerieren, zu minimieren), die die

Fähigkeiten einer Person beanspruchen oder übersteigen." (S. 244). Mögliche Bewältigungsmodi sind Informationssuche, direkte Aktion, Aktionshemmung und intrapsychische Bewältigungsformen. Je ernster eine Bedrohung erscheint, desto primitivere und inadäquatere Mechanismen finden dabei Verwendung. **Semmer** (1984) beschreibt fünf Copingstrategien: Coping durch Steigerung der Anstrengung, Coping durch Verringerung der Beanspruchung, Nichterfüllung der Aufgabe, intrapsychisches Coping und Verzicht auf Coping, jeweils abhängig von Situation und Art der Anforderung.

Die Perspektive der Ressourcenforschung wurde bislang in der Arbeitspsychologie jener der Belastungsforschung hintangestellt. Das **Modell der Ressourcenkonservierung von Hobfoll** (1988, 1989, zitiert nach Frieling & Sonntag, 1999) behandelt die Frage, wann Situationen Stress erzeugen: immer dann, wenn situative Gegebenheiten zu einem Ressourcenverlust führen. Dieser Stress wird bewältigt, indem zum Ausgleich von Verlusten Ressourcen investiert werden, was die Gefahr der Ressourcenerschöpfung birgt. Dies kann den Stress wiederum verstärken. Hobfolls Modell liefert hiermit konkrete Ansatzpunkte zur Stressprävention und -intervention auf der Ebene der persönlichen und umweltbedingten Ressourcen. **Richter und Hacker** (1998) stellten dazu **gesundheitsfördernde Ressourcen** zusammen, die in Tabelle 4 wiedergegeben sind.

Tabelle 4. Gesundheitsfördernde organisationale, soziale und personale Ressourcen (nach Richter & Hacker, 1998, S. 25)

Ressourcen-Aspekte		
organisationale	**soziale**	**personale**
Aufgabenvielfalt Tätigkeits- spielraum Qualifikations- potential Partizipations- möglichkeiten	**Unterstützung durch:** Vorgesetzte Arbeitskollegen Lebenspartner andere Personen	**Kognitive Kontrollüberzeugungen** Kohärenzerleben, Optimismus, Selbstkonzept: Kontaktfähigkeit, Selbstwertgefühl **Handlungsmuster** positive Selbstinstruktion, Situations- kontrollbemühungen, Copingstile

Allmählich zeichnet sich eine Abkehr vom traditionellen Risiko-Vermeidungskonzept, basierend auf Biologie und Medizin, ab in Richtung Eigenverantwortung für die eigene aktive Lebensgestaltung (Frieling & Sonntag, 1999).

5.3 Formen der Belastung und Beanspruchung am Arbeitsplatz

5.3.1 Körperliche Belastungen und Beanspruchungen

Zur körperlichen Belastung (Kaufmann & Pornschlegel, 1982) zählen allseitige, einseitige und statische Muskelarbeit. Für die Erfassung der Beanspruchung als Folge von Auswirkungen körperlicher Belastungen werden Beanspruchungskenngrößen (siehe Tabelle 5) verwendet:

Tabelle 5. Kenngrößen der Beanspruchung bei Muskelarbeit (nach Kaufmann & Pornschlegel, 1982, S. 62)

Belastungsart	Beanspruchungskenngrößen		
	physiologisch	arbeits-medizinisch	sozialwissenschaftlich
allseitige Muskelarbeit: große Muskelgruppen bewegen den Körper bzw. große Gliedmaßen	Pulsfrequenz Körpertemperatur Atemfrequenz Atemvolumen Schweißmenge Blutdruck	Befund über typische Beschwerden, organische Veränderungen und Krankheiten, je nach überwiegender körperlicher Beanspruchung	Äußerungen der Betroffenen über körperliches Befinden und körperliche Beschwerden während bzw. nach der Arbeit
einseitige Muskelarbeit: kleinere Muskelgruppen bewegen wiederholt und über längere Zeit kleinere Gliedmaßen	elektrische Muskelaktivität		
statische Muskelarbeit: Anspannung von Muskeln bzw. Muskelgruppen zur Fixierung des Körpers oder von Körperteilen in einer bestimmten Stellung	Pulsfrequenz elektrische Muskelaktivität		

5.3.2   Psychische Belastung und Beanspruchung

Jeder arbeitende Mensch ist Teil eines sozialen Beziehungsgefüges (Udris & Kaufmann, 1982) und nimmt dabei eine bestimmte soziale Rolle ein. Erleben und Verhalten lassen sich daher nicht losgelöst vom sozialen Gefüge betrachten. Man spricht von einem psychosozialen Prozess: „Die psychische Beanspruchung einschließlich langfristiger Beanspruchungsfolgen ist Ergebnis des Zusammenwirkens sowohl informationsverarbeitender Prozesse wie des Beanspruchungserlebens. Auf Grund komplexer Verursachungszusammenhänge ist eine eindeutige Zuordnung von Anzeichen psychischer Belastung bzw. Beanspruchungsfolgen zu Belastungsfaktoren nicht möglich" (Udris & Kaufmann, 1982, S. 139). Psychische Beanspruchung – auch als Stress bezeichnet – tritt als **Über- oder Unterforderung** auf (Udris, 1981). Aus deren quantitativer (Arbeitsmenge im Verhältnis zur Zeit) oder qualitativer Natur (Arbeitsinhalt, Arbeitsschwierigkeit) ergeben sich nach Udris und Kaufmann (1982) vier Grundtypen (siehe Tabelle 6).

Tabelle 6. Wesentliche Momente von Über- und Unterforderung
(nach Udris & Kaufmann, 1982)

	Überforderung	Unterforderung
quantitativ	Zeitdruck Hetze Akkord zu viel zu tun	zeitlich monoton, z.B. bei Überwachungstätigkeit zu wenig zu tun
qualitativ	Schwierigkeit Kompliziertheit Unklarheit der Anweisungen	inhaltlich monoton Nichtausnutzung von Fertigkeiten und Fähigkeiten

Kenngrößen psychischer Beanspruchungen (siehe Tabelle 7) werden durch Kombination verschiedener Methoden wie psychologische Befragungs- und Testverfahren erfasst, wobei nach Richter und Hacker (1998) bzw. Ulich (2001) der Analyse des Tätigkeitsverlaufes eine große Bedeutung zukommt. Wesentlich ist die Erfassung gewohnter Belastungsbewältigungsstile am Arbeitsplatz, wahrgenommener Kontrolle, Beeinflussungschancen und Auswirkungen im Freizeit- und Familienbereich (Aktivitäten in der Freizeit, Belastungen außerbetrieblicher Art, etc.; siehe Kapitel 2.7 und 6.2.2) und Einstellung bzw. Zufriedenheit bezüglich bestimmter Arbeitsaspekte (Tätigkeit selbst, Kommunikationsmöglichkeiten, Handlungsspielraum, ...), (Udris & Kaufmann, 1982). Dies ermöglicht die Beurteilung **psychosozialer Auswirkungen** von Belastungen (siehe auch Kapitel 5.4

und 5.5.2) und ihrer Langzeitwirkungen im individuellen (Befinden, Gesundheit) und sozialen Bereich (Familie, Freizeit).

Tabelle 7. Kenngrößen und Merkmale psychischer Beanspruchung (nach Udris & Kaufmann, 1982, S. 123 - 127)

Psychosomatische und körperliche Beschwerden und Erkrankungen	Herz-Kreislauf- und Magenbeschwerden, Kopfschmerzen, rheumatische Erkrankungen, ...
Subjektives Befinden	Arbeits- und Lebenszufriedenheit, Selbstwertgefühl, ...
Psychisches Befinden	Angst, Depressivität, Gespanntheit, Gereiztheit, Wohlbefinden,...
Verhaltenssymptome	Tabletten- und Alkoholkonsum, Fehlzeiten, ...

Psychische Belastungen werden nach Art, Intensität, Dauer, Häufigkeit bzw. zeitlicher Verteilung und Kombination ihres Auftretens betrachtet und als Stressoren bezeichnet.

5.3.3 Psychische Belastungen (Stressoren) am Arbeitsplatz

Stressoren, die Auslöser von psychophysischen Reaktionen im menschlichen Organismus, lassen sich in unterschiedliche Kategorien zusammenfassen (Eckardstein et al., 1995; McGrath, 1981; Molnar, 1997; Semmer, 1984; Udris & Kaufmann, 1982; Udris & Frese, 1988, 1999). Eine Zusammenfassung von Stressoren am Arbeitsplatz ist aus Tabelle 8 und Tabelle 9 ersichtlich.

5.4 Folgen von Belastungen bzw. nicht bewältigtem Stress und mögliche Gegenmaßnahmen

Der Organismus des Menschen verfügt über eine Reihe von Mechanismen zur erfolgreichen Bewältigung von Anforderungen (Molnar, 1997) und auch soziale Unterstützung kann die Auswirkungen von arbeitsbedingtem Stress mindern (Bakal, 1992; Bölke-Zeuner & Strobel, 1991; Frese, Saupe & Semmer, 1981; Frese & Semmer, 1991; Kompier & Levi, 1995; Udris, 1981, 1995; Udris & Frese, 1999). Es bedarf eines sozialen Netzwerkes (Keupp, 1992), um Unterstützung von Personen wie Familienmitgliedern, Freunden, Arbeitskollegen oder Vorgesetzten in Form von allgemeiner Hilfeleistung, emotionaler Hilfe oder Anerkennung zu bekommen (Saupe & Frese, 1981; Zapf & Frese, 1991). Warr

(1995) spricht sich an dieser Stelle dafür aus, Gelegenheiten für die Bildung von zwischenmenschlichen Beziehungen zu fördern. Der Einfluss von Unternehmen auf die soziale Unterstützung durch ihre Managementphilosophie und Organisationsstrukturen hinsichtlich Unterstützungschancen und -hindernissen ist hier von besonderer Bedeutung (Klugger, 1991).

Tabelle 8. Einteilung von arbeitsbezogenen Stressoren

Ursachen für psychische Beanspruchung	Beispiele und Erklärungen
Stressoren bei der Erfüllung von Arbeitsaufgaben	
Über- bzw. Unterforderung	Kann qualitative (Arbeitsinhalt) oder quantitative (Arbeitsmenge in Relation zur Zeit) Ausmaße einnehmen (McGrath, 1981; Molnar, 1997; Udris & Kaufmann, 1982; Udris & Frese, 1988, 1999)
Störungen im Arbeitsablauf	Z.B. Unterbrechungen wie Telefonanrufe bzw. Parteienverkehr oder – charakteristisch für den technischen Bereich – durch verlängerte Antwortzeiten (Udris & Frese, 1988, 1999), Zeit- und Termindruck (Udris & Frese, 1999)
Fehlende Entspannung und Erholung	Negative Einflüsse auf die psychische Gesundheit des Menschen (McGrath, 1981; Udris & Kaufmann, 1982)
Physikalisch-technologische Stressoren	
Umgebungsfaktoren	Z.B. Lärm, Schmutz, Gerüche und chemische Substanzen (McGrath, 1981; Molnar, 1997; Udris & Kaufmann, 1982; Udris & Frese, 1988, 1999)
Statische und einseitige Muskelbelastung	Routine (McGrath, 1981; Udris & Kaufmann, 1982)
Arbeitszeitregelungen	Z.B. Schicht- und Nachtarbeit (Cervinka, 1993; Cervinka, Haider, Hloch, Koller & Kundi, 1980; Cervinka, Kundi, Koller & Haider, 1987; Frese & Semmer, 1986; Haider, Cervinka, Höller, Knapp, Koller, Kundi, Neuberger & Schmidt, 1979; Haider, Cervinka, Koller & Kundi, 1986; Koller, Cervinka, Kundi & Haider, 1986; Koller, Haider, Kundi & Cervinka, 1985; Koller, Kundi & Cervinka, 1978; Kundi, 1989), McGrath, 1981; Udris & Kaufmann, 1982; Udris & Frese, 1988, 1999)
Unfallgefahren	(McGrath, 1981; Udris & Kaufmann, 1982)

Tabelle 9. Einteilung von arbeitsbezogenen Stressoren (Fortsetzung)

Ursachen für psychische Beanspruchung	Beispiele und Erklärungen
Stressoren der sozialen und organisatorischen Arbeitsumgebung	
Arbeitsrollen	Konflikt, Konkurrenzdruck, fehlende Anerkennung und Unterstützung, Verantwortungsdruck (McGrath, 1981; Molnar, 1997; Udris & Kaufmann, 1982). Rollenkonflikte entstehen immer dann, wenn gegensätzliche Erwartungen an Personen herangetragen werden. Dabei kann es zu psychischen Beschwerden kommen (Udris & Frese, 1988, 1999)
Persönliche Arbeitsvoraussetzungen	Angst vor Misserfolg, Aufgaben, Tadel und negative Folgen des eigenen Verhaltens, private Sorgen und Konflikte (McGrath, 1981; Udris & Kaufmann, 1982)
Umstellungsprozesse in der Arbeit	Strukturelle und räumliche Veränderungen ziehen nach sich, dass Neues erlernt werden muss anstelle herkömmlicher Routine (McGrath, 1981; Udris & Kaufmann, 1982; Udris & Frese, 1988, 1999), z.B. Einführung neuer Technologien oder „Realitätsschock" beim Eintritt ins Berufsleben (Udris & Frese, 1999)
Unsicherheit des Arbeitsplatzes	Angst vor Arbeitsplatzverlust wirkt sich, wie Befunde aus der Arbeitslosigkeitsforschung belegen, negativ auf die psychische Gesundheit aus (Kieselbach & Wacker, 1985; Mohr, 1997)
Informationsmangel, „Betriebsklima"	Sozialer Stress durch Kollegen oder Vorgesetzte beeinträchtigt das Wohlbefinden am Arbeitsplatz (Frese & Zapf, 1987), z.B. Mobbing (Udris & Frese, 1999)
Soziale Isolation und Dichte	„Unterbelegung" und „Überbelegung" (McGrath, 1981; Udris & Kaufmann, 1982)
Neuartige Belastungen und Stressoren	
„Technostress", „informational overload"	Abstraktheit, Komplexität und Kompliziertheit der Arbeit, Fehlerrisiken durch die technologische Entwicklung (Udris & Frese, 1988, 1999)
Interpersonale Belastungen und Konflikte durch „Emotionsarbeit"	Permanent notwendige Freundlichkeit in den zunehmenden Dienstleistungsbereichen bedingt Risiken wie Burnout, Mobbing oder inneren Rückzug (Udris & Frese, 1999)

Belastungsfolgen erstrecken sich von kurzfristigen bis hin zu langfristigen und chronischen Reaktionen (Greif & Cox, 1995; Udris & Frese, 1988; Udris &

Kaufmann, 1982) und machen sich auf verschiedenen Ebenen bemerkbar (Kaufmann et al., 1982, siehe Tabelle 10). Unter anderem steht arbeitsbedingter Stress in engem Zusammenhang mit häufiger Abwesenheit (Eckardstein et al., 1995).

**Tabelle 10. Negative Beanspruchung(sfolgen)
(nach Kaufmann, Pornschlegel & Udris, 1982, S. 24)**

Ebenen		kurzfristige, aktuelle Reaktionen	mittel- bis langfristige chronische Reaktionen
physiologisch, somatisch		erhöhte Herzfrequenz, Blutdrucksteigerung, Adrenalinausschüttung	allgemeine psychosomatische Beschwerden und Erkrankungen, Unzufriedenheit, Resignation, Depression
psychisch (Erleben)		Anspannung, Frustration, Ärger Ermüdungs-, Monotonie-, Sättigungsgefühle	
verhaltensmäßig	**individuell**	Leistungsschwankungen, Nachlassen der Konzentration, Fehler schlechte sensomotorische Koordination	vermehrter Nikotin-, Alkohol-, Tablettenkonsum, Fehlzeiten (Krankheitstage)
	sozial	Konflikte, Streit, Aggression gegen andere Rückzug (Isolierung) inner- und außerhalb der Arbeit	

Richter und Hacker (1998) zeigen Differenzierungsmerkmale unterschiedlicher **Formen von psychischen Fehlbeanspruchungen** auf (siehe Tabelle 11). Für das Ausmaß der psychischen Beanspruchung sind Wahrnehmung, subjektive Bewertung und Beurteilung der belastenden Situation ausschlaggebend (Udris & Kaufmann, 1982).

Tabelle 11. Differenzierungsmerkmale unterschiedlicher Formen psychischer Fehlbeanspruchungen (nach Richter & Hacker, 1998, S. 68)

Kriterium	Psychische Ermüdung	Monotonie	Psychische Sättigung	Stress
Konfiguration auslösender Merkmale	zeitlich anhaltende Forderungen der Leistungsvoraussetzungen (LV): beschleunigt bei Ausschöpfung, Überforderung der LV	Unterforderung der LV als Zuwendungsnotwendigkeit bei eingeengtem Beobachtungsumfang	erlebte fehlende Sinnhaftigkeit bei Bereitschaft zur Aufgabenrealisierung	objektive Überforderung ohne Ausweichmöglichkeit und/oder durch Erleben der Überforderung ausgelöste negative Emotionen; Vereitelung von Zielen
Phänomenale (Erlebens-) Leitmerkmale	Erschöpfung, Müdigkeit ohne Langeweile	Interessenslosigkeit, Langeweile mit Müdigkeit	Unlustbetonte Gereiztheit, Widerwillen	Sorge um Erfüllbarkeit der Aufgabe, Unruhe, erregtgeängstigte Gespanntheit
Zeitliche Beziehung zur Tätigkeit	nach längerer Tätigkeitsdauer auftretend; steigender Verlauf	nach längerer Tätigkeitsdauer auftretend; wellenförmiger Verlauf	auch vorwegnehmend und während der Tätigkeit	auch vorwegnehmend und während der Tätigkeit
Auswirkungen eines Tätigkeitswechsels	gering	Leistungsverbesserung	?	nachhaltige Leistungsverminderung wahrscheinlich
Rückbildungsverlauf	kontinuierliche, zeitaufwendige Rückbildung	sprunghaft möglich	?	nachhaltige Rückbildungsstörungen
Vorbeugungsmaßnahmen	arbeitsgestalterische Maßnahmen der Mensch-Maschine-Funktionsteilung, Training regulativer LV, Pausen	Aufgabenbereicherung, Senkung von Daueraufmerksamkeitsbindung	individuelle Sinn- und Zielbildung, Tätigkeitswechsel	Reduktion emotionaler Belastungen durch Tätigkeitsspielraumerweiterung, Therapie emotionaler Labilität

Udris & Kaufmann (1982) beschreiben die **Folgen psychischer Beanspruchung** (siehe Tabelle 12) als Resultat bewusster oder unbewusster Verarbeitung unterschiedlicher Arbeitsbedingungen und Belastungen. Negativfolgen sind besonders bei Über- und Unterforderung durch die Arbeitsaufgabe (z.B. Zeitdruck, Monotonie), Konflikte in sozialen Beziehungen bei der Arbeit, Betriebsorganisation (z.B. Entlohnung, Führungsstil) und Nicht-Vorhandensein von Handlungs- und Entscheidungsspielräumen zu erwarten. Kurz- und mittelfristige Auswirkungen wie z.B. Ermüdung werden in den Kapiteln 6.1 und 5.5.2, langfristige Folgen wie höhere Erkrankungshäufigkeit in Kapitel 6.2 näher erläutert und müssen getrennt untersucht werden, da sie mit der Zeit einander verstärken und zu irreversiblen Schäden führen können.

Tabelle 12. Folgen psychischer Beanspruchung
(nach Udris & Kaufmann, 1982, S. 112)

	Kurzfristige Beanspruchungsfolgen	Langfristige Beanspruchungsfolgen
Negativ	Ermüdung Monotonie Psychische Sättigung	Unzufriedenheit gesundheitliche Beeinträchtigung geringe gesellschaftliche Aktivitäten
Positiv	Anpassung und Gewöhnung Lernen und Übung	Zufriedenheit gesundheitliches und emotionales Wohlbefinden Erwerb von Fähigkeiten gesellschaftliche Aktivitäten

Die **aus psychosozialen Belastungen resultierenden Beanspruchungen** (siehe auch Kapitel 5.5.2) äußern sich einerseits in gesundheitlichen, andererseits in sozialen Beeinträchtigungen (Ertel, Junghanns & Ullsperger, 1995). Bei Arbeitsverdichtung steigt die Nennungshäufigkeit von Befindlichkeitsstörungen und Gesundheitsbeschwerden wie z.B. Schlafstörungen, Kopfschmerzen, Müdig- und Mattigkeit.

In der ÖNORM EN ISO 10075-1 (1996) wird der **Zusammenhang zwischen psychischer Belastung**, individuellen Faktoren, der aktuellen **psychischen Beanspruchung und** deren unmittelbaren **Folgen** vereinfacht dargestellt (siehe Tabelle 14 und Tabelle 15). Mögliche Wechselwirkungen werden dabei außer Betracht gelassen, unterschiedliche Belastungseinflüsse und individuelle Voraussetzungen zusammengefasst. Bei den einzelnen Gruppen sind nur Beispiele, keine vollständigen Aufzählungen angegeben.

Tabelle 13. Psychosoziale Belastungen und Beanspruchungen

Autor(en)	Psychosoziale Belastungen	Resultierende Beanspruchungen	
		Gesundheitliche Beeinträchtigungen	Soziale Beeinträchtigungen
Ertel, Junghanns & Ullsperger (1995)	Leistungssituation, Führungsstil, gestörte Kommunikationsstrukturen, problematische Formen von Interessens- und Konfliktregelung	physiologische Stressreaktionen, Anspannung, Unruhe, Nervosität, Überforderung, Erschöpfung, Hilflosigkeit	Kommunikationsstörungen, unbewältigte Konflikte, Mobbing, Beeinträchtigung von Motivation und Emotionen
Ertel, Junghanns & Ullsperger (1995)	Zeitdruck	Entspannungsschwierigkeiten nach Arbeitsschluss, psychosomatische Befindlichkeitsstörungen, Konzentrationsstörungen	
Schulz & Höfert (1981)	Zeitdruck	Beeinträchtigung des Wohlbefindens, Leistungseinbußen, Veränderungen der physiologischen Reaktionen	
Udris & Kaufmann (1982)	Zeitdruck, der mit erhöhter Konzentration und Verzicht auf Pausen kompensiert wird	vorzeitige psychische Ermüdung, Steigerung der emotionalen Beanspruchung durch Angst vor Leistungsversagen	
Radl (1980) Frese (1991)	vermehrte Computerarbeit	Ängste vor mehr Kontrolle und Dequalifikation	Befürchtungen von Arbeitsplatzverlust durch Rationalisierungseffekte, Isolation am Arbeitsplatz

Tabelle 14. Beziehungen zwischen Belastung und Beanspruchung bei psychischer Arbeitsbelastung (nach ÖNORM EN ISO 10075-1, 1996, S. 8)

Einflüsse der Situation auf die psychische Belastung, z.B.:			
Anforderungen seitens der Aufgabe	Physikalische Bedingungen	Soziale und Organisationsfaktoren	Gesellschaftliche Faktoren (außerhalb der Organisation)
z.B.: Daueraufmerksamkeit (länger dauernde Beobachtung eines Radarschirms) Informationsverarbeitung (Anzahl und Art der zu entdeckenden Signale, Ziehen von Schlüssen aus unvollständigen Informationen, Entscheidung zwischen alternativen Handlungsweisen) Verantwortlichkeit (für Gesundheit und Sicherheit von Mitarbeitern, für Produktionsverluste) Dauer und Verlauf der Tätigkeit (Arbeitsstunden, Ruhepausen, Schichtarbeit) Aufgabeninhalt (Steuerung, Planung, Ausführung, Bewertung) Gefahren (Untertagearbeit, Verkehr, Umgang mit Explosivstoffen)	z.B.: Beleuchtung (Leuchtdichte, Kontrast, Blendung) Klimabedingungen (Temperatur, Feuchte, Luftbewegung) Lärm (Schalldruck, Frequenz) Wetter (Regen, Sturm) Gerüche (stechend, ekelerregend)	z.B.: Organisationstyp (Führungsstruktur, Kommunikationsstruktur) Betriebsklima (persönliche Akzeptanz, zwischenmenschliche Beziehungen) Gruppenmerkmale (Gruppenstruktur, Zusammenhalt) Führung (enge Aufsicht, dirigistische Führung) Konflikte (zwischen Gruppen oder Einzelpersonen) Soziale Kontakte (isolierter Arbeitsplatz, Kundenbeziehungen)	z.B.: Gesellschaftliche Anforderungen (Verantwortung für die öffentliche Gesundheit oder das Gemeinwohl) Kulturelle Normen (akzeptable Arbeitsbedingungen, Werte, Normen) Wirtschaftliche Lage (Arbeitsmarkt)

Umwelt — *Ursache*

Ertel et al. (1995) sprechen von einer notwendigen neuen Sichtweise der Belastungsstrukturen, die sich dahingehend verändern, dass immer mehr unterschwel-

66

lige und mehrfache Belastungen auftreten (siehe auch Kapitel 2.7) und deshalb besonderer Beachtung bedürfen (Koller et al., 1991).

Tabelle 15. Beziehungen zwischen Belastung und Beanspruchung bei psychischer Arbeitsbelastung (Fortsetzung)

Individuelle Merkmale, die die Beziehungen zwischen Belastung und Beanspruchung näher bestimmen, z.B.:			
Anspruchsniveau, Vertrauen in die eigenen Fähigkeiten, Motivation, Einstellungen, Bewältigungsstrategien	Fähigkeiten, Fertigkeiten, Kenntnisse, Erfahrung	Allgemeinzustand, Gesundheit, körperliche Konstitution, Alter, Ernährung	Aktuelle Verfassung, Ausgangslage der Aktivierung

(Person)

Psychische Beanspruchung

Anregungseffekte	Beeinträchtigende Effekte	Andere Auswirkungen
Aufwärmeffekt, Aktivierung	Psychische Ermüdung und /oder ermüdungsähnliche Zustände (Monotoniezustand, herabgesetzte Wachsamkeit, psychische Sättigung)	Übungseffekt

(Wirkung)

5.5 Probleme am Bildschirmarbeitsplatz und deren Verhütung

Erste Untersuchungen über Bildschirmarbeit bestätigten eine Zunahme von Beschwerden, wobei jedoch methodische Mängel (z.B. fehlende Vergleichsgruppen, Datenerhebung über ausschließlich subjektive Einschätzung) auftraten. Später wurden u. a. auch medizinische Untersuchungen durchgeführt und Vergleichsgruppen mit ähnlichen Tätigkeiten ohne Bildschirmarbeit miteinbezogen.

Insgesamt zeigen Untersuchungen, dass die Arbeitsbelastung an Bildschirmarbeitsplätzen multifaktorielle Ursachen hat und im Bürobereich gekennzeichnet ist durch **Zwangshaltungen, Augenbelastungen** und durch **psychologische Probleme** (Hünting, Läubli & Grandjean, 1981; Pospischil, 1993), wie auch durch **Indoor-Pollution** (Krastel, 1995) und andere Umgebungsfaktoren wie z.B. **Sick-building-Syndrom** (Wallenstein, 1995) oder **Elektrosmog** (Ruppe, 1995). Bildschirme haben eine höhere elektrostatische Aufladung als ihre Umgebung (Korunka, 1997) und durch Kathodenstrahlröhren-Bildschirme wird ein in der näheren Umgebung des Bildschirmes messbares elektromagnetisches Feld aufgebaut. Die **Strahlenbelastung** (Kundi, 1999) entspricht jener der Kathodenstrahlröhren von Schwarzweißfernsehgeräten und liegt unterhalb des gesetzlich zulässigen Grenzwertes (Pospischil, 1993).

Auch die **Bildzeichenfarbe** ist von Bedeutung (Haider & Kundi, 1981). Je länger die Arbeitszeit am Bildschirm und je eintöniger die Betätigung ist, desto häufiger treten **Stresssymptome** auf (Benda, 1999). Diese Tätigkeitsmerkmale betreffen vor allem „Frauenarbeitsplätze" (Benda, 1999, S. 242), was die größere Beschwerdenhäufigkeit bei Frauen erklärt. Außerdem werden „... noch so mächtige Programmsysteme ... kaum akzeptiert und unproduktiv eingesetzt, wenn sie nicht an die relativ unveränderlichen Eigenschaften des Menschen und an seine Arbeitsaufgaben angepasst werden" (Benda, 1999, S. 245). Nur, wenn **kognitive Prozesse** („cognitive ergonomics", Benda, 1999, S. 246) intensiver berücksichtigt werden, können Fortschritte erreicht werden.

5.5.1 Physische Faktoren des modernen Büroarbeitsplatzes: Belastung, Beanspruchung und ihre Folgen

Die Arbeit vor dem Bildschirm ist bei fast allen Berufen wie auch außerhalb der Arbeitszeit zur Regel geworden (Benda, 1999). Troy und Ulich (1982) beschreiben eine Erhöhung der Gesamtbeanspruchung bei Bildschirmarbeit, gekennzeichnet von einem hohen Maß an asthenopischen Symptomen (Beschwerden des Sehapparates), (Korunka, 1997). Z.B. zeigte eine Studie der Wirtschaftskammer Österreich von 1992 (Köck, Ent & Berdel, 1993), dass ca. 41 % der Beschäftigten an Bildschirmarbeitsplätzen vor allem unter Augenbeschwerden, Beeinträchtigungen der Sehfunktionen, Muskelverspannungen, Kopf- und Rückenschmerzen leiden. Nachfolgend sollen die verschiedenen Bereiche einzeln betrachtet werden wobei erwähnenswert ist, dass bei zahlreichen Untersuchungsergebnissen auch Unterschiede in den Tätigkeitsmerkmalen mit einfließen können (Korunka, 1993).

Augenbeschwerden (visuelle Beanspruchungsreaktionen)

Grandjean (1991) wie auch Troy und Ulich (1982) berichten von einer ungünstigen Beanspruchung des Sehapparates bei Bildschirmarbeit, wobei die technischen Verbesserungen der letzten Jahre im Bildschirmbereich eine Grundlage für die physische Belastungsreduktion bilden (Korunka, 1993). Zu den visuellen Beanspruchungsreaktionen zählen Augenprobleme wie Tränen, Brennen und Rötung, Lidflattern und Verschwommensehen (Pospischil, 1993). **Akkomoda-**

tion (Anpassung der Augen an verschiedene Entfernungen) und **Adaption** (Anpassung an Hell-/Dunkelkontraste) werden erschwert (Caffier, 1995; Grandjean, 1991; Pospischil, 1993). Diese Beschwerden verschwinden wieder nach einer gewissen Erholungszeit (Schmidtke, 1993): Haider et al. (1977) stellte fest, dass das Auge nach einer sogenannten **temporären Kurzsichtigkeit** auf Grund langandauernder Anpassungsleistung wieder voll funktionstüchtig ist, weshalb die Arbeits- und Pausenzeitregelung von besonderer Bedeutung ist. Schmidtke (1993) berichtet weiters von **Ermüdungsschielen** und **Störungen der Fusionsimpulse**, die zu Doppelbildern führen, was auch speziell auf die Tiefenschärfe wirkt: Es kommt zum sogenannten Tunneleffekt. Nach Istanbuli (o. J.) sind Augenbeschwerden kaum Folgen von Augenermüdung und durch Bildschirmarbeit werden keinerlei bleibende Schäden der Augen ausgelöst (Istanbuli, o. J.; Korunka, 1993). Methling (1995) beschreibt, dass 50 % aller Brillenträger eine Heterophorie (Neigung zum Schielen) haben und bei diesen **Augen- und Kopfschmerzen** wesentlich häufiger auftreten. Deshalb ist die Korrektur von Fehlsichtigkeiten bei Bildschirmarbeitsplätzen mit hoher Sehanforderung besonders wichtig. Dies gilt besonders für Personen über 40 Jahre: das Akkomodationsvermögen nimmt ab und die Akkomodationszeit steigt.

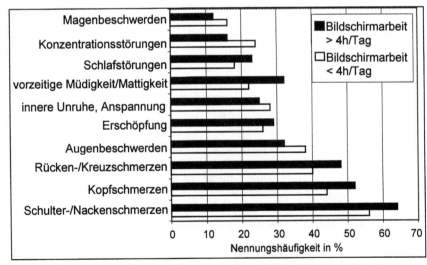

Abbildung 6. Befindlichkeitsstörungen und Gesundheitsbeschwerden im Zusammenhang mit der täglichen Dauer der Bildschirmarbeit (nach Ullsperger, Junghanns & Ertel, 1995, S. 132)

In neueren Untersuchungen zur Augenbeanspruchung von Nibel (1995, 1997) zeigte ein verwendeter Selbstbeobachtungsbogen für das subjektive „Augenwohlbefinden" eine stetige Zunahme der Beanspruchung im Verlauf des Arbeitstages (siehe auch Abbildung 6 nach Befunden von Ullsperger, Junghanns & Ertel, 1995), wobei nach Pausen eine leichte Besserung eintrat. Die höchsten Symptomwerte lagen bei Personen während oder nach einer persönlichen Krise (z.B. Scheidung, ...). Ergonomische Verbesserungen zeigten nur sehr geringe Auswirkungen auf Augenbelastungen.

Zwangshaltungen (muskoskeletale Beanspruchungsreaktionen)

Beschwerden im körperlichen und vorwiegend muskoskeletalen Bereich sind multifaktoriell bedingt (Korunka, 1993), wobei der Bildschirm nur einen von vielen Auslösern darstellt. Neben Faktoren wie Alter, Geschlecht, Belastungen in der Familie, Rauchen, Art der Pausenregelungen und ergonomischen Mängeln ist ein wesentliches Merkmal die vor dem Bildschirm verbrachte Arbeitszeit. Die diesbezügliche Uneinheitlichkeit der Befunde kann aus Unterschieden in den Tätigkeitsmerkmalen (z.B. Gestaltungstätigkeiten direkt am Bildschirm versus Informationsabfragen, verteilt über den gesamten Tag) resultieren, die ihrerseits sowohl Belastungsunterschiede wie auch unterschiedlich intensive Nutzung des Bildschirmes repräsentieren können.

In einer Untersuchung von Hünting et al. (1981) wurden bei rund einem Viertel der Angestellten an Bildschirmen und Schreibmaschinen Beschwerden im **Nacken-, Schulter- und Armbereich** festgestellt. Die Beschwerden sind erhöht, wenn die Unterarme nicht abgestützt werden können, der Winkel zwischen Ober- und Unterarm keine 90 Grad beträgt, der Kopf zur Vorlage verstärkt gedreht und gebeugt und die Handhaltung an der Tastatur ungünstig sind. Nach Troy und Ulich (1982) treten **rheumatische Beschwerden** am Bildschirmarbeitsplatz vor allem durch Zwangshaltungen im Nacken-, Schulter- und Armbereich auf. Bei Arbeitsplätzen, die ergonomischen Richtlinien nicht gerecht werden, kommt es verstärkt zu nachteiligen Muskel- und Sehnenverspannungen. Caffier (1995) fasst zusammen, dass bestimmte Sitzhaltungen durch Bewegungsmangel und ungleichmäßige Belastung der Bandscheiben und Wirbelkörper einen **Bandscheibenvorfall** begünstigen. Weiters erschlaffen **Rücken-, Bauch-, Becken-, Bein-** und Teile der **Schultermuskulatur**. Durch die entstehenden Dysbalancen ist der bei allen Bewegungen wichtige Schutz für Gelenke und Wirbelsäule nicht mehr gegeben. Somit können Stöße und Gewalteinwirkungen Schäden verursachen. Andererseits wird durch die Haltungskonstanz beim Sitzen die Nacken- und Schultermuskulatur übermäßig statisch beansprucht. Infolgedessen entstehen **Schmerzen** durch den Druck von Muskeln und

Knochen auf die Schleimbeutel und Nerven der Schulterregion. In Abhängigkeit von der Betätigungsfrequenz kommt es durch einseitige, repetitive Bewegungen beim Schreiben – wie z.b. bei Dateneingabetätigkeiten (Korunka, 1993) – zu einer sehr starken Beanspruchung der **Sehnen, Sehnenscheiden und Muskelansätze der Arme und Finger**, RSI (Repetitive Strain Injury) genannt. Weiters beschreibt Caffier (1995) eine erhöhte Belastung der Blutgefäße in den Beinen, was **Ödeme und Krampfadern** am Unterschenkel und Fuß begünstigt. Bei bürotypischen gesundheitlichen Problemen müssen auch die Vorschäden miteinbezogen werden (Steinberg, 1995): sind diese manifest, helfen auch Pausengymnastik und Rückenschulen wenig, sondern es bedarf einer spezifischen Krankengymnastik.

Haut- und Schwangerschaftsprobleme und Beschwerden in anderen körperlichen Bereichen

Interessanterweise wird vor allem in skandinavischen Untersuchungen über Probleme wie gereizte und gerötete Haut sowie **Hautentzündungen** vorwiegend im Gesichtsbereich berichtet (Korunka, 1993). Dies könnte mit spezifischen Hautcharakteristika, verstärkt durch hohe Lufttrockenheit, zusammenhängen sowie mit statischen Aufladungen zwischen Bildschirm und Benutzer, was scheinbar zu einem „Bombardement" der Gesichtsregion mit feinen Staub- und Schmutzpartikeln führt. Insgesamt wird aber bei einschlägigen Fachtagungen diesem Themenbereich zusehends weniger Beachtung geschenkt.

Bezüglich **Schwangerschaftskomplikationen** im Zusammenhang mit elektromagnetischer Strahlung bei Bildschirmarbeit finden sich zwar vereinzelt Hinweise, aber eine weitaus größere Anzahl an Untersuchungen konnte keine Zusammenhänge nachweisen (Korunka, 1993). Untersuchungen zu diesem Thema bzw. Auswirkungen auf andere körperliche Bereiche (z.B. Zähne) könnten im Rahmen der Thematik einer allgemeinen **elektrischen Hypersensitivität** erfasst werden, wofür bereits ein eigener Arbeitskreis im Rahmen einer „WWDU – Work with Display Units" Tagung eingerichtet wurde.

5.5.2 Psychische Faktoren des modernen Büroarbeitsplatzes: Belastung, Beanspruchung und ihre Folgen

Beschwerden wie **Abgeschlagenheit, Kopfschmerz** und vorzeitige **Ermüdung** zählen zu den zentralen Beanspruchungsreaktionen am Bildschirmarbeitsplatz (Pospischil, 1983). Der daraus entstehende **Stress** stellt ein erhebliches und betriebswirtschaftlich bedeutendes Problem dar (Müller-Limmroth, 1982). Subjektive Belastung und Widerstand sinken mit steigender Einflussnahme der

Mitarbeiter bei der Einführung neuer Technologien (Eckardstein et al., 1995; Frese, 1991).

Psychomentale Beanspruchung, psychosoziale Faktoren und Mehrfachbelastung

Durch die Einführung von Computern steigt die *psychomentale Beanspruchung* durch vermehrte Kontroll- und Überwachungsaufgaben und vermehrten Zeitdruck, während körperliche Tätigkeiten reduziert werden (Eckardstein et al., 1995; Frese, 1991). Neuropsychophysiologische Untersuchungen zeigen, dass die Mensch-Computer-Interaktion eine stärkere mentale Belastung des Arbeitsgedächtnisses indiziert (Trimmel, 1997a, 1998). Es kommt zu einer Anregung der kortikalen Informationsverarbeitung, welche einerseits bei Unerfahrenen zu positiven Effekten führen kann, andererseits auch zu **mentalen Ermüdungserscheinungen** (Trimmel, 1997a). Troy und Ulich (1982) bestätigen einen Anstieg psychischer Belastung bei einem hohen Anteil an Bildschirmarbeit und reiner Dateneingabe. Die Rückbildung psychomentaler Beanspruchung benötigt sehr zeitintensive Erholungs- und Entspannungsvorgänge (Koller et al., 1991).

Einen Überblick über psychosoziale Belastungen und Beanspruchungen gibt die Tabelle 13 im Kapitel 5.4. Radl (1980) und Frese (1991) beleuchten *psychosoziale Gegebenheiten* im Zusammenhang mit der Einführung von Bildschirmarbeit: Dazu gehören vor allem **Ängste** vor mehr Kontrolle und Dequalifikation durch vermehrten Computereinsatz, Befürchtungen, durch Rationalisierungseffekte den Arbeitsplatz zu verlieren, sowie stärkere **Isolation** von sozialen Beziehungen am Arbeitsplatz. Das Zusammenwirken von mehrfachen Belastungen aus Regulationsanforderungen, Regulationshindernissen und Handlungsspielraum hat Auswirkungen auf die psychosoziale Gesundheit (Dunckel, 1991). Sind Arbeitssituationen gekennzeichnet durch das Erleben von **Zeitdruck und Überforderung** „... kann dies zur Ausprägung von gesundheitsbeeinträchtigendem Bewältigungsverhalten beitragen" (Junghanns, Ullsperger & Ertel, 1998). Als *den* psychosozialen Belastungsfaktor Nummer eins der modernen Büroarbeit beschreiben Ertel et al. (1995) Zeitdruck, welcher in beinahe linearem Zusammenhang mit **Entspannungsschwierigkeiten** nach Arbeitsschluss korreliert (Ertel et al. 1995). Dies bedingt in der Folge vermehrt psychosomatische **Befindlichkeitsstörungen**. Z.B. zeigen Arbeitnehmer, welche bei der Entspannung nach der Arbeit Probleme haben, etwa das viereinhalbfache Ausmaß an **Konzentrationsstörungen** wie Kollegen ohne Entspannungsschwierigkeiten (siehe Abbildung 7). Schulz und Höfert (1981) halten fest, dass es bei längerer Arbeit unter Zeitdruck zur **Beeinträchtigung des Wohlbefindens**, zu **Leistungseinbußen** und **Veränderungen der physiologischen Regulation** kommt, was die

Gesundheit beeinträchtigen kann. Arbeit unter Zeitdruck wird oft mit erhöhter Konzentration und Verzicht auf Pausen kompensiert, was vorzeitige psychische Ermüdung bewirkt und wodurch eine Steigerung der emotionalen Beanspruchung entsteht durch Angst vor Leistungsversagen (Udris & Kaufmann, 1982).

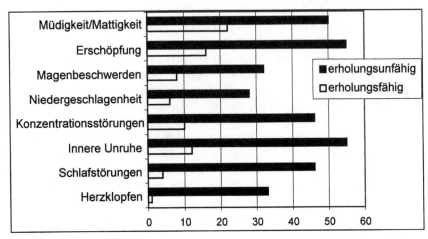

Abbildung 7. Ausprägung gesundheitlicher Beschwerden im Vergleich von erholungsunfähigen und erholungsfähigen Beschäftigten (nach Ertel, Junghanns & Ullsperger, 1995, S. 121)

Ertel et al. (1995) sprechen davon, dass sich die Arbeitsmedizin zunehmend Themen wie *Mehrfachbelastungen* und psychosozialen Belastungen am Büroarbeitsplatz zuwenden muss, deren Ursachen „... in der wahrgenommenen Bedrohung des Leistungsvermögens, beruflicher Erwartungen oder des Arbeitsplatzes" (S. 117) zu sehen sind. Viele der Belastungskonstellationen wirken dabei auch **unterschwellig** und es wird angenommen, dass sich die daraus resultierenden Befindlichkeitsstörungen und Gesundheitsrisiken erst mit zeitlicher Verzögerung bemerkbar machen. Psychosoziale Belastungskonstellationen beschreiben die drei Autoren demnach „... als ein komplexes Wirkungsgeflecht ineinandergreifender objektiver Belastungen, subjektiver Wahrnehmungen und Bewertungen sowie dem Bewältigungshandeln (Coping) der Arbeitnehmer ..." (S. 119).

Psychophysiologische Beanspruchungen

Bildschirmtätigkeiten gehen mit einer gesteigerten physiologischen **Aktivierung im hormonellen und kardiovaskulären Bereich** einher, wobei das Aktivierungsausmaß besonders von der Aufgabengestaltung selbst abhängt (Korunka,

1993). Bemerkenswert sind Untersuchungsergebnisse aus dem Stockholmer Karolinska-Institut, die zeigen, dass diese Aktivierung, die während der Arbeit in ihrem Ausmaß nur wenig höher liegt als bei Tätigkeiten ohne Bildschirm, eher **nach der Arbeit** auftritt: Bei monotoner, mental stark belastender Bildschirmarbeit ist in der Entspannungsphase der Rückgang der Aktivierung verlangsamt („slow unwinding"), jedoch nicht bei inhaltlich interessanten und anregenden Aufgaben. Gesundheitliche Folgen dieser Aktivierung sind kaum geklärt, jedoch lassen sich „... aus kardiovaskulären Indikatoren und aus Stresshormonen Hinweise auf mögliche Auswirkungen von Belastungsfaktoren auf die Gesundheit ableiten" (Korunka, 1993, S. 55). Rau (1998) bestätigt in einer Untersuchung an männlichen Arbeitnehmern unterschiedlicher Berufsgruppen, dass negative Arbeitsbelastungen und ein geringes Erleben von Kontrolle während der Arbeitstätigkeit negative Beanspruchungsfolgen in Form von verzögerter bzw. geringerer Rückstellung kardiovaskulärer Parameter in der Erholungsphase haben.

6 Arbeitspausen

Die Bedeutung von Arbeitspausen liegt in der Erholung, welche die herabgesetzte Funktionsfähigkeit des menschlichen Organismus wieder herstellt (Rohmert & Rutenfranz, 1983b; Rutenfranz, Knauth & Nachreiner, 1993) und die arbeitsbedingte Ermüdung beschränkt zur Erhaltung des sozialen Wohlbefindens und der Gesundheit (Pornschlegel et al., 1982). Die während einer Tätigkeit angehäuften Stoffwechselzwischen- und Endprodukte, die durch Sauerstoffmangel entstehen und Ermüdung hervorrufen, werden in den Regenerationsphasen abtransportiert und abgebaut (Lehmann, 1954, 1962; Rohmert & Rutenfranz, 1983b; Vester, 1995).

6.1 Psychophysiologische Grundlagen der Leistung

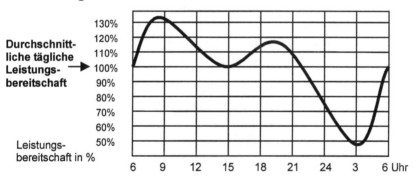

Abbildung 8. **Abhängigkeit der physiologischen Leistungsbereitschaft von der Tageszeit (nach Altmann & Hacker, 1968, S. 115)**

6.1.1 Leistungsbereitschaft in der Zeit

Die tägliche Leistungskurve unterliegt, wie bereits Otto Graf aufzeigte, gewissen Schwankungen (Altmann & Hacker, 1968; Kaufmann & Pornschlegel, 1982; Martin, 1994). Die allgemeine physiologische Leistungsbereitschaft (siehe Abbildung 8), die nur wenig von Lebensgewohnheiten, Hell oder Dunkel oder Wetter beeinflusst wird, ist tagsüber höher als nachts. Der Höhepunkt liegt zwischen 8 und 11 Uhr morgens bzw. 18 und 21 Uhr abends, der Tiefpunkt ungefähr zwischen 1 und 4 Uhr nachts. Diese Erkenntnisse haben große praktische Bedeutung für die Gestaltung des Arbeitsablaufes und Arbeitstempos sowie die Regelung von Nacht- und Schichtarbeit.

6.1.2 \ Ursachen der Ermüdung und ihre Folgen

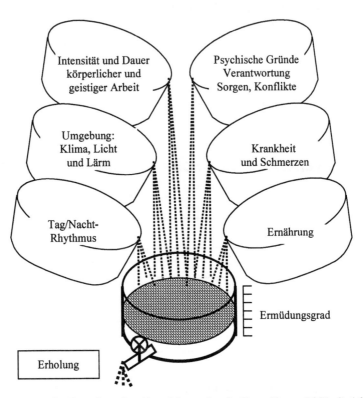

Abbildung 9. Ursachen der Ermüdung (nach Grandjean, 1991, S. 162).
Schematische Darstellung der Summationswirkung der alltäglichen
Ursachen der Ermüdung und der entsprechend notwendigen Erholung

„Jede Arbeit macht müde; die damit verbundene Beeinträchtigung der Funktionsfähigkeit des Organismus kann nur durch Erholung wieder hergestellt werden" (Pornschlegel et al., 1982, S. 177). Luczak (1983b), Hacker und Richter (1984) bzw. Kaufmann et al. (1982) unterscheiden verschiedene Ermüdungsarten: Bei der **psychischen Ermüdung** verändern sich Abläufe im Zentralnervensystem, bei der **Muskelermüdung** liegt ein Sauerstoffdefizit oder eine Anhäufung von Stoffwechselabbau- und Zwischenprodukten vor. Das **subjektive Gefühl der Ermüdung** ist eine Schutzfunktion, die vor Überbeanspruchung bewahren soll. Die Ermüdung selbst kann man als funktionellen Zustand beschreiben, der in Schlaf- oder Entspannungszustände überleitet (Grandjean, 1991).

Die Ermüdung durch die Arbeit hat zahlreiche *Ursachen* und ist die Summe vielfältiger, alltäglicher Beanspruchungen (Grandjean, 1991, siehe Abbildung 9) und Belastungen (Martin, 1994). Die Summe der Erholung muss im Rahmen des 24-Stunden-Rhythmus der Summe der Beanspruchungen entsprechen. Zur Erhaltung von Leistungsfähigkeit und Gesundheit muss demnach ein ausgewogenes Verhältnis zwischen Gesamtbeanspruchung und Erholungsvorgängen bestehen. Vor allem der **chronischen Ermüdung**, die durch immer wieder auftretende, lang anhaltende Belastungen entsteht, ist vorzubeugen. Die Regenerationsvorgänge fallen in den Bereich der Nachtruhe, der Freizeitgestaltung (siehe Kapitel 2.7 und 6.2.2) und aller Arten von Arbeitspausen (siehe Kapitel 6.2.1).

Die Bedeutung des Faktors Ermüdung erstreckt sich jedoch weit über die Physiologie des menschlichen Organismus hinaus, da z.b. das Sozialverhalten von Personen mit größerer erlebter Ermüdung negativ beeinflusst wird (Cakir, 1981). Hacker (1995a) beschreibt Ermüdung als „... einen Zustand vorübergehender Beeinträchtigungen von Leistungsvoraussetzungen durch andauernde Tätigkeitsanforderungen, welche die Möglichkeiten der laufenden Wiederherstellung von Leistungsvoraussetzungen überschreiten" (S. 209). Die *Folgen* sind in Tabelle 16 dargestellt. Franke (1998) spricht vom Zerfall der Organisiertheit der Funktionen „... als Folge fortgesetzter angespannter und bewusst geordneter Tätigkeit" (S. 91), was meist als Arbeitsermüdung erlebt wird, obwohl dieser Zustand auch bei Freizeitbeschäftigungen eintritt.

Tabelle 16. Ermüdungsfolgen (nach Hacker, 1995a)

Veränderungsbereich	Auswirkungen
Leistung	Sinken der Güte und Schnelligkeit, erhöhte Variabilität und Unterbrechung
Verhalten	unkritischeres, gleichgültigeres Vorgehen, affektive Reaktionen
physiologische Abläufe	Muster der Hirnaktivitätspotentiale, Kreislaufdynamik, Muskeltonus, Katecholaminspiegel im Blut bzw. Urin, etc.
Erleben	wachsendes Müdigkeitsgefühl und Schlafbedürfnis, Eindruck nachlassender Leistungsfähigkeit und wachsender erforderlicher Anstrengung

6.1.3   Arten der Ermüdung

Muskuläre Ermüdung

Beim Verrichten von Arbeit, bei jeglicher Art von Bewegung und beim Aufrechterhalten bestimmter Körperstellungen bzw. spezieller Haltungen einzelner Körperteile sind Muskeln im Einsatz. Die wichtigste Funktion der Muskeln ist das Zusammenziehen, die Muskelkontraktion. Jeder Muskel besteht aus Muskelfasern, die in Bündeln zusammengefasst sind und jede Faser enthält sogenannte Actin- und Myosinfäden (siehe Abbildung 10), die die kontraktilen Elemente der Muskeln darstellen, indem sie sich ineinander verschieben (Guttmann, 1982; Grandjean, 1991; Schmidt & Thews; 1985; Zipp, 1983a).

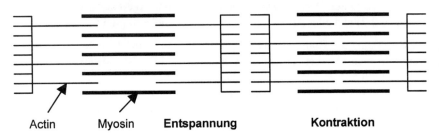

Actin   Myosin   **Entspannung**   **Kontraktion**

Abbildung 10. Muskelkontraktion (nach Grandjean, 1991, S. 12)

Es werden zwei Arten von Muskelleistungen unterschieden: die dynamische Muskelarbeit (rhythmische Arbeit), gekennzeichnet durch eine rhythmische Folge von Spannung und Entspannung der Muskeln, und die statische Muskelarbeit (Haltearbeit), für die ein langdauernder Kontraktionszustand charakteristisch ist (Altmann & Hacker, 1968; Luczak et al., 1983; Rohmert & Rutenfranz, 1983b). Bei Leistungen oberhalb einer bestimmten Dauerleistungsgrenze tritt bei beiden Arten von Muskelleistung eine Ermüdung des Muskels ein, wobei statische Muskelarbeit einen schnelleren Erholungsbedarf als dynamische aufweist.

Bei **dynamischer Muskelarbeit** wird der Muskel mit zehn- bis zwanzigmal mehr Blut versorgt als in Ruhestellung, da die Wirkung der Muskelbewegung auf den Blutkreislauf der Funktion einer Pumpe ähnelt. Dynamische Arbeit kann, sobald die Bewegungen in einem geeigneten Rhythmus verlaufen, lange Zeit ohne Ermüdungserscheinungen verrichtet werden (Grandjean, 1991; Zipp, 1983b). Bei Überschreitung einer bestimmten Dauerleistungsgrenze durch Frequenz- oder Belastungserhöhung nehmen die Kontraktionshöhe des Muskels, die Muskelkraft und die Kontraktionsgeschwindigkeit ab. Ein schwerer Ermüdungszustand bildet sich relativ rasch aus. Im Organismus werden Reaktionen zur raschen Sauerstoffzufuhr ausgelöst, z.B. die Erhöhung der Herzschlagfrequenz (Grandjean, 1991; Lehmann, 1962), die Vertiefung und Beschleunigung der Atmung, vasomotorische Anpassungen (Gefäßerweiterungen und -verengungen), usw. (Grandjean, 1991). Ein Zeichen der Ermüdung ist auch das Verhalten der Pulsfrequenz: nach extrem schwerer Arbeit kann die Senkung der Pulsfrequenz auf den Normalwert sehr lange dauern (Pulsnachwirkung oder Erholungspulssumme). Es ist also nicht nur die Muskelfunktion herabgesetzt, sondern auch die Erholungsfähigkeit des Muskels (Grandjean, 1991; Lehmann, 1962).

Die Muskeldurchblutung ist bei **statischer Arbeit** wesentlich verringert, sodass der Muskel von seinen Reserven zehren muss, da er keinen Zucker und Sauerstoff aus dem Blut erhält (Grandjean, 1991; Lehmann, 1962; Rohmert, 1983). Es kommt zu einer Anhäufung von Schlacken, die den akuten Schmerz der Muskelermüdung auslösen, zu einem höheren Energieverbrauch und höherer Herzfrequenz als bei rhythmischer Arbeit. Die statische Muskelarbeit ist deshalb nicht über längere Zeiträume durchführbar, die Ermüdung tritt bei Anstieg des Kraftaufwandes bzw. der Muskelanspannung umso schneller auf und die Erholungszeiten sind länger. Beim Stehen erfolgt die größte statische Muskelarbeit, beim Liegen die geringste.

Andauernde und starke statische Arbeitsbelastung, wie sie z.B. bei Bildschirmarbeit auftritt, zieht Überlastungsschäden im Bewegungs- und Stützapparat nach sich, welche in zwei Grade unterteilbar sind: Beim ersten Grad handelt es sich um einen reversiblen Ermüdungsschmerz, beim zweiten Grad um bleibende Schmerzen auf Grund entzündlich-degenerativer Vorgänge im Körper (Grandjean, 1991).

Psychische (zentrale) Ermüdung und Erholung

Psychische Ermüdung äußert sich im Arbeits- und Leistungsverhalten, z.B. in veränderter sensomotorischer Koordination (Findeisen, 1994; Udris & Kaufmann, 1982), Konzentrations- und Aufmerksamkeitsminderung bzw. verminderter Wahrnehmungsfähigkeit (Findeisen, 1994) und ist auch immer mit körperlichen Ermüdungserscheinungen verbunden (Kaufmann et al., 1982). Leistungsgüte und -geschwindigkeit nehmen ab. Nach Richter und Hacker (1998) ist psychische Ermüdung (siehe auch Tabelle 11) „... eine durch andauernde, vorwiegend psychisch beanspruchende Arbeitstätigkeit bedingte Stabilitätsbeeinträchtigung der Tätigkeitsregulation" (S. 72) als **Folgeerscheinung** von Informationsaufnahme und -verarbeitung, abhängig von der individuellen Leistungsfähigkeit, der besonderen Beanspruchung und der 24-Stunden-Periodik der Leistungsfähigkeit (siehe Abbildung 8). Es entstehen temporäre Funktions-, Befindens- und Leistungsbeeinträchtigungen, deren Rückbildung zeitaufwendig ist. Auch eine durch hohe Willensanspannung gegen körperliche Ermüdung fortgeführte körperliche Tätigkeit kann zu psychischer Ermüdung führen, welche in der Folge die Stabilität zentralnervöser Regulationsvorgänge verändert (Hacker, 1995a, Richter & Hacker, 1998; Udris & Kaufmann, 1982). Dazu zählen die nichtbewusste physiologische Homöostaseregulation zwischen Organismus und Umwelt, kognitive tätigkeitsregulierende Vorgänge – z.b. Störungen der Aufmerksamkeit, Konzentration und des Denkens (Kunst, 1994) – und Motivierung für die auszuübende Tätigkeit (Udris & Kaufmann, 1982). Affektive Entgleisungen und nachlassende Disziplin werden wahrscheinlicher, was die soziale Kommunikation und Kooperation beeinträchtigen kann (Hacker & Richter, 1984; Richter & Hacker, 1998). Auch das Treffen von Entscheidungen und das Anspruchsniveau werden verändert. Die Ermüdungsanfälligkeit ist allerdings abhängig vom Maß der Geübtheit.

Für die **Rückbildung psychischer Ermüdung** gelten einige Besonderheiten im Vergleich zur körperlichen Ermüdung: Sie ist zeitaufwendig (Koller et al., 1991) und abhängig von der Erholungsfähigkeit (Richter und Hacker, 1998), welche durch Psychohygiene in der Lebensführung und geeignete Trainingsmaßnahmen zur Entspannung (z.b. Progressive Muskelentspannung, Autogenes Training, Yoga) gesteigert werden kann. Auch das aktive Erholen durch körperliche und geistige Ausgleichsbetätigung, Kurzpausensysteme im Rahmen der Arbeitsgestaltung sowie ausreichend Schlaf haben hier einen wichtigen Stellenwert (Franke, 1998; Hacker & Richter, 1984; Richter und Hacker, 1998). Durch massive Schlafbeeinträchtigung wird z.b. die Dauerleistungsgrenze des Organismus herabgesetzt, was Ermüdung hervorruft (Kirchler & Schmidl, 2000). Bei Übermüdung und Überanstrengung ist zunächst die Erholungsfähigkeit herabgesetzt. Die auftretende Überregung sollte z.b. durch gymnastische Entspannungsübungen bzw. „... tätige Entspannung in einer Ausgleichsbetätigung bei Unterstützung durch das autogene Training" (Hacker & Richter, 1984, S. 201) abgebaut werden.

Neurophysiologisches Ermüdungsmodell

Grandjean (1991) beschreibt ein neurophysiologisches Modell der Ermüdung, siehe auch Kapitel 8.3.3: In unserem Hirnstamm befindet sich eine netzartig (retikulär) wirkende Fasermasse, die sogenannte formatio reticularis, deren Aktivitätspegel den Grad der Wachheit, Aufmerksamkeit und Reaktionsbereitschaft steuert. Je höher die **Aktivierung**, desto höher ist der **Aufmerksamkeitsgrad**. Die dafür zuständigen Strukturen nennt man das aufsteigende retikuläre Aktivationssystem (ARAS), welches einerseits, in Kombination mit bestimmten Zentren des limbischen Systems, die Hirnrinde anregt, andererseits selbst in einem

pelungssystem (Feedback-System) durch die Sinnesorgane, die Hirnrinde (Sitz des Bewusstseins) und den Pegel des Leistungshormons Adrenalin stimuliert wird: Signale aus der Umgebung werden über die Sinnesorgane zum retikulären Aktivationssystem geleitet und steigern dessen Aktivitätspegel, was die Aufmerksamkeit der Hirnrinde vergrößert und somit die Wahrnehmung und bewusste Verarbeitung der Außenreize gewährleistet (Grandjean, 1991; Guttmann, 1982; Hacker & Richter, 1984). Eine Erregungssteigerung im retikulären Aktivationssystem bewirkt die Umstellung des Organismus auf Mobilisierung der Energiereserven (z.B. für Arbeit, Kampf, Flucht, ...) und damit einhergehende Veränderungen in den inneren Organen (Grandjean, 1991; Vester, 1995). Andererseits gibt es im Hirnstamm und Zwischenhirn auch Strukturen, die auf die Hirnrinde dämpfend wirken, was eine Herabsetzung der Reaktionsbereitschaft auslöst und den Organismus in schlafähnliche Zustände versetzt, die der Erholung dienen.

6.1.4 Aktivierung und Leistung

Arbeitsleistungen werden von der allgemeinen zentralnervösen bzw. gesamtorganismischen Aktiviertheit beeinflusst (Hacker, 1986), siehe auch Kapitel 8.3.3. Dabei sind zu lösende Aufgaben selbst an der Erzeugung des Aktivierungsniveaus beteiligt. Der Grad der Aktiviertheit steigt mit dem Umfang der kognitiv zu verarbeitenden Sachverhalte bis zu einer gewissen Grenze. Deshalb gelten für die Arbeitsgestaltung die **Prinzipien der Aufgabenerweiterung und des -wechsels**, um leistungsvermindernden Monotoniezuständen vorzubeugen.

Die Ursachen für die Beziehung zwischen Aktivierung und Leistung liegen zum einen in der Wirkung **emotionaler Beteiligung** (Hacker, 1986). Starke oder schwache emotionale Beteiligung vermag weder zu qualitativer, noch zu quantitativer Leistung zu verhelfen. Zum anderen findet man die Ursachen in der **Tätigkeitsstruktur**. Hierzu zählen sowohl die Über- als auch die Unterforderung. Bei Anforderungen, die die individuellen Leistungsvoraussetzungen übersteigen, z.B. durch Zeitdruck, Komplexität, etc., erfolgt eine Deaktivierung. Sogenannte Schutzhemmungen sollen den Organismus vor Überbeanspruchung bewahren. Die betreffenden Personen reagieren mit herabgesetzter psychischer Anspannung, Ermüdung und Schläfrigkeit. Diese Blockierungen stellen also eine Art Selbstschutz dar, um die Gefahr der übermäßigen und in der Folge für das Zentralnervensystem und den Gesamtorganismus schädlichen Mobilisierung von zusätzlichen Leistungsreserven abzuwenden (Hacker, 1986; Hacker & Richter, 1984; Jacobi & Weltz, 1981; Peters, 1976).

6.2 Arbeitspsychologische Aspekte der Pause

Um die Jahrhundertwende waren für die angewandte psychologische Forschung Untersuchungen über den Einfluss von Beleuchtung, Lärm, Ventilation, Musik, Vielfalt der Arbeitshandgriffe, Pausen und Entlohungssystemen auf Ermüdung und Arbeitsleistung von zentralem Interesse (Weinert, 1987). Daraus ergaben sich zahlreiche Erkenntnisse über die Wirkung von Arbeitspausen auf den menschlichen Organismus und den Ablauf von Produktionen.

6.2.1 Arten von Pausen

Es werden, wie aus Tabelle 17 ersichtlich, unterschiedliche **Pausenformen** unterschieden (Grandjean, 1991; Martin, 1994; Rutenfranz et al., 1993; Pornschlegel et al., 1982; Richter und Hacker, 1998).

Tabelle 17. Arten von Pausenformen

Kurzpausen	Unterschreiten die rechtlich definierte Mindestlänge. Darunter sind alle Pausen unter 15 Minuten zu verstehen, meist werden jedoch 3- 5minütige Pausen als Kurzpausen bezeichnet.
Kürzestpausen	Sogenannte „Blitzpausen" unter 1 Minute Länge.
Gesetzliche Pausen	Festgelegte Ruhepausen mit einer festgesetzten Mindestdauer und einem vorgegebenen Zeitpunkt. Sie dienen vorwiegend der Nahrungsaufnahme.
Frei gewählte Pausen	Werden bei allen Arbeitsplätzen gemacht. Teilweise erscheinen sie als kaschierte Pausen in Form sogenannter Nebentätigkeiten, wenn diesbezüglich keine eindeutigen Regelungen bestehen. Diese Art der Pausen hat aber einen geringeren Erholungswert als deklarierte Pausen.
Organisierte Pausen	Gezielte und über den Arbeitstag sinnvoll verteilte Aufteilungen der bestehenden Pausenzeit. Wenn in dieser Zeit auch Betriebsmittel zum Stillstand kommen, spricht man von Betriebspausen.
Arbeitsablaufbedingte Wartezeiten	Nicht vorhersehbare Arbeitsunterbrechungen, z.B. durch schlechte Abstimmungen oder Störungen von Maschinen. Wichtig ist hier die Abschätzung, wann wieder mit einer Aktivität gerechnet werden kann.

6.2.2 Auswirkungen von Pausen

Ermüdungsvorbeugung durch Kurzpausensysteme - Zusammenhang von Pausenlänge, Erholung und Leistung

Um Arbeitsbelastungen auszugleichen müssen in den Arbeitsverlauf Erholzeiten in Form von Pausen eingeplant werden, die die menschliche Leistungsfähigkeit und Gesundheit erhalten sollen (Martin, 1994). Die einzelnen Pausenarten stehen miteinander in **Wechselwirkung**, was bereits Graf zu Beginn der 50er Jahre beschrieb (Grandjean, 1991; Ulich, 2001). Nach Grandjean (1991) zeigen unstrukturierte und getarnte Pausen einen geringeren Erholungseffekt als organisierte Pausen, die volle Entspannung gewährleisten (Richter & Hacker, 1998). Selbstgewählte Pausen erfolgen nämlich meist zu spät, seltener und länger als günstig (Hacker & Richter, 1984). Weiters beschreibt Franke (1998), dass aktive Pausen den passiven überlegen sind. Deshalb sollten Betriebe auch ein größeres Augenmerk auf die Pausengestaltung lenken, um Motivation und Zufriedenheit der Mitarbeiter zu fördern und zu erhalten. Befunde von Amon-Glassl (2001) bzw. Amon-Glassl et al. (2002) belegen ebenfalls die Überlegenheit strukturierter Settings bezüglich Wohlbefinden und subjektiver Gesundheit, sowohl im Arbeits-, wie auch im Freizeitbereich.

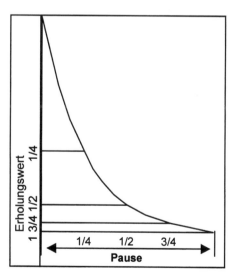

Abbildung 11. Der Erholungswert der einzelnen Pausenteile (nach Lehmann, 1962, S. 53)

Mit der Einführung von vorgeschriebenen Kurzpausen vermindern sich kaschierte Pausen (Nebenarbeiten) und willkürliche, frei gewählte Pausen (Altmann & Hacker, 1968; Grandjean, 1991; Hacker & Richter, 1984; Richter & Hacker, 1998; Ulich, 2001). Auch die **Leistung erhöht** sich bei gleichzeitiger **Belastungsverringerung** durch die Einhaltung regelmäßiger Kurzpausen, da sich der Anteil der reinen Arbeitszeit gegenüber selbstbestimmtem Pausieren erhöht. Die Arbeit erfolgt in schnellerem Tempo, sodass die Pausen keinen wirklichen Zeitverlust darstellen (Grandjean, 1991; Ulich, 2001). Ein Produktionsrückgang gegen Ende des Vormittags und Abends kann ebenfalls reduziert werden durch das Hinausschieben von Ermüdungserscheinungen. Für die Regeneration des Organismus soll ein Gleichgewicht herrschen zwischen Beanspruchungen und den Pausenmöglichkeiten, Arbeitszeit und Erholungszeit müssen in einem richtigen Verhältnis zueinander stehen: Die Erholung nimmt – ähnlich der Ermüdung – nicht geradlinig mit der Zeit zu, sondern erfolgt besonders zu Beginn einer Pause und nimmt, siehe Abbildung 11, mit zunehmender Zeitdauer der Pause ab (Altmann & Hacker, 1968; Lehmann, 1962; Rutenfranz et al., 1993; Schmidtke, 1993).

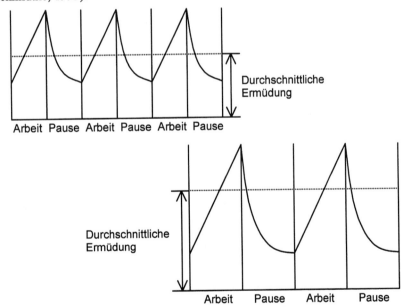

Abbildung 12. Kurzpausen (nach Lehmann 1962, S. 54): Ermüdungsspitzen und durchschnittlicher Ermüdungszustand bei Arbeiten mit vielen kurzen und wenigen langen Pausen gleicher Gesamtlänge (schematisch)

Der Erholungswert einer Pause ist also nicht nur von ihrer Länge abhängig, sondern auch von der Häufigkeit der Pausen. Es gilt also, das Ansteigen der Ermüdung über einen bestimmten Maximalwert hinaus zu verhindern, sogenannte Ermüdungsspitzen sollen vermieden werden. Dazu eignen sich, wie aus Abbildung 12 ersichtlich, **viele kurze Pausen** besser als wenige lange (Altmann & Hacker, 1968; Lehmann, 1954, 1962; Rutenfranz et al., 1993; Ulich, 2001).

Bedingungen für die Wirksamkeit von Kurzpausen in Zusammenhang mit Arbeitstätigkeit

Wie aus Tabelle 18 ersichtlich, stellen Richter und Hacker (1998) für geistige Tätigkeiten mehrere Bedingungen für wirksame Kurzpausensysteme auf. Dadurch werden höhere Erholungseffekte, Leistungssteigerung und Anstieg der Motivation erzielt.

Tabelle 18. Bedingungen für die Wirksamkeit von Kurzpausensystemen für geistige Tätigkeiten

Mehrere Kurzpausen haben einen größeren Erholungswert als wenige längere Pausen mit gleicher Gesamtdauer (siehe Abbildung 12).
Die systematische Durchführung von Kurzpausen, z.B. täglich zur gleichen Zeit, gewährleistet deren Wirkung, die sich erst allmählich, über einen Zeitraum von mehreren Wochen bis zu 3 Monaten, ausbilden.
Die Pausenlage muss derart gewählt sein, dass sie einer Ermüdung vorbeugt (z.B. 3 - 5 Minuten pro Arbeitsstunde).
Je mehr die Pausentätigkeit eine Kompensation der Arbeitsanforderungen möglich macht, desto größer ist der Leistungsanstieg nach einer Pause.
Regelmäßige Durchführung der Kurzpausen und deshalb gute Vorbereitung mit Arbeitnehmern und Arbeitgebern.

Phasen der Erholung in Arbeit und Freizeit

Jeder Übergang zu einer neuen, andersartigen Beanspruchung bewirkt eine Erholung, abhängig vom Grad der Unähnlichkeit zum davor beanspruchten Funktionsgefüge und der verfügbaren Leistungsenergie (Franke, 1998). Allmer (1996) beschreibt Möglichkeiten der **Erholungsförderung** durch Veränderung des Anforderungs- oder Anregungsniveaus. In Abbildung 13 sind Zuordnungen von **Erholungstätigkeiten** zu wesentlichen Beanspruchungsformen nach Kühlmann (1983, zitiert nach Franke, 1998) dargestellt.

Nach Franke (1998) stellen Anforderungsvielfalt, Handlungsspielräume für die Arbeitnehmer, Optimierung des Arbeitsumfeldes inklusive Arbeitsgestaltung, Wechsel und Variation von Aufgaben und Pausen Gegenmaßnahmen zur Tätigkeitsermüdung her, weshalb „... auch das Verhältnis von Arbeitstätigkeit und Freizeitbeschäftigungen sowohl in ihrer Verteilung über den Tag wie auch über das Jahr – als zweckmäßige Urlaubsgestaltung – in die Betrachtung miteinbezogen werden" (S. 149) muss.

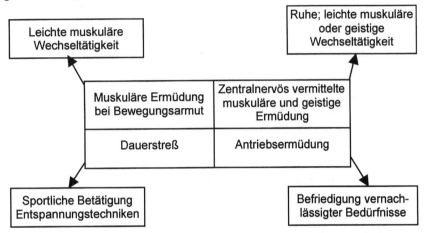

Abbildung 13. Mögliche Gegenmaßnahmen bei Beanspruchungsfolgen (nach Franke, 1998, S. 147)

Die persönlichkeitsfördernde Komponente von Arbeit und die **wichtige Rolle von Freizeitgestaltung** in Verbindung mit Arbeitstätigkeit wurden bereits in Kapitel 2.7 erwähnt. Gesetzliche und frei verfügbare Freizeit gibt es seit der Zeit nach dem Ersten Weltkrieg: tägliche Freizeit durch die Einführung des Acht-Stunden-Tages, arbeitsfreie Wochenenden seit der Einführung der 40-Stunden-Woche und Urlaub durch den jährlichen Anspruch. Je mehr durch den derzeitigen Wandel der traditionellen Strukturen die körperliche Beanspruchung zugunsten der mentalen zurücktritt, desto wichtiger wird Freizeit auch für den psychohygienischen Ausgleich (Hildebrandt, 1983). Für den Zusammenhang zwischen Arbeit und Freizeit bezüglich Verhalten oder Einstellung existieren mehrere Modelle (Bamberg, 1995; Eckardstein et al., 1995; Thierry & Jansen, 1995; Ulich, 2001): Zu den Modellen, bei denen die Erlebens- und Verhaltensweisen bei der Arbeitstätigkeit jene in der Freizeit beeinflussen *oder* umgekehrt zählen das **Generalisations-** und das **Kompensationsmodell.** Nach ersterem stellen Freizeitaktivitäten eine Fortsetzung der Arbeitstätigkeit dar (Salamann, 1974), psychische Prozesse innerhalb und außerhalb des Betriebes haben ähnliche Merkmale (Meissner, 1971, zitiert nach Bamberg, 1995) und bezüglich Arbeit und Freizeit bestehen ähnliche Einstellungen (Orpen, 1978). Nach dem Kompensationsmodell dient die Freizeit dem Ausgleich gegenüber der Arbeit, um Arbeitsbelastungen zu bewältigen und deren negative Folgen zu reduzieren (Bamberg, 1986). Bei der **Interaktions-Hypothese** beeinflussen Verhalten und Erleben in der Arbeitstätigkeit jenes in der Freizeit *und* umgekehrt (Ulich, 2001). Im **Kongruenzmodell** rücken Drittvariablen wie biografische und soziale Faktoren, die auf beide Bereich wirken, in den Mittelpunkt (Eckardstein et al., 1995) und im **Unabhängigkeits-** (Fröhlich, 1978), **Autonomie-** (Eckardstein et al., 1995) oder **Neutralitäts-** bzw. **Segmentierungsmodell** (Ulich, 2001) geht man von zwei voneinander unabhängigen Lebensbereichen aus.

Sonnentag (1996) beschreibt deutliche **Zusammenhänge zwischen Arbeitsbedingungen und psychischem Befinden**. Bamberg (1986) und Eckardstein et al. (1995) weisen darauf hin, dass sich Arbeitsbelastungen auf Familienangehörige auswirken. Z.B. können psychische Befindensbeeinträchtigungen die Wahrnehmung der Freizeit negativ beeinflussen, sodass der Ausgleich zu belastenden Arbeitsbedingungen und die persönliche Weiterbildung beeinträchtigt sind (Eckardstein et al., 1995). Bei generalisierenden und kompensierenden Effekten der Arbeit auf Freizeit und Familie existieren demnach erhebliche außerbetriebliche Belastungen (Bamberg, 1986). Beschäftigte mit negativen Arbeitsbedingungen sind benachteiligt, indem sie neben Belastungen am Arbeitsplatz auch in der Freizeit geringere Erholungschancen haben, da u. a. die Gefahr einer reduzierten sozialen Unterstützung besteht.

Die **Gestaltung der gesamten Arbeit und des gesamten Tagesablaufes** sollte demnach einen häufigen Wechsel der Organisiertheit der Funktionen (siehe Kapitel 5.2.1 und 6.1.1) herbeiführen. Besonders gut gelingt dies, wenn man regelmäßig Sport betreibt oder regelmäßig meditiert, Entspannungsübungen und Autogenes Training anwendet, da in der Folge geringere motivationale Probleme, von Beanspruchung auf Erholung umzuschalten, bestehen (Allmer, 1994). Die Erholungs- bzw. Umstellungsfähigkeit (Allmer, 1996; Franke, 1998) sowie auch die Bereitschaft zum „rechtzeitigen Abbrechen einer Tätigkeit" (Franke, 1998, S. 155) gehören ebenfalls zur optimalen Nutzung von Erholungsphasen und dem zeitgerechten Umschalten darauf. Dazu bedarf es der Einsicht in das Notwendigsein abwechselnder Eindrücke und Anforderungen, was eher erreicht wird durch das Setzen von relativ kurzfristig erreichbaren Teilzielen. Insgesamt soll sowohl im Beruf wie auch in der Freizeit immer eine „... Anpassung an die Begrenzungen der persönlichen Möglichkeiten" (S. 156) erfolgen.

Neben **Sport und Entspannung in der Freizeit** sind auch **ausreichende Bewegungsanforderungen in der Arbeitstätigkeit** zu beachten (Hacker, 1986), da Bewegungsmangel nachteilige Folgen haben kann. Bewegung der Skelettmuskulatur aktiviert das Zentralnervensystem, was leistungsmindernden Aufmerksamkeitsverlusten, Müdigkeitsgefühlen und Monotoniezuständen vorbeugt. Es besteht ein positiver Einfluss auf Wohlbefinden und Grundstimmung und die Wahrscheinlichkeit von Herz-Kreislauferkrankungen wird verringert. Indirekt werden auch kognitive Vorgänge gefördert. Z.B. verbessern spezielle motorische Programme die geistige Wahrnehmung und Vorstellung.

6.3 Beispiele für Pausengestaltung in Theorie und Praxis

In der Literatur finden sich zahlreiche Anregungen, um Stress entgegenzutreten: z.B. empfehlen Franke (1998) u. a. gymnastische Übungen und Frank (1996) Entspannung und Bewegung. Richter und Hacker (1998) legen Entspannungstechniken zur Schaffung der Voraussetzungen für Schlaf nahe. Hacker (1986) empfiehlt Bewegung während der Arbeitstätigkeit, um u. a. Wohlbefinden und kognitive Vorgänge zu fördern. Allmer (1996) und Kühlmann (1983, zitiert nach Franke, 1998) empfehlen Bewegung und Entspannung zur Erholungsförderung. Atmung (Trimmel, 1990) und Muskelspannungsveränderungen (Guttmann, 1990) stellen ein geeignetes Instrument zur Steuerung der Aktivierung dar, sogar stressbedingte Blutzucker- und Blutlipidveränderungen zeigen sich konditionierbar (Cervinka, Koller & Haider, 1980). Regelmäßige aktive Erholungspausen wirken nach Cakir (1981), Jacobi und Weltz (1981) vorbeugend und erholend bei körperlichen und psychischen Auswirkungen von Schreibarbeit. Laut arbeitsmedizinischem Handbuch der Berufe (Pospischil, 1993) sind „... ein tägliches kraftvolles muskulöses Abreagieren, um aus den dauernden Spannungen herauszukommen" (S. 241) sowie entsprechende Arbeitszeit- und Pausenregelungen wünschenswert in den Berufen der Datenverarbeitung. Zahlreiche empirische Befunde beweisen die Wirksamkeit verschiedener Entspannungs- und Bewegungstechniken wie z.B. jene der Kinesiologie, der progressiven Muskelentspannung und von Gymnastikübungen, wovon eine Auswahl in den folgenden Abschnitten dargestellt werden soll.

6.3.1 Empirische Befunde zur Kinesiologie

Das Wort Kinesiologie setzt sich aus dem griechischen „kinesis" (Bewegung) und „logos" (Lehre) zusammen und bezeichnet demnach die Lehre von Bewegungen und Bewegungsabläufen im menschlichen Organismus (Amon, 1998; Glassl, 1993; Thie, 1995). Diese reduzieren sich nicht nur auf das körperliche Geschehen, sondern erstrecken sich auch auf das biochemische, emotionale und energetische Gleichgewicht. Die Kinesiologie stellt eine Synthese aus östlichem

Wissen der Traditionellen Chinesischen Medizin, Techniken aus Osteopathie und Chiropraktik, westlichem Wissen um die Ernährung und Gesundheit des Menschen und moderner Bewegungslehre dar. Basis der Kinesiologie ist das Energiemodell der chinesischen Medizin mit seinem Jahrtausende alten Wissen um Beziehungen zwischen Meridianen, den Energiebahnen im Körper, die an Akupunkturpunkten an die Körperoberfläche treten, und Organen.

Der amerikanische Chiropraktiker George J. Goodheart (Thie, 1995) entdeckte darüber hinaus die Verbindung zwischen Organen bzw. Meridianen mit bestimmten Muskeln: Vorgänge im menschlichen Organismus – emotionaler, energetischer, biochemischer oder somatischer Herkunft – spiegeln sich im Funktionszustand seiner Muskeln wider. Goodheart rief auf Basis seiner systematisierten Erkenntnisse 1964 (Walther, 1988) die „Applied Kinesiology" ins Leben, die weltweit exklusiv von Chiropraktikern angewendet wurde. Daraus entwickelten sich Laienformen der Kinesiologie, wie z.B. „Touch for Health" („Gesund durch Berühren") oder die „EDU-Kinestetik". Beide machen – wie die Applied Kinesiology – Störfaktoren, die den Organismus belasten bzw. aus dem Gleichgewicht bringen, ausfindig (Amon, 1998; Glassl; 1993, Thie, 1995): Das Gesamtsystem „Mensch" verfügt über korrektive Regel- und Rückkoppelungsmechanismen, um Ungleichgewichte selbst auszubalancieren. Bei anhaltender Stresseinwirkung sind diese Regulationsmechanismen oft überfordert. Es kommt zu Verschiebungen und Imbalancen, was sich in Krankheiten manifestieren kann. Mittels diverser kinesiologischer Korrekturverfahren können derartige Imbalancen wieder ausgeglichen werden. Ein System aus Überprüfung von Muskelfunktionen, Entspannungs- und Tonisierungstechniken, Massage-, Berührungs- und Druckanwendungen zur Durchblutung und Entgiftung des Körpers sowie zahlreiche Entspannungs- und Kreativtechniken bzw. Aktivierungs- und Bewegungsübungen dient zur Anregung der Selbstregulationsmechanismen des Organismus. Die einzelnen Übungen sind leicht erlernbar und jederzeit anwendbar.

Kahapka (1990) konnte in seiner Untersuchung über aktive Kurzpausen im Berufsschulunterricht mit Übungen aus dem Bereich der Kinesiologie unter Anwendung eines Durchstreichtests sehr wohl eine Verbesserung der Konzentrationsleistung (Menge der konzentriert bearbeiteten Items) nachweisen, jedoch keine im Bereich der Konzentrationsschwankung. Nord (Stiotta, 1993) konnte zwar in seiner dreimonatigen Untersuchung an körperbehinderten Grundschulkindern eine signifikante Reduzierung des Gruppenmittelwertes bezüglich emotionalen Stresses in einer Versuchsgruppe, die kinesiologische Übungen anwandte, feststellen. Doch fand bei einer Überprüfung von Kahapka (1990) an Jugendlichen im Berufsschulbereich, bei der eine Gruppe kinesiologische Übungen über 10 Wochen praktizierte, keine Bestätigung einer Verbesserung der Befindlich-

10 Wochen praktizierte, keine Bestätigung einer Verbesserung der Befindlichkeitslage statt. Nord verweist allerdings darauf, dass es sich bei seinem Projekt lediglich um eine Leitstudie (geringe Anzahl an Versuchspersonen) handelt.

In einer empirischen Studie von Stiotta (1993) an Berufsschülern erfolgte nach eigenen Berichten von Lehrern im Rahmen einer Nachbefragung bei der Anwendung kinesiologischer Übungen ein Abbau von Lernblockaden, eine erhöhte Aufnahmebereitschaft und ein Abbau von Stress durch eine entspannte Atmosphäre. Auch steigerte sich der Leistungswille. Knapp 27 % der befragten Schüler berichteten von einer verbesserten Konzentration.

6.3.2 Kurzpausen mit kinesiologischen Übungen

Tabelle 19. Kinesiologische Übungen

Cook – Ausgleichshaltung

Beim Einatmen die Zunge an den oberen Gaumen legen, beim Ausatmen lockerlassen.

Phase 1: Das linke Bein vor das rechte stellen, die Finger verschränken, wobei vorher die Arme gekreuzt werden, und dann die Hände zur Brust drehen. Die Schultern sollen locker bleiben.

Phase 2: Mit parallelen Beinen stehen/sitzen und die Fingerspitzen von linker und rechter Hand zusammenführen. Jede Position ca. 1 Minute lang halten. Diese Übung eignet sich besonders, um akute Anspannung und Stress zu lindern.

Die kinesiologischen Übungen sind großteils einem von der Autorin im Rahmen ihrer Tätigkeit von betrieblicher Gesundheitsförderung in Zusammenarbeit mit der Allgemeinen Unfallversicherungsanstalt (AUVA) entwickelten Plakat mit einem Übungskompendium für den Büroarbeitsplatz (Amon & Glassl, 1995) entnommen.

Tabelle 20. Kinesiologische Übungen (Fortsetzung)

Augen-Achter	Überkreuzbewegungen – Wechselspiel	Armkreise – Mühle
Mit dem ausgestreckten rechten Arm Unendlichkeitszeichen (von der Mitte nach oben beginnend) in die Luft malen und den aufgestellten Daumen mit den Augen verfolgen. Dabei bleibt der Kopf ruhig. Je 10 bis 20 Wiederholungen rechts und links. Diese Übung entspannt die Augen und kräftigt die Muskulatur des Schultergürtels.	Rechtes Bein und linker Arm bzw. umgekehrt werden bei Aufrechthaltung der Wirbelsäule gleichzeitig zueinander bewegt (unterschiedliche Varianten: z.B. Hand berührt Knie, Ellbogen Richtung Knie, Arm und Bein zur Seite, ...). Es werden beide Gehirnhälften aktiviert, Konzentration und Koordination gefördert.	Die Arme von vorne nach hinten, oben beginnend, 15 bis 30 Mal kreisen. Erweiterung: beim Einatmen auf die Zehenspitzen und bei Ausatmen wieder auf die ganze Fußsohle stellen (bitte ohne Schuhe ausführen). Der Schultergürtel wird gelockert, die Brustmuskulatur gedehnt und die Atmung aktiviert.

Tabelle 21. Kinesiologische Übungen (Fortsetzung)

Schenkel zupfen	Ohren kneten

Schenkel zupfen

Auf der Vorderkante des Sessels sitzend (Achtung auf sicheren Stand des Sessels!) werden 5 bis 10 Mal die Sehnen und Muskeln der Beinrückseite, von den Fersen beginnend bis zum Gesäßansatz, „gezupft". Die Muskulatur des Rückens und der Beinrückseite wird nach langem Sitzen entspannt.

Ohren kneten

Die Ohrmuscheln von der Öffnung zum Rand hin solange massieren, bis sie gut durchblutet sind. Das stimuliert die Ohrakupunkturpunkte, aktiviert sanft den gesamten Körper und verbessert das Hörvermögen.

Neurolymphatische Massagepunkte

Die gekennzeichneten Reflexzonen mit mittlerem Druck jeweils ca. 30 Sekunden massieren. Falls einzelne Stellen schmerzen, leichteren Druck verwenden und dafür länger an der gleichen Stelle verweilen. Diese Massage aktiviert das Lymphsystem und verbessert die Entgiftung des Körpers.

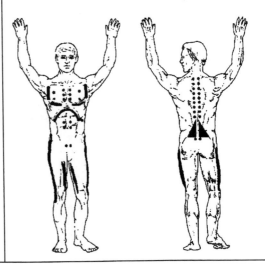

6.3.3 Empirische Befunde bezüglich Progressiver Muskelentspannung

Edmund Jacobson (1990) begann um die Jahrhundertwende ein Programm zur systematischen Muskelentspannung zu entwickeln, aufbauend auf dem Prinzip der aufeinanderfolgenden An- und Entspannung einzelner Muskeln und Muskelgruppen. Als Ausgangspunkt diente Jacobson einerseits die Beobachtung, dass Erregungszustände, wie z.b. durch Angst, Stress und Unruhe, immer mit einer Erhöhung des Muskeltonus einhergehen bzw. oft ein gewisses Maß an Restspannung bei Entspannungsversuchen bestehen bleibt, andererseits die Tatsache, dass Muskeln nach starker Belastung ermüden und dann relativ entspannt sind. Durch den bei der Progressiven (fortschreitenden) Muskelentspannung auftretenden Ermüdungseffekt der Muskulatur können ein erhöhtes Spannungsniveau im Organismus, psychosomatische Erkrankungen und Angstzustände abgebaut werden, da sich die Wirkung sowohl auf die motorische, vegetative wie auch kognitiv-affektive Ebene erstreckt. Z.B. zeigen empirische Ergebnisse von Brenner (1989, zitiert nach Jacobson 1990) eine Blutdruck senkende Wirkung an Hypertonikern. Der Sauerstoffwechsel wird durch die schnelle und effektive Muskelentspannung verlangsamt, ebenso werden die Herz- und Atemtätigkeit und die Gehirnwellen verändert. Der Mensch wird in einen entspannten, träumerisch-kreativen Bewusstseinszustand versetzt, der zum einen Verspannungen und Stress reduziert, zum anderen die geistige Wachheit und Auffassungsgabe erhöht.

Durch die Anwendung der Progressive Muskelentspannung wurde eine Steigerung der Konzentrationsleistung für Rechenaufgaben nachgewiesen (Stöger, 1986), wobei die Effektivität mit zunehmender Trainingsdauer steigt. Stöger untersuchte Schüler eines Musikgymnasiums, die über ein Monat hinweg Progressive Muskelentspannung anwendeten und diese Anwendung verschieden lang beherrschten. Die Einflüsse zeigten sich im Verlauf der Testleistung während der Testdauer auf quantitativer und qualitativer Ebene: Es wurden insgesamt mehr Items gelöst, von der Gesamtanzahl der gelösten Aufgaben waren weniger falsch - was sich auf eine erhöhte Konzentrations- und Leistungsfähigkeit zurückführen lässt - und in der Konzentrationsfähigkeit zeigte sich eine konstantere Leistung.

Gundlach (1991) berichtet u. a. von einer Verbesserung der psychischen Befindlichkeit durch die Anwendung von Stressbewältigungstechniken, wie sie z.B. die Progressive Muskelentspannung darstellt. Einige weitere positive Aspekte in der Durchführung von Fitness- und Stressbewältigungsprogrammen liegen in der Steigerung der Belastbarkeit (Gundlach, 1991; Haskell & Blair, 1982), (siehe

Kapitel 4.4) und Entspannung wirkt sich nach Frank (1996) positiv auf das körperliche Wohlbefinden aus.

In Stiottas Untersuchung an Berufsschülern (1993) zeigte sich bei einer Nachbefragung der beteiligten Lehrer, dass es ihrer Meinung nach bei der Anwendung von Progressiver Muskelentspannung zu erhöhter Aufmerksamkeit, entspannter Atmosphäre, zu einem erhöhten Arbeitstempo und zu gesteigerter Arbeitsbereitschaft kam.

Bei der Progressiven Muskelentspannung werden aufeinanderfolgend Muskelgruppen langsam und allmählich stärker angespannt bis unter die Schmerz- und Krampfschwelle. Danach wird bei angehaltenem Atem diese Spannung 5 - 10 Sekunden gehalten, um darauf mit tiefem Ausatmen die Spannung spontan zu lösen. Mit der regelmäßigen Anwendung dieses Entspannungsprogramms soll eine Sensibilisierung für verschiedene Spannungszustände erfolgen, damit Anspannungen und beginnende Verspannungen rechtzeitig wahrgenommen werden und ihnen gezielt entgegengewirkt wird.

In österreichischen Schulversuchen zur „Angewandten Lernpsychologie im Unterrichtsgeschehen" wurde die positive Wirkung von Entspannung auf Einprägungsprozesse nachgewiesen, wobei u. a. eine Kurzform des Muskelentspannungstrainings mit folgenden Einzelschritten zur Anwendung kam (Stiotta, 1993): Entspannung von Händen und Armen - der Gesichtsregion - der Halsgegend und Schulterregion - von Brust, Bauch und Rücken - und des Gesäßes, der Schenkel und Waden. Neben der physiologischen Vorbereitung von Lernprozessen kam es in diesem für den Unterricht entwickelten „Guttmann-Vanecek-Modell" zu einer speziell nach lernpsychologischen Erkenntnissen gestalteten Gliederung des Unterrichtsablaufes, um das Gelernte zu festigen (Stiotta, 1993; Vanecek, 1982): Vor einer Informationsvermittlung erfolgte eine Aktivierung mittels Progressiver Muskelentspannung, danach ein mehrmaliger Wechsel von Konsolidierungsphasen (Pausen) und Wiederholungen. Es zeigten sich in der Folge bessere Lernleistungen bei den Schülern.

6.3.4 Kurzprogramm Progressive Muskelentspannung

Bei der Kurzform der progressiven Muskelentspannung werden bestimmte Muskelgruppen 5 bis 10 Sekunden soweit bewusst angespannt, dass es nicht schmerzt oder krampft. Während der Entspannung (Lockerung) ist Konzentration auf die betreffenden Muskelbereiche und Ausatmen wichtig. Das Schließen der Augen kann die Konzentration auf den Körper verbessern und ablenkende Reize ausblenden. Die Wirkung der Progressiven Muskelentspannung kann sich nem angenehmen Entspannungsgefühl bis hin zu einer gesteigerten geistigen Wachheit erstrecken.

Tabelle 22. Progressive Muskelentspannung

Sitzhaltung	Entspannung der Hände und Arme	Entspannung der Gesichtsregion (Stirn, Nase, Lippen, Wangen, Zunge, Unterkiefer & Kinn)
Mit geschlossenen Augen in angelehnter Sitzposition eine bequeme Stellung finden. Die Arme ruhen locker auf der Sessellehne oder den Oberschenkeln.	Arme in Richtung Schultern beugen, Hände zu Fäusten ballen und alle Muskeln anspannen. Danach loslassen, Arme wieder senken und entspannen.	Augenbrauen hochziehen und Stirn runzeln, Augen zusammenkneifen, Zähne aufeinanderbeißen, Lippen aufeinander drücken und Nase rümpfen. Wieder loslassen und entspannen.

Tabelle 23. Progressive Muskelentspannung (Fortsetzung)

Entspannung der Halsgegend und Schulterpartie	Entspannung von Brust, Bauch und Rücken	Entspannung des Gesäßes, der Schenkel und der Waden
Kopf (mit Blick geradeaus) bei nach oben gezogenen Schultern nach links und rechts neigen. Muskeln wieder lösen. Der Kopf findet wieder in eine angenehme Position zurück.	Tief einatmen, sodass sich Brust und Bauch wölben. Dabei die Schulterblätter nach hinten zur Wirbelsäule hin zusammenziehen. Dann die Spannung wieder lösen, die Luft von selbst ausströmen lassen und schließlich den Bauch nach innen ziehen. Dann entspannen.	Die Gesäß- und Oberschenkelmuskeln anspannen. Zugleich die Zehen und Füße in Richtung Gesicht ziehen und in den Schienbein- und Wadenmuskeln eine Gegenspannung erzeugen. Dann alle Spannungen wieder lösen.

Tabelle 24. Progressive Muskelentspannung (Fortsetzung)

Zurücknehmen Arme mehrmals fest anbeugen und strecken, recken und strecken, tief durchatmen und dann die Augen wieder öffnen.	

6.3.5 Empirische Befunde bezüglich Gymnastikübungen

Sportliche Betätigung wirkt sich in der Altersgruppe von 31 - 50 Jahren bei Männern und Frauen positiv auf physische und psychische Variablen des Wohlbefindens (Schlicht, 1995) aus. Hierbei handelt es sich eher um kurzfristige Veränderungen der psychischen Gesundheit (z.b. Stimmungsverbesserung), das habituelle Wohlbefinden wird davon nur unbedeutend beeinflusst. Weiters werden Beschwerden durch Fehlhaltungen, welche durch einseitige Beanspruchungen und/oder Tätigkeiten im Berufsalltag entstehen, vorgebeugt bzw. gemildert. Abele, Brehm und Gall (1996) wie auch Frank (1996) berichten von einer Verbesserung des körperlichen Wohlbefindens durch Bewegung. Brennstoffe, die der Körper in Stresssituationen für Leistung und Bewegung bereitstellt, werden durch Bewegung verbraucht und können sich in der Folge nicht ungenützt im Organismus ablagern (Vester, 1995). Muskelaktivität, z.B. Recken und Strecken bei Ermüdung, kann durch eine passive Dehnung der Muskelspindeln diese erregen und rückwirkend aktivieren (Hacker & Richter, 1984).

Bezüglich der Konzentrationsleistung konnte Kahapka (1990) in seiner bereits im Kapitel 6.3.1 erwähnten Berufsschuluntersuchung über aktive Kurzpausen auch mit einem Kurzturn-Programm eine Verbesserung der Konzentrationsleistung nachweisen, indem die Fehlerhäufigkeit abnahm.

6.3.6 Kurzpausen mit Gymnastikübungen

Die Gestaltung der vorliegenden Übungsreihe erfolgte in Anlehnung an eine Auswahl aus einer von der Oberösterreichischen Gebietskrankenkasse für verschiedene Berufe erstellten Serie an gymnastischen Übungen , wobei die Übungen für sitzende Berufe den Schwerpunkt darstellen.

Tabelle 25. Gymnastikübungen

Obst pflücken	Schattenboxen	Hals- und Nackenentspannung
Greifen Sie im Sitzen abwechselnd mit Ihren Händen nach oben, so als wollten Sie Obst pflücken. „Obst pflücken" fördert die Beweglichkeit der Rumpfmuskeln.	Stellen Sie sich gegrätscht hin und beugen Sie leicht die Knie. Ballen Sie die Hände zu Fäusten und stoßen Sie mit den Fäusten abwechselnd nach vorne. „Schattenboxen" belebt den Kreislauf und baut Aggressionen ab.	Neigen Sie im Stehen den Kopf zur linken Schulter und ziehen die rechte Schulter und den rechten Arm Richtung Boden. Wiederholen Sie diese Bewegung 3 bis 5 Mal auf jeder Seite.

Tabelle 26. Gymnastikübungen (Fortsetzung)

Palmieren	Kugelschreiber suchen	Sitzuhr
Decken Sie Ihre offenen Augen mit leicht gewölbten Handflächen so ab, dass kein Licht zu den Augen kommt. Achten Sie dabei auf eine bequeme Sitzposition und halten Sie diese Stellung einige Minuten bzw. bis Sie eine einheitlich schwarze Fläche sehen. Mit „Palmieren" entspannen Sie Ihre Augen und bauen neue Konzentration für Ihre Arbeit auf.	Setzen Sie sich aufrecht hin, strecken Sie ein Bein. Ziehen Sie nun vom Nabel beginnend langsam Richtung Zehen. Sie erreichen damit eine Entspannung und verbesserte Durchblutung der hinteren Beinmuskulatur.	Stellen Sie sich vor, Sie sitzen auf einem Ziffernblatt und verlagern Ihr Gewicht mit dem Gesäß mehrmals im und gegen den Uhrzeigersinn auf die verschiedenen Uhrzeiten. Bei der Gewichtsverlagerung lockern Sie Ihre Rückenmuskulatur.

Stirn glätten

Schließen Sie Ihre Augen und massieren Sie mit Zeige- und Mittelfingern mit kreisenden Bewegungen Ihre Stirn. „Stirn glätten" beseitigt Sorgenfalten und Verspannungen auf Grund angestrengten Schauens.

7 Gesundheitsförderungsprogramme in Deutschland und Österreich - ausgesuchte Beispiele zur praktischen Umsetzung des ArbeitnehmerInnenschutzes in Betrieben

Der Stellenwert der Prävention hat sich in den letzten Jahren erhöht, was zahlreiche Gesundheitsförderungsprojekte im deutschen Sprachraum dokumentieren. Gerade in wirtschaftlich kritischeren Zeiten ist es notwenig, dass Betriebe vermehrt auf die Umwegrentabilität von Präventionsmaßnahmen setzen und diese nicht als Ursache unnötiger Mehrkosten ansehen.

7.1 Gesundheitsförderungsprojekte in Deutschland

7.1.1 Gesundheitsförderungsprogramm der Münchener Stadtwerke

Da die Fahrer der Münchner Verkehrsbetriebe gesundheitlich stark belastet sind, was sich in hoher vorzeitiger Erwerbsunfähigkeit, Fahrdienstuntauglichkeit und Arbeitsunfähigkeit zeigte, konzipierten die Stadtwerke ein Gesundheitsförderungsprogramm (Ertl, 1995; Europäisches Informationszentrum, 1994). Zu den Belastungsfaktoren zählen mangelnde Kommunikationsfähigkeit durch Einzelarbeitsplätze, Daueraufmerksamkeit, Zeitdruck, Konflikte mit Fahrgästen und durch bestimmte Verkehrssituationen, hohe Belastung durch hohe Verantwortung, Zwangshaltung, wechselnde Schichtdienste, uvm.. Die Mitarbeiter nahmen an verschiedenen Programmen wie Entspannungs- und Bewegungsübungen, Stressbewältigungstraining und Gruppengesprächen bezüglich Beruf und Ernährung teil. Vor allem die Wirbelsäulenbeschwerden besserten sich bei den Betroffenen erheblich. Die Fahrer lernten neue Umgangs- und Verhaltensmuster mit ihren Fahrgästen, konnten Stressbelastungen, Schlaf- und Konzentrationsstörungen aktiv bewältigen und ihre gelernten Erkenntnisse und Erfahrungen aus dem Berufsalltag auch in ihr Privatleben transferieren.

7.1.2 Pausengymnastik in der Näherei des Volkswagenwerks Wolfsburg

Die Statistiken der VW-Betriebskrankenkasse zeigten bei Mitarbeiterinnen vor allem berufsspezifische Erkrankungen im Hals-Wirbelsäulen-Bereich (Europäisches Informationszentrum, 1992). Deshalb wurden gesundheitsfördernde Maßnahmen in Zusammenarbeit mit dem Sport- und Rehazentrum Braunschweig/Wenden entwickelt: Videoanalysen von Arbeitsplätzen und -abläufen zeigten die Notwendigkeit von Arbeitsplatzveränderungen unter ergonomischen Gesichtspunkten. Auf Grund einiger nicht änderbarer Arbeitsabläufe wurde Pausengymnastik als Präventivmaßnahme eingesetzt. Zur Motivation an der Teilnahme wurden mit Hilfe des Betriebsrates freiwillige „Übungsleiterinnen" im externen Sport- und Rehazentrum in Seminaren speziell auf ihre Aufgaben vorbereitet. Seit 1990 finden sechs Mal pro Tag unter Anleitung der Übungsleiterinnen mit ca. 10 - 12 Mitarbeiterinnen freiwillige Bewegungstrainings statt. Diese beinhalten Bewegungsübungen zur körperlichen und psychischen Entspannung. Bereits nach einem Jahr zeigte sich, dass das Bewegungsangebot kontinuierlich in Anspruch genommen wurde und sich das körperliche und psychische Wohlbefinden verbessert hatte.

7.2 Gesundheitsförderungsprojekte in Österreich

7.2.1 Gesundheitsförderung im Betrieb: „MitarbeiterInnen bewegen MitarbeiterInnen, MbM"

Im März 1995 startete das Projekt „MbM" durch Initiative der Landesstelle Linz der Allgemeinen Unfallversicherungsanstalt und der Oberösterreichischen Gebietskrankenkasse gegen Gesundheits- und Sicherheitsrisiken in der Arbeit (Allgemeine Unfallversicherungsanstalt Landesstelle Linz & Oberösterreichische Gebietskrankenkasse, 1997). Die freiwilligen Teilnehmer aus verschiedensten Branchen werden in Seminaren dazu ausgebildet, Mitarbeitern Ausgleichsübungen und Übungen für körpergerechtes Arbeiten und zur Förderung von Wohlbefinden, Leistungsfähigkeit, Arbeitsfreude und Gesundheitsbewusstsein anzubieten und zur selbständigen Ausführung anzuleiten. Nach den Kursen werden die Absolventen zur Information mit sogenannten MbM-Briefen und in jährlichen Symposien betreut. Berufsspezifische Anleitungsfolder für Kurzpausenprogramme mit aufklebbaren Abbildungen der einzelnen Übungen dienen der zusätzlichen Unterstützung des Projektes.

Die Ergebnisse aus dem ersten Quartal zeigten, dass mehr als die Hälfte der Teilnehmer die Übungen in die Praxis umsetzen konnten (Allgemeine Unfallversicherungsanstalt Landesstelle Linz & Oberösterreichische Gebietskrankenkasse, 1996a). Rückmeldebögen aus einer späteren Phase des Projektes zeigten, dass 61 % der Teilnehmer Kollegen für Übungen gewinnen konnten und die bereitgestellten Kurzpausenfolder von 80 % der Multiplikatoren benützt wurden (Allgemeine Unfallversicherungsanstalt Landesstelle Linz & Oberösterreichische Gebietskrankenkasse, 1996b).

7.2.2 Gesundheitsförderung im Betrieb: „Lehrlinge in Bewegung"

Dieses mehrjährige Gesundheitsförderungsprojekt wurde auf Anregung der Oberösterreichischen Gebietskrankenkasse und der VOEST-Alpine Stahl Linz GmbH konzipiert (Oberösterreichische Gebietskrankenkasse, 1996). Das Projekt selbst beinhaltet theoretische Einheiten, im Rahmen derer – besonders in den ersten beiden Lehrjahren – arbeitsphysiologische Grundlagen, solche zur Arbeitsbelastung, zu Berufskrankheiten, körpergerechtem Arbeiten uvm. vermittelt werden. Im praktischen Teil wird besonderer Wert auf richtige Arbeitshaltung und regelmäßiges Abhalten von Übungen während Kurzpausen gelegt. Die Ziele des Projektes sind u. a. eine Sensibilisierung für körpergerechtes Verhalten am Arbeitsplatz und der Transfer des Gelernten (z.B. Kurzpausenprogramme) in den Alltag. Bei einer Fragebogenerhebung im Juni 1995 beurteilten ca. 62 % der Lehrlinge das Projekt positiv, 78 % berichteten von einer Bewusstseinsverbesserung bezüglich richtiger Arbeitshaltung und 23 % beschrieben eine positive Veränderung der Pausengestaltung.

7.2.3 Motivation zur Bewegung am Arbeitsplatz

Projekt „Plakate mit Tipps zum Wohlfühlen":

1995 entstand, aus der Idee heraus, Motivationshilfen für Arbeitnehmer zu schaffen, sich am Arbeitsplatz mit Bewegung als Möglichkeit zur Gesundheitsförderung auseinander zu setzen und dies in den Arbeitsalltag zu integrieren, in Kooperation von Allgemeiner Unfallversicherungsanstalt (AUVA) und INDIVIDUAL COACHING – Institut für Motivation und Gesundheitsförderung – ein Plakat mit dem Titel „9 Tips zum Wohlfühlen" (Amon & Glassl, 1995; 1997c; Lins & Eschig, 1997; Wiener Arbeitsgemeinschaft für Gesundheitsförderung, 1997). Darauf sind neun Aktivierungs- und Entspannungsübungen für den Arbeitsplatz abgebildet und beschrieben. Das Plakat war für alle Betriebe kostenlos bei der AUVA erhältlich. Eine Absatzzahl von 3.000 Stück innerhalb der

durch Visualisieren zu schaffen. Da das Projekt großen Anklang findet, wurde das Plakat auch in einem kleineren Format nachgedruckt.

Projekt „Gehirnintegrationsspiel und Kleeblattspiel – spielerische Gesundheitsförderung":

Eine weitere Aktion zum Stressabbau und zur Gesundheits- und Konzentrationsförderung am Arbeitsplatz wurde für Betriebe ebenfalls 1995 von der AUVA in Kooperation mit INDIVIDUAL COACHING gestartet (Amon & Glassl, 1997a; Lins & Eschig, 1997). Letzteres entwickelte Kugelrollspiele aus Holz zur Augenentspannung (z.b. am Bildschirmarbeitsplatz), Konzentrationssteigerung und Verbesserung der Körperkoordination. Durch Training von Auge-Handkoordination, Grob- und Feinmotorik, Gleichgewicht und Raumorientierung wird effizient das Lernen unterstützt und Unfällen vorgebeugt. Ein Anleitungsfolder für das „Gehirnintegrationsspiel" (siehe Abbildung 14) und das beigefügte Plakat „9 Tips zum Wohlfühlen" boten weitere Anregungen zur Bewegung am Arbeitsplatz. Über 1500 bei der AUVA bestellte und bereits in österreichischen Betrieben eingesetzte Spiele bezeugen den Erfolg der Idee, Gesundheitsförderung spielerisch zu gestalten und somit eine Motivationshilfe für aktive Pausengestaltung zu schaffen. Später wurde das Projekt mit weiteren Partnern wie HPT-Verlag und den Pädagogischen Instituten unter dem Titel „Spielend lernen – Durchblick haben" bundesweit auf Schulen erweitert. Rund 160 Direktoren folgten der Einladung der AUVA in die Hauptstelle zur Präsentation der Spiele „Kleeblatt" (Amon & Glassl, 1997b), siehe Abbildung 14, und „Gehirnintegrationsspiel", zahlreiche weitere Präsentationen im Rahmen pädagogischer Konferenzen in Schulen folgten. Zur Schulung der Lehrer wurden bundesweit begleitende Seminare an Pädagogischen Instituten angeboten, welche regen Zuspruch fanden.

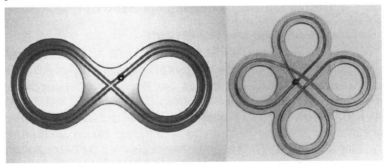

Abbildung 14. Gehirnintegrations- und Kleeblattspiel

PC-Fit und GS-Manager:

PC-Fit ist eine leicht handhabbare, wissenschaftlich-didaktisch konzipierte Software mit Begleitbuch, um direkt am Computer gesundheitsbezogene Informationen über Bildschirmarbeit und ergonomische Tipps zur Arbeitsplatzgestaltung zu erhalten und zu präventivem Verhalten motiviert zu werden (human ware, o.J.). Entwickelt wurde dieses Werkzeug von human ware, Institut für Gesundheit, Sicherheit und Ergonomie im Betrieb. Die Orientierung erfolgt nach der EG-Bildschirmrichtlinie. Auch ein physiotherapeutisches Gesundheitstraining mit Übungen für Muskeln und Gelenke ist im Programm beinhaltet. Die Dauer der Erholungszeit und Intervalle zur Pausenerinnerung sind bei diesem Pausengestaltungsprogramm individuell in ihrer Länge einstellbar. Im Begleitbuch kann man nachlesen, wie es zu gesundheitlichen Beschwerden kommt und wie man vorbeugend agieren kann. Mit einer Evaluierungsstudie konnte belegt werden, dass das vorliegende Programm zu einer Verbesserung körperlicher und psychischer Befindlichkeit und zur Erhöhung der Arbeitszufriedenheit beiträgt (Bachinger & Molnar, 1993). Rund die Hälfte der Mitglieder der Versuchsgruppe nutzten PC-FIT und das darin enthaltene Gesundheitsprogramm ca. zwei- bis dreimal täglich.

Das Softwareprogramm GS-Manager („G" steht für Gesundheit, „S" für Sicherheit) dient der selbständigen, mit Hilfe von Checklisten im Sinne einer laufenden Evaluierung durchgeführten Bewertung und ergonomischen Gestaltung von Bildschirmarbeitsplätzen (Buinoch, 1997). Das Programm soll auch Unterstützung bei der regelmäßigen Einhaltung von Kurzpausen bieten und einen Anreiz zur Durchführung von Ausgleichsübungen darstellen. Die Software ist nach den Richtlinien des ArbeitnehmerInnenschutzgesetzes angelegt.

7.2.4 Projekt „BAUfit": Eine Studie zur Minderung des Unfallrisikos auf Baustellen

Das von der Allgemeinen Unfallversicherungsanstalt initiierte und von der Baufirma „Universale–Bau AG Graz" realisierte Projekt beinhaltete ergonomische Tipps zur Verbesserung der Arbeitsabläufe, gezielte Ausgleichsübungen, um Schmerzen im Bewegungsapparat entgegenzutreten und die Förderung von Teamarbeit zur Prävention vor zu großer körperlicher Beanspruchung (Behr, 2001). Die Teilnehmer waren Bauarbeiter und Vertreter der Bauleitung. Parallel erfolgten für die Unternehmensführung Maßnahmen zur Organisationsentwicklung. Die wissenschaftliche Begleitung erfolgte durch ein interdisziplinäres Team (Physiologisches Institut und Abteilung für Arbeits-, Organisations- und

Umweltpsychologie der Universität Graz, Johanneum Research, Institut für Nichtinvasive Diagnostik, Weiz).

Herzfrequenz und Atmung der Bauarbeiter wurden rund um die Uhr erhoben, um den Verlauf der Stressbelastung tagsüber und die Erholung über Nacht festzustellen. In einem persönlichen „Bau-Tagebuch" mussten täglich Fragen zur psychischen Befindlichkeit und zu Körperbeschwerden beantwortet werden. Die Teilnahme war freiwillig, jedoch unterstützt durch eine finanzielle Teilnahme- und Durchhalteprämie.

Der Datenrücklauf betrug erstaunliche 80 %. Im Zeitraum der Studie sank die durchschnittliche Unfallrate von 5 % auf 0 % und es zeigte sich eine Steigerung des Wohlbefindens, was eine Erhöhung der Motivation bewirkte. Insgesamt erfuhr das Projekt eine hohe Akzeptanz von Seiten aller Teilnehmer.

7.2.5 Projekt Spagat – innovative Gesundheitsförderung berufstätiger Frauen

Dieses Projekt von Jänner 2000 bis September 2001 hatte das Ziel, Belastungen berufstätiger Frauen im Rahmen betrieblicher Gesundheitsförderungsprojekte zu erfassen und Lösungsansätze zur Belastungsreduktion auf der person- und organisationsbezogenen Ebene zu finden (ppm forschung+beratung, 2001). In jedem der fünf teilnehmenden oberösterreichischen Betriebe wurde ein Gesundheitszirkel (innerbetriebliche Arbeitskreise im Auftrag der Unternehmensleitung) und ein Steuerungskreis (eingesetzt von der Unternehmensleitung und mit der Durchführung des Projekts betraut) eingerichtet. Das Projekt erfolgte in Kooperation des Institutes ppm forschung+beratung, des Fonds Gesundes Österreich, der Oberösterreichischen Gebietskrankenkasse und des Österreichischen Gewerkschaftsbundes Oberösterreich.

Die Gesundheitszirkel bestanden aus jeweils fünf bis zehn Personen, die sich fünf bis sieben Mal für ca. zwei Stunden während der Arbeitszeit trafen und durch externe Moderatorinnen unterstützt wurden. Ziel war die Identifikation, Analyse und das Finden von Lösungsvorschlägen bezüglich belastender Arbeits- und Lebenssituationen. Diese Ergebnisse wurden im Unternehmen präsentiert.

Die Steuerungskreise beinhalteten Personen, die mit der Gesundheit und Sicherheit der MitarbeiterInnen betraut waren, Arbeitgeber- und Arbeitnehmerseite (Betriebsrat). Ziel war die Prüfung der Umsetzbarkeit der Lösungsvorschläge, die Vorbereitung deren Implementierung und die Information der Belegschaft über den Fortschritt des Projekts.

Zu den erhobenen beruflichen Dauerbelastungen bei Frauen zählten psychosoziale Belastungen, Arbeitszeit, Umgebungsbelastungen und schließlich körperliche Belastungen. Das Belastungsproblem schlechthin für berufstätige Frauen, besonders im ländlichen Bereich, ist die schlechte Vereinbarkeit von Arbeitszeit und außerberuflichen Verpflichtungen und weiters u.a. das ständige „Daran-denken-Müssen" bzw. das „Sich-verantwortlich-Fühlen" im Kontext von Zeitnot und Angst vor unbewältigbaren Situationen. Daraus resultiert für Frauen zu wenig Zeit für sich selbst und schlechtes Gewissen über zu wenig Zeit für ihre Kinder.

Insgesamt ließ sich festhalten, dass Berufstätigkeit und Familie ein selbstverständlicher Teil der Lebensplanung von Frauen ist, diese aber dabei kaum Unterstützung von Seiten der Gesellschaft oder ihren Lebenspartnern erhalten. Die aus der schwierigen Vereinbarkeit der beiden Lebenskomplexe resultierenden Belastungen und Spannungen tragen Frauen dabei mit sich selbst aus. Daraus resultieren eine Reihe psychosomatischer Beschwerden. Aber auch positive Seiten wurden festgehalten, wie z.b. Stolz auf die eigenen Leistungen, erhöhtes Selbstwertgefühl, finanzielle Unabhängigkeit, uvm.. Es ist daher festzuhalten, dass es auf bestimmte Bedingungen ankommt, ob sich die Koordination der verschiedenen Lebensbereiche positiv auf die Gesundheit von Frauen und ihre Weiterentwicklung auswirken. Mögliche Lösungen liegen sowohl in Veränderungen des persönlichen Bereiches (z.B. Hilfe durch Freunde und Verwandte, professionelle Beratung, Reduktion der eigenen Leistungsansprüche bezüglich Kindern, Haushalt, etc.), wie auch in der Verbesserung betrieblicher Rahmenbedingungen (von Gleitzeitregelungen über verschiedene Teilzeitvarianten, betriebseigene Kinderbetreuung bis hin zu flexibleren Urlaubsregelungen). Wichtig dabei ist vor allem, dass diese geschlechtsspezifischen Belastungsstrukturen nicht dem Privatbereich von Frauen zugeschrieben, sondern sehr wohl thematisiert werden und Frauen im betrieblichen Rahmen die Möglichkeit erhalten, sich Gehör zu verschaffen.

8 Studie zur Wirkung von betrieblichen Kurzpausen auf Konzentration und Wohlbefinden

Ziel dieser Studie war es, unter dem Aspekt des ständigen Wandels in der Arbeitswelt, der einhergeht mit neuen und steigenden Belastungen und Beanspruchungen, Arbeitspausen mit strukturiertem Inhalt als gesundheitsfördernde Maßnahme auf der verhaltens- und verhältnispräventiven Ebene zu verstehen und deren Wirksamkeit im Zusammenhang mit verschiedenen Methoden zu untersuchen.

8.1 Fragestellung, Hypothesen und Variablen

Da nach Bamberg et al., (1997), Richter (1997) und Strümpel (1995) die Arbeitswelt u. a. durch wirtschaftlich-technische Veränderungen einem ständigen Strukturwandel unterliegt, erfordert dies neue Strategien im Gesundheitswesen (Bundesministerium für Arbeit, Gesundheit und Soziales, 1997). Auch entstehen daraus neue Anforderungen an Arbeitspsychologie (Richter, 1997) und betriebliche Gesundheitsförderung (Bamberg et al., 1997; Hauptverband der österreichischen Sozialversicherungsträger, 1997; Wenzel, 1997). Präventive Ansätze zu höherer Eigenverantwortung im Gesundheitsverhalten gewinnen immer mehr an Bedeutung. Einen wesentlichen Beitrag dazu leisten Pausen am Arbeitsplatz (ÖNORM EN ISO 10075-2, 1996; Schwager & Udris, 1995, zitiert nach Frieling & Sonntag, 1999; Udris & Frese, 1988), was auch in gesetzlichen Neuerungen, speziell seit Österreichs EU-Beitritt, zum Tragen kommt. Da nach Franke (1998) aktive bzw. nach Richter und Hacker (1998) organisierte Pausengestaltung der passiven überlegen ist und nach Cakir (1981), Jacobi und Weltz (1981) aktive regelmäßige Erholungspausen vorbeugende und erholende Effekte auf psychische und physische Auswirkungen von Schreibarbeit haben, wurden die Wirkungen von unterschiedlichen Pausenprogrammen untersucht, um Empfehlungen für nachhaltige Pausengestaltung im Büro abgeben zu können. Dieser individuelle und organisatorische Ansatz (Kompier & Levi, 1995; Udris & Frese, 1999) ist als Teil von sozioökonomischen Faktoren zur betrieblichen Gesundheitsförderung zu sehen. In Anbetracht des Anstiegs vorwiegend psychischer Belastungen und Beanspruchungen, besonders durch den vermehrten Einsatz von Computern speziell im Bürobereich (Ertel et al.,1997; Steinberg, 1995), fiel die Wahl auf Büroarbeitsplätze (Bildschirm- und Belegarbeit).

Die Pausenprogramme sind im Bereich individueller und strukturverändernder Maßnahmen zur betrieblichen Gesundheitsförderung einzureihen und sollen ein Paket an Übungsfolgen darstellen, welches in weiterer Folge von den Probanden bzw. Arbeitnehmern auch eigenverantwortlich im beruflichen und privaten Bereich zur Reduktion und Prävention von Stress und körperlichen Beschwerden zur Anwendung kommen kann – als Beitrag zu einem gesundheitsförderlichen Verhältnis zwischen geistiger und körperlicher Beanspruchung, um vor allem vermehrtem Bewegungsmangel (Hacker, 1998) und steigender psychischer Beanspruchung (Kaufmann et al., 1982) vorbeugen zu können.

Gemäß Berichten von Ertel et al. (1995) bzw. Schulz und Höfert (1981) wurden Konzentrationsfähigkeit und subjektives Wohlbefinden in Abhängigkeit von unterschiedlichen Arten der Pausengestaltung untersucht: Von den psychischen Anforderungen, zu denen u. a. psychosoziale Belastungen und Beanspruchungen zählen, wird besonders Zeitdruck hervorgehoben (Ertel et al., 1995; Junghanns et al., 1998). Dieser kann zu Entspannungsschwierigkeiten nach der Arbeit, psychosomatischen Befindlichkeitsstörungen und Konzentrationsproblemen führen. Zudem wird Zeitdruck gerne mit Verzicht auf Pausen und erhöhter Konzentration kompensiert, was psychische Ermüdung und Steigerung der emotionalen Beanspruchung (Udris & Kaufmann, 1982) bzw. Beeinträchtigungen des Wohlbefindens und Leistungseinbußen (Schulz & Höfert, 1981) bedingen kann.

Die Ableitung der Hypothesen erfolgte auf Basis verschiedener Berichte und empirischer Belege aus der Literatur, die einen Einfluss von Bewegung bzw. Stressbewältigungstechniken auf Komponenten der Konzentrationsleistung (Kahapka, 1990; Stöger, 1986) und des Wohlbefindens (Abele et al., 1996; Frank, 1996; Gundlach, 1991; Haskell & Blair, 1982; Schlicht, 1995) beschreiben. Dabei kamen nach Kühlmann (1993, zitiert nach Franke, 1998) leichte muskuläre Tätigkeit bzw. Ruhe zur Kompensation von geistiger und muskulärer Ermüdung in Form von Übungen aus dem Bereich der Kinesiologie und der Progressiven Muskelentspannung nach E. Jacobson zur Anwendung. Im Speziellen wurde hier überprüft, ob die praktische Anwendung organisierter aktiver Pausen einen anderen Effekt zeigt, als herkömmliche und ob Kinesiologie oder Progressiver Muskelentspannung zu einer insgesamt verbesserten Konzentrationsleistung bzw. zu gesteigertem Wohlbefinden gegenüber der Warte- und Kontrollgruppe führt.

Folgende Überlegungen begleiteten die Auswahl der Messinstrumente (nähere Erläuterungen im folgenden Kapitel) bzw. die Festlegung der abhängigen Variablen: Büroarbeit beinhaltet Bildschirm- und Belegarbeit, weshalb die Konzentrationsleistung für Rechenaufgaben (geprüft durch den Revisionstest von Marschner und Stender, 1972) mit den Variablen „Gesamtzahl der bearbeiteten

Items" und „Fehleranzahl" und für visuelle Symbolaufgaben (getestet an Hand des Frankfurter Aufmerksamkeitsinventars „FAIR" nach Moosbrugger und Oehlschlägel, 1996) durch Werte für die „Gesamtleistung", „Qualität" und „Kontinuität" (kontinuierlich aufrecht erhaltene Konzentration) definiert wurden. Das Wohlbefinden hat nach Becker (1996) habituelle und aktuelle bzw. physische und psychische Komponenten. Das subjektive Wohlbefinden wurde in seiner habituellen Komponente mit einem Gesamtwert in der Affect Balance Scale (ABS) nach Bradburn (1969) dargestellt, in seinem aktuellen Anteil mit den Faktoren „Motivation" und „Beanspruchung" aus der Eigenzustandsskala (EZ-S) von Nitsch (1976). Da es sich nach Frank (1996) immer um ein *psychophysisches* Wohlbefinden handelt, kam auch der Fragebogen zur Erfassung des körperlichen Wohlbefindens (FAW) zur Anwendung. Mit diesem Instrumentarium wurde eine Selbsteinschätzung vorgenommen und ein Gesamtwert ermittelt.

Von den unabhängigen Variablen soll an erster Stelle die Stichprobe beschrieben werden: Es wurden männliche und weibliche Büroangestellte, die sowohl Beleg-, wie auch Bildschirmarbeit absolvierten, im Alter von 31 - 50 Jahren getestet. Um zu statistisch relevanten Daten bezüglich der Effektivität von gesundheitsfördernden Maßnahmen in Betrieben zu gelangen ist es wichtig, bei der Planung das Alter der Arbeitnehmer (Gundlach, 1991; Haskell & Blair, 1982) zu berücksichtigen. Die Destabilisierungstheorie zur Nacht- und Schichtarbeit (Cervinka, 1993; Cervinka et al., 1987; Haider et al., 1979; Haider, Cervinka, Koller und Kundi, 1986; Kundi, 1989), (siehe Kapitel 8.4.3), besagt, dass die Genese gesundheitlicher Probleme speziell in der Sensibilisierungsphase (nach 5 – 20 Jahren Schichtarbeit) auftritt. Das Durchschnittsalter der von Cervinka (1993) untersuchten Schichtarbeiter beträgt ca. 34 Jahre, deren durchschnittliche Ausübung von Schichtarbeit ca. 8 Jahre. Die Sensibilisierungsphase liegt demnach in relativ jungen Jahren. Da Stress am Arbeitsplatz als wesentlicher Faktor zur Krankheitsentstehung beiträgt, und zwar unabhängig von Auswirkungen der Schichtarbeit, sind demnach präventive gesundheitsfördernde Maßnahmen früh anzusetzen. Hingegen ist nach Schlicht (1995) bei jüngeren Menschen die Akzeptanz von Maßnahmen zur Gesundheitsförderung noch kaum gegeben. Die Altersgrenzen in der vorliegenden Studie bezogen sich deshalb auf eine Meta-Analyse bezüglich psychischer Gesundheit im Sport von Wolfgang Schlicht (1995). Daraus geht hervor, dass gesundheitsfördernde Programme erst ab einem Durchschnittsalter von 31 Jahren bei beiden Geschlechtern eine nachhaltige Wirksamkeit (z.B. eine verbesserte Stimmung durch sportliche Betätigung) zeigen.

Jede Versuchsgruppe soll mindestens 20 Personen beinhalten (Trimmel, 1997b), um zu statistisch aussagekräftigen Daten zu gelangen. Da Gundlach (1991) aber von einer hohen Dropout-Rate bei Gesundheitsförderungsprojekten berichtet, wurden ca. 150 Versuchspersonen in Betracht gezogen. Die Untersuchung war ursprünglich mit Büroangestellten einer Versicherungsanstalt bzw. Bank geplant. Da dies in den interessierten Institutionen auf organisatorische Schwierigkeiten stieß (siehe Kapitel 8.5.1) und deshalb nicht durchführbar war, wurde ein großer Produktionsbetrieb gesucht.

Eine weitere unabhängige Variable stellte der Stressfragebogen nach Kompier und Levi (1995) dar: Da unterschiedliche Belastungen am Arbeitsplatz zu unterschiedlichen Folgen führen (siehe Kapitel 5.3 bis 5.5) und es bei betrieblichen Gesundheitsförderungsprojekten wichtig ist, spezifische Arbeitsplatzmerkmale zu berücksichtigen (Cervinka, 1993; Gundlach, 1991; Haskell & Blair, 1982; Ulich, 2001), wurden zur Sicherstellung der Eindeutigkeit der Untersuchungsergebnisse alle Teilnehmer vorab einem Stresstest nach Kompier und Levi (1995) unterzogen. Mit dem Stressfragebogen wurde erfasst, ob die Probanden hinsichtlich ihrer Stressbelastung am Arbeitsplatz und in ihrer Arbeitsumgebung von nicht signifikanten Ausgangswerten gekennzeichnet sind.

Der Abschlussfragebogen als unabhängige Variable sollte in deskriptiver Weise einen Überblick über die Anwendungs- und Verbesserungsmöglichkeiten der praktizierten Gesundheitsförderungsprogramme bieten.

8.2 Beispiel eines arbeitspsychologischen Messinstrumentariums, Versuchsdesigns und angewandter Kurzpausenprogramme in der betrieblichen Gesundheitsförderung

Die nachfolgenden Tests wurden mehrmals (Parallelform bzw. unterschiedliche Item-Reihenfolge) in Papier-Bleistiftform als Gruppentests vorgegeben. Die Gesamttestzeit betrug ca. 30 Minuten. Um Störvariablen wie Versuchsleitereffekte möglichst gering zu halten (Trimmel, 1997b), erfolgten die Instruktionen nach standardisierten mündlichen bzw. schriftlichen Vorgaben aus den betreffenden Testanleitungen.

8.2.1 Messung von Stress am Arbeitsplatz

Fragebogen von Kompier & Levi

Beim Stressfragebogen nach Kompier und Levi (1995) werden Faktoren wie Stress durch Arbeitsbedingungen (z.B. bezüglich ergonomischer Bedingungen und Gefahren) und Stress am Arbeitsplatz (z.B. Arbeitsanforderungen, Entschei-

dungsbefugnis, Ermessensspielraum beim Einsatz von Fähigkeiten, Anstellungs-
bedingungen und soziale Unterstützung betreffend) sowie demografische Daten
(z.B. Geschlecht, Alter, Länge der Firmenzugehörigkeit) erhoben (siehe Anhang). Einige der Skalen sind dem Arbeitsinhaltsfragebogen von Karasek (1985,
zitiert nach Kompier & Levi, 1995) entnommen. Das Stressrisiko ist umso höher,
je höher die Gesamtzahl der aus allen Modulen erreichten Punkte ist. Die in
zufälliger Reihenfolge angeordneten Fragen werden dabei nach einem Auswertungsschlüssel den einzelnen, oben genannten Themenbereichen zugeordnet.

8.2.2 Messung der Konzentration

Da bei Konzentrationstests jede Aufgabe für die Versuchsperson leicht bearbeit-
bar sein soll, kommen kognitiv anspruchslose Aufgaben zur Anwendung. Die
Lösbarkeit dieser Beispiele durch den Probanden wurde hier in Probedurchgän-
gen unter entsprechenden Instruktionen eingeübt. Dabei herrscht die Grundannahme, dass alle Versuchspersonen zum Testbeginn über ein einheitliches
„Übungsplateau" verfügen (Westhoff & Kluck, 1984, S. 177).

Zur Messung der Konzentration wird in einem vorgegebenen Zeitrahmen eine
größere Menge an sehr ähnlichen Items vorgegeben und diese auf die Menge der
bearbeiteten Reize und der dabei auftretenden Fehleranzahl und Fehlerart überprüft (Fay & Stumpf, 1992). Da Bildschirm- und Belegarbeit eine Unterscheidung von Buchstaben, Zahlen und Symbolen voraussetzt, wurde die Konzentrationsleistung mit zwei unterschiedlichen Tests erfasst:

Frankfurter Aufmerksamkeitsinventar (FAIR)

**Abbildung 15. Bearbeitungsbeispiel aus dem Frankfurter Aufmerksam-
keitsinventar (Form A) mit den Zielitems „Kreis mit 3 Punkten" und
„Quadrat mit 2 Punkten" nach Moosbrugger & Oehlschlägel, 1996, S. 23)**

Dieser Test von Helfried Moosbrugger und Jens Oehlschlägel (1996) ist ein
neues Testverfahren zur Untersuchung des individuellen Aufmerksamkeitsverhaltens von 14 bis 72 Jahren und findet u. a. auch Anwendung in der Betriebspsychologie. „Es misst gerichtete Aufmerksamkeit als Fähigkeit zu konzentrier-
ter, d. h. genauer und schneller Diskrimination visuell ähnlicher Zeichen unter
gleichzeitiger Ausblendung aufgabenirrelevanter Information" (Testzentrale,
1996, S. 89). Sowohl eine Gruppen- als auch Einzeltestung ist möglich. Das

FAIR liegt in Paralleltestform vor und bot sich deshalb für die mehrmalige Testung der Versuchspersonen in der vorliegenden Untersuchung an. Bei der Anwendung des FAIRs sollen zwei Zielitems aus einer Menge von verschiedenen Items erkannt und markiert werden (siehe Abbildung 15).

Beim FAIR ist eine Leistungsüberschätzung durch die Markierung aller bearbeiteten Items ausgeschlossen. Bei den Durchstreichtests hingegen werden alle anderen bearbeiteten Items nicht markiert, wobei es auch ohne Konzentration zu scheinbar richtigen Ergebnissen kommen kann, welche Leistung vortäuschen („Konzentrationsleistung ohne Konzentration", Moosbrugger & Oehlschlägel, 1991, S. 1). Die reine Testdauer des FAIR beträgt 6 Minuten, die Gesamtdurchführung ca. 10 Minuten. Unter Annahme eines gesicherten Instruktionsverständnisses wurden als weitere abhängige Variablen dieser Studie folgende Aspekte des Aufmerksamkeitsverhaltens erfasst, welche hier in normierten Prozenträngen zum Ausdruck kommen (und in Stanine-Werte umgewandelt werden können):

♦ Leistungswert (Menge der konzentriert bzw. „richtig" bearbeiteten Items, ausgedrückt in standardisierten Prozenträngen)

♦ Qualitätswert (prozentualer Anteil der beurteilten Symbole, der konzentriert bearbeitet wurde)

♦ Kontinuitätswert (gibt in Prozenträngen an, ob die Konzentrationsleistung kontinuierlich aufrechterhalten werden konnte)

Revisions - Test

Dieser Leistungstest nach Dr. Günther Marschner und Dr. Berthold Stender (1972) dient der Untersuchung anhaltender Konzentration bei geistiger Arbeit unter Zeitdruck („Belastbarkeit", zitiert nach Marschner & Stender, 1972, S. 3). Das Messinstrument ist geeignet für Kinder und Jugendliche von 9;6 bis 17;5 und Erwachsene bis 75 Jahre. Es ist sowohl eine Gruppen- als auch Einzeltestung möglich. Die Anwendungsgebiete des Revisionstests liegen u. a. im Bereich der Betriebs- und Schulpsychologie. Er erfasst folgende Aspekte des Aufmerksamkeitsverhaltens, von denen die ersten beiden als abhängige Variablen für die vorliegende Studie definiert wurden:

♦ Gesamtmenge der bearbeiteten Aufgaben (Rohwerte, die mit Hilfe altersnormierter Tabellen in Standardwerte umgerechnet werden)[3]

---

[3] Da der Großteil der Versuchspersonen bei dieser Variable überdurchschnittlich hohe Rohwertsummen erreichte, für welche zum Teil in der Normierungstabelle keine entsprechenden Standardwerte mehr vorlagen, wurde mit den Rohwerten gerechnet.

♦ Fehleranzahl (Fehlerbewertung im Verhältnis zur Mengenleistung der bearbeiteten Items, ausgedrückt in Stanine-Werten von 1 bis 9)

♦ Die Verlaufsanalyse der Arbeitskurve zur qualitativen Bewertung.

Der Revisionstest besteht aus 15 Testzeilen zu je 44 Aufgaben und liegt in zwei Formen vor: Addition (Form A) bzw. Subtraktion (Form S) von Ziffern mit einstelligen Ergebnissen. Beide Formen kamen bei der vorliegenden Untersuchung zur Anwendung. Die auf den Testbögen zufällig verteilten richtigen und falschen Ergebnisse sollen jeweils unterschiedlich markiert werden (siehe Abbildung 16). Die Bearbeitungszeit pro Zeile beträgt 30 Sekunden, die reine Testzeit 7.5 Minuten (Brickenkamp, 1983; Testzentrale, 1996).

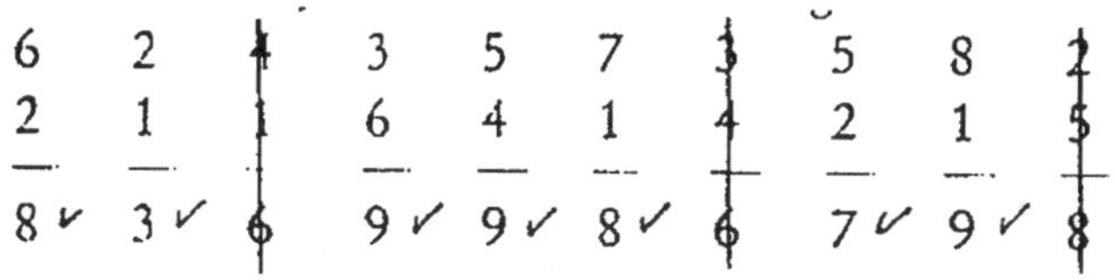

$$
\begin{array}{ccc|cccc|cccc}
6 & 2 & & 3 & 5 & 7 & & 5 & 8 & \\
\underline{2} & \underline{1} & & \underline{6} & \underline{4} & \underline{1} & & \underline{2} & \underline{1} & \\
8\,\checkmark & 3\,\checkmark & & 9\,\checkmark & 9\,\checkmark & 8\,\checkmark & & 7\,\checkmark & 9\,\checkmark &
\end{array}
$$

Abbildung 16. Bearbeitungsbeispiel des Revisionstests Form A (nach Marschner & Stender, 1972, S. 5)

8.2.3 Messung des subjektiven Wohlbefindens

Mayring (1996) empfiehlt für die Erfassung subjektiven Wohlbefindens eine Kombination verschiedener methodischer Zugänge (z.b. Selbsteinschätzung und Interview), die aber unter betrieblichen Bedingungen nur selten möglich ist (Dunckel, Zapf & Udris, 1991). Drescher (1993) betont weiters das Problem, dass konventionelle Messinstrumente vom Befragten ein übermäßig hohes Abstraktionsniveau verlangen. Kirchler und Schmidl (2000) weisen darauf hin, dass aktuelle Gedächtnisprozesse die Resultate in entscheidendem Maße beeinflussen, wodurch „... die tatsächliche emotionale Bewertung des erfragten Lebensbereiches unter- bzw. überschätzt" (S. 5) wird.

Da diese Studie während der Arbeitszeit stattfand und die Testzeit aus wirtschaftlich-organisatorischen Gründen auf ein Minimum beschränkt war, wurden hier ausschließlich Selbstbeurteilungsverfahren in Paper-Pencilform angewendet. Die Instrumente erfassen das allgemeine subjektive Wohlbefinden, das körperliche Wohlbefinden und situationsspezifische Veränderungen der Gesamtbefindlichkeit, wobei den Stimmungsausprägungen der einzelnen Items bestimmte Zahlenwerte nach einem Auswertungsschlüssel zugewiesen werden.

Affect Balance Scale (ABS)

Dieses Selbstbeurteilungsverfahren nach Bradburn (1969, zitiert nach Becker, 1996) misst das allgemeine subjektive Wohlbefinden und dient der Erfassung von positivem und negativem Befinden als Grundlage von Zufriedenheit, wobei Zufriedenheit das habituelle Wohlbefinden beschreibt (Becker, 1996). Subjektives Wohlbefinden ist demnach die Balance zwischen positiven und negativen Emotionen. Das Messinstrument ist für Erwachsene als Gruppen- und Einzeltest geeignet. Die Anwendungsgebiete der Affect Balance Scale liegen im klinischen und nicht-klinischen Bereich (Badura, Lehmann, Kaughold, Pfaff, Schott, & Waltz, 1987; Westhoff, 1993a).

Die Versuchspersonen schätzen anhand von neun Items (z.B. „Habe mich gelangweilt", „Hatte das Gefühl, dass mir alles gelingt", „War rastlos und unruhig") ihre jeweilige Stimmungshäufigkeit in der letzten Zeit an, wobei die vorgegebene Zeitspanne von einer Woche bis zu 6 Monaten reichen kann. In der vorliegenden Untersuchung wurde als weitere unabhängige Variable die Einschätzung des allgemeinen subjektiven Wohlbefindens („Stimmung") über die letzten 3 Monate festgelegt (Rohwerte für positives Befinden im Wertebereich von +1 bis +4, negatives von -1 bis –4). Hohe Werte bedeuten, dass es jemandem besser geht. Da dieser Test nur eines geringen Zeitaufwandes bedarf, speziell für große Stichproben entwickelt wurde und eine hohe Retest-Reliabilität (zwischen 0.80 und 0.97) zeigt (Mayring, 1996), wurde er hier angewendet. In Ermangelung einer Paralleltestform wurden unterschiedliche Item-Reihenfolgen zu den verschiedenen Testzeitpunkten vorgelegt.

Eigenzustandsskala nach Nitsch (EZ-S)

Hierbei handelt es sich um ein von Jürgen Nitsch (1970) entwickeltes Selbstbeurteilungsverfahren zur Erfassung situationsspezifischer Veränderungen der Gesamtbefindlichkeit. Die EZ-S ist für Erwachsene geeignet: „Mit der Eigenzustandsskala (EZ-Skala) wird ein Verfahren der Befindlichkeitsskalierung vorgestellt, das den Eigenzustand, verstanden als erlebnismäßig repräsentierte aktuelle Handlungslage einer Person, über eine Hierarchie von insgesamt 14 Binärfaktoren analysiert" (Nitsch 1976, S. 93), (siehe auch Abbildung 25). Mit diesem Messinstrument lassen sich Aussagen bezüglich Fragestellungen im Rahmen sport-, arbeits- und klinisch-psychologischer Untersuchungen treffen. Die EZ-S ist sowohl für Einzelpersonen, als auch für Gruppen geeignet. Den Versuchspersonen werden jeweils 40 Items (Form EZ-S A, siehe Anhang, bzw. EZ-S B) in Form von Eigenschaftswörtern (z.B. energiegeladen, abgehetzt, ruhig, etc., siehe Anhang) vorgelegt. Die Probanden sind aufgefordert anzukreuzen, in welchem Grad das jeweilige Item auf ihren augenblicklichen Zustand zutrifft. Die EZ-S bedarf eines relativ geringen Zeitaufwandes von ca. 6 Minuten.

Als abhängige Variablen wurden somit folgende Faktoren festgelegt:

♦ Faktor Motivation (aktuelle Handlungebereitschaft) als normierter Durchschnittswert (Stanine-Wert) über entsprechende Items (höhere Werte bedeuten höhere Motivation)

♦ Faktor Beanspruchung (nicht vorhandene aktuelle Handlungsfähigkeit) als normierter Durchschnittswert (Stanine-Wert) über entsprechende Items (höhere Werte bedeuten geringere Beanspruchung)

Fragebogen zur Erfassung des aktuellen körperlichen Wohlbefindens (FAW)

Beim FAW handelt es sich um ein relativ neues Instrument von Renate Frank (1996, Frank et al., 1995)[4] und dient als Selbstbeurteilungsverfahren zur Erfassung der körperlichen Komponenten von Wohlbefinden, wobei mögliche Einbußen der Lebensqualität, soweit sie das körperliche Wohlbefinden erfassen, nachgewiesen werden können. Sieben faktorenanalytisch ermittelte Skalen kommen dabei zur Anwendung (Westhoff, 1993a): Zufriedenheit mit dem gegenwärtigen Körperzustand, Gefühl von Ruhe und Muße, Gefühl von Vitalität und Lebensfreude, Gefühl von nachlassender Anspannung/angenehmer Müdigkeit, Genussfreude und Lustempfinden, subjektive Konzentrations- und Reaktionsfähigkeit und Gefühl von Gepflegtheit, Frische, angenehmes Hautempfinden (siehe Abbildung 24).

Der FAW ist für Erwachsene zur Gruppen- und Einzeltestung geeignet, wird im klinischen sowie nicht-klinischen Bereich verwendet und eignet sich nach Frank (1996) dazu, Befindensveränderungen, die durch Entspannungsverfahren hervorgerufen werden, abzubilden. Die 58 Items in Form von Selbstaussagen (z.B. „Ich fühle mich körperlich gesund", „Ich verspüre Tatendrang", „Ich bin rechtschaffen müde", etc.) werden von den Versuchspersonen auf einer mehrstufigen Liekert-Skala beantwortet. Der Fragebogen liegt auch in Parallelform vor. Weiters wird im FAW zu Beginn nonverbal eine allgemeine Selbstbewertung der aktuellen Stimmung anhand fröhlicher bis missmutiger Gesichter erfragt (siehe Abbildung 17).

---

[4] An dieser Stelle gilt Frau Dr. Renate Frank von der Justus Liebig Universität Gießen, Fachbereich Psychologie, besonderer Dank für die Bereitstellung der Formen A und B des FAW.

Abbildung 17. Nonverbale Selbstbewertung
der aktuellen Stimmung im FAW

Somit wurden als weitere abhängige Variablen dieser Untersuchung festgelegt:

◆ Selbsteinschätzung durch spontanes Ankreuzen von Gesichtern unterschiedlichen Stimmungsausdrucks (je niedriger der Wert, desto besser geht es der
betreffenden Person: 1 = lachendes Gesicht, 7 = trauriges Gesicht)

◆ Spontane Einschätzung des aktuellen körperlichen Wohlbefindens auf mehr-
teiliger Liekert-Skala (Gesamtrohwertsumme, je höher der Wert liegt, desto
besser geht es der betreffenden Person)

Bei Schreibarbeit, die sich sowohl körperlich, wie auch psychisch auswirkt
(Cakir, 1981; Jacobi & Weltz, 1981), wirken regelmäßige aktive Erholungspausen, wie sie in der vorliegenden Studie gestaltet wurden, vorbeugend und erholend. Da eine strikte Trennung von emotionalem und körperlichem Befinden
unmöglich und ohne jeglichen Sinn ist und psychisches Wohlbefinden eng mit
physiologischen und neurochemischen Vorgängen in Verbindung steht, es sich
also immer um ein psychophysisches Wohlbefinden handelt (Frank, 1996),
wurde hier der FAW angewendet. Die Bearbeitungszeit beträgt 5 bis 10 Minuten.

8.2.4   Abschlussfragebogen

Ulich (2001) berichtet, dass bereits 1924 Untersuchungen von Vernon, Bedford
und Wyatt bezüglich durch Kurzpausen erzielte Leistungssteigerungen durchgeführt wurden. Befunde zeigen, dass diese Leistungssteigerungen auch über längere Versuchszeiträume erhalten bleiben (Altmann & Hacker, 1968). Deshalb
fand bei diesem Projekt ca. 3 Wochen nach Abschluss der Versuchsreihe eine
Nachtestung statt. Hierbei wurde mittels einer schriftlichen Abschlussbefragung
von den Versuchspersonen jener Gruppen, die ein Gesundheitsförderungsprogramm absolvierten, eruiert,

◆ ob weitere Maßnahmen bezüglich Arbeitspausengestaltung erwünscht waren

◆ wenn ja, welche

◆ bzw. inwieweit die bereits bekannten Maßnahmen angenommen wurden

♦ wie häufig die vorgeschlagenen Programme tatsächlich durchgeführt wurden

♦ bzw. tatsächlich am Arbeitsplatz durchführbar waren

♦ wie hoch die Zufriedenheit mit den Maßnahmen war

♦ ob die Übungsprogramme weiterempfohlen wurden und

♦ welche positiven und negativen Wirkungen die Teilnehmer durch die Anwendung der Gesundheitsförderungsprogramme erlebten.

8.2.5 Testbatterien

Tabelle 27. Testbatterien für die einzelnen Messzeitpunkte

Testzeit-punkt (T)	Vorunter-suchung	T1	T1'	T2	T2'	T3	T3'
Stress-erfassung	Kompier-Levi-Test						
Konzen-trationstest		FAIR A	FAIR B	FAIR A	FAIR B	FAIR A	FAIR B
Befindlich-keitstests		EZ-S A	EZ-S B	EZ-S A	EZ-S B	EZ-S A	EZ-S B
		FAW A	FAW B	FAW A	FAW B	FAW A	FAW B
		ABS A	ABS B	ABS A	ABS B	ABS A	ABS B
Konzentra-tionstest		Rev. A	Rev. S	Rev. A	Rev. S	Rev. A	Rev. S
Abschluss-befragung						Abschluss-fragebogen	

Rev. (x) = Revisionstest Form (x), FAIR (x) = FAIR Form (x)
ABS/FAW/EZ-S (x) = ABS/FAW/EZ-S Form (x), (x) = A oder B bzw. S

Da viele Einflussfaktoren auf das Wohlbefinden – z.b. Tageszeit und Wochentag (Brandstätter, 1996) – und die Konzentrationsleistung – u. a. Wetter (Laaber, 1987) – wirken, ist es notwendig, nach Möglichkeit zur Ermittlung von Durchschnittswerten mehrmalige Testungen pro Woche vorzunehmen. Dazu eigneten sich die ausgewählten Messinstrumente durch das Vorhandensein von parallelen Testformen, beziehungsweise wurden bei jenen Verfahren, die keine Parallelformen aufweisen, unterschiedliche Itemreihenfolgen vorgegeben. Tabelle 27 zeigt die Zusammenstellung und Reihenfolge der Messinstrumente, wobei der Revisionstest mit seinen Rechenaufgaben nach Marschner und Stender (1972) am Ende platziert wurde, da eine besondere Drucksituation entsteht und somit negative Nachwirkungen auf nachfolgende Testergebnisse vermieden werden sollten. Deshalb wurden auch die Tests zum aktuellen subjektiven Wohlbefinden vorangestellt und, um nicht beide Konzentrationstests unmittelbar hintereinander vorzulegen, das FAIR an den Beginn gelegt. Die Gesamtdauer eines Durchganges betrug inklusive Instruktionen ca. 30 Minuten.

8.2.6   Versuchsdesign

In der vorliegenden Untersuchung kamen organisierte (Richter & Hacker, 1998) und aktive (Franke, 1998) Kurzpausen zur Anwendung, da diese größere Effekte bezüglich Erholung, Wohlbefinden und Leistungssteigerung bewirken als selbstgewählte und unstrukturierte (Altmann & Hacker, 1968; Grandjean, 1991; Hacker & Richter, 1984; Ulich, 2001). Wie aus der Literatur hervorgeht und in Kapitel 6.2.2 beschrieben, ist ein System von mehreren Kurzpausen gegenüber weniger, aber längeren Ruhephasen ebenfalls günstiger (Altmann & Hacker, 1968; Hacker, 1998; Lehmann, 1954, 1963; Rutenfranz et al., 1993). Zur optimalen Nutzung der Kurzpauseneffekte sollten auch die Bedingungen für geistige Tätigkeiten nach Hacker (1998) berücksichtigt werden: Die systematische Durchführung mit täglich fixen Zeiten und Rhythmen wurde bei einer Arbeitszeit von 8 - 17 Uhr in einem zweistündigen Rhythmus eingehalten, indem die Pausen – eine einstündige Mittagspause wurde als eigenständige Pause berücksichtigt – um 10 Uhr vormittags und 15 Uhr nachmittags mit einer Länge von ca. 10 Minuten, gemäß ArbeitnehmerInnenschutzgesetz (siehe Kapitel 3.1), angesetzt waren. Dies berücksichtigte die aus Abbildung 8 (S. 75) ersichtliche kurvenförmige, physiologische Leistungsbereitschaft des menschlichen Organismus (Altmann & Hacker, 1968) durch Aktivierung im Vormittags- und Nachmittagstief (Frank, 1998) wie auch die Forderung einer Mindestdauer von 3 - 5 Minuten für Kurzpausen bei kognitiven Anforderungen (Richter & Hacker, 1998). Die Bewegungs- und Entspannungsprogramme sollten eine Möglichkeit zur Kompensation der Anforderungen am Büro- bzw. Bildschirmarbeitsplatz bieten.

Da aus empirischen Untersuchungen (siehe Kapitel 6.3) hervorgeht, dass kinesiologische Übungen (Kahapka, 1990) und Progressive Muskelentspannung (Stöger, 1986) eine Veränderung von Konzentrationsvariablen bewirken und über einen längeren Zeitraum ausgeübte gymnastische Übungen das psychische und physische Wohlbefinden steigern (Schlicht, 1995) sowie eine Verringerung der Fehlerhäufigkeit in der Konzentrationsleistung herbeiführen (Kahapka, 1990), praktizierten die Teilnehmer der ersten Versuchsgruppe (VG1) kinesiologische Übungen, während die Probanden der zweiten Gruppe (VG2) eine Kurzform der Progressiven Muskelentspannung absolvierten. Die Wartegruppe (VG3) wurde auf eine spätere Teilnahme vertröstet. Damit wurde kontrolliert, ob bereits die in Aussicht gestellte Teilnahme am Gesundheitsförderungsprogramm eine Auswirkung im Sinne der Hypothesen auf die Probanden bewirkte und ein eventuell auftretender Hawthorne-Effekt (Brüning et al., 1988; Fröhlich, 1987; Sperling, 1983; Ulich, 2001; Weinert, 1987) überprüft. Die Versuchspersonen wurden den experimentellen Bedingungen zufällig per Los zugewiesen. Die Personen, welche die Gesundheitsförderungsprogramme absolvierten, wurden durch „Pausenmanager" motiviert und übten in Gruppen, um die Gelegenheit für zwischenmenschliche Beziehungen (Warr, 1995) zu fördern.

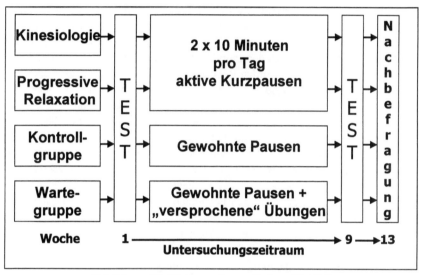

Abbildung 18. Untersuchungsdesign (N=104)

Getestet wurde vor und nach dem Übungszeitraum, um Veränderungen im Zeitverlauf nachweisen zu können. Um Störfaktoren wie unterschiedliche Befindlichkeit an verschiedenen Wochentagen, Tagesschwankungen und Wettereinflüsse (Brandstätter, 1996; Laaber, 1987) vorzubeugen, wurde jeweils Dienstag und Donnerstag immer zur selben Tageszeit getestet. Da von Altmann und Hacker (1968) bzw. Ulich (2001) beschriebene Ergebnisse zeigten, dass durch Kurzpausen erzielte Leistungssteigerungen auch über längere Versuchszeiträume erhalten bleiben, fand 3 Wochen nach Abschluss der Versuchsreihe eine Nachtestung statt. Hierbei wurde gemäß Büchner und Schröer (1996, zitiert nach Frieling & Sonntag, 1999) auch mittels schriftlicher Befragung eruiert, ob weitere Maßnahmen bezüglich Arbeitspausengestaltung erwünscht waren, und wenn ja, welche, bzw. inwieweit die bereits bekannten Maßnahmen angenommen und eventuell auch in die Freizeit übernommen wurden.

Die Treatmentdauer bei gesundheitsfördernden Maßnahmen sollte nach Schlicht (1995) mindestens 4 bis 6 Wochen betragen, um nachweisbare Effekte zu erzielen und wurde mit 7 Wochen festgesetzt. Das Untersuchungsdesign ist aus Abbildung 18 ersichtlich.

8.2.7 Angewandte Gesundheitsförderungsprogramme

Die vorliegende Studie beschäftigte sich im Rahmen strukturierter Pausengestaltung als Maßnahme zur Änderung der Arbeitsbedingungen (Ulich, 2001) mit Stressmanagement-Trainings, welche nach Kompier und Levi (1995), Udris (1981) und Wenzel (1999) zu den individuellen Maßnahmen der Stressreduktion am Arbeitsplatz zählen. Es wurden Bewegungs- und Entspannungsmethoden auf Basis bereits in vorangehenden Kapiteln erwähnter empirischer Befunde und Literaturbelege, die Wirkungen auf Konzentrationsleistung und subjektives Wohlbefinden beschreiben, ausgewählt. Nach Richter und Hacker (1998) ist ein Leistungsanstieg nach Pausen umso umfangreicher, „... je mehr die Pausentätigkeit eine Kompensation der Arbeitsanforderungen ermöglicht" (S. 103). Um Belastungs- und Beanspruchungsfolgen am Büro- bzw. Bildschirmarbeitsplatz auszugleichen, wurden deshalb in der vorliegenden Studie Übungsprogramme mit verschiedenen Bewegungen und Positionen zusammengestellt. Bei der Auswahl der Übungen wurde auf einen in allen Gruppen gleichen Zeitaufwand geachtet. Die Übungen und ihre Wirkungen wurden bereits im Kapitel 6.3 beschrieben. Davon kamen die Pausenprogramme „Kinesiologie" und „Progressive Muskelentspannung" zur Anwendung.

8.3 Konzentrationsleistung

8.3.1 Begriffsklärung und Definition von Aufmerksamkeit und Konzentration

Die Begriffe Konzentrationsleistung und Aufmerksamkeit werden sowohl synonym wie auch in unterschiedlichsten Über- und Unterordnungsverhältnissen verwendet (Leitner, 1998; Rollett, 1993), doch ist es bislang in der differentiellen Psychologie zu keiner einheitlichen Definition gekommen (Fay & Stumpf, 1992; Moosbrugger & Oehlschlägel, 1996). Infolgedessen werden auch Tests zur Messung der Konzentration unterschiedlichst bezeichnet. Um dennoch eine möglichst genaue Begriffseingrenzung zu erzielen, sollen an dieser Stelle die gängigsten Aufmerksamkeits- und Konzentrationsdefinitionen aufgezeigt werden.

Merkmale des Begriffs Aufmerksamkeit

Unter Aufmerksamkeit wird bei Imhof (1995) ein Prozess verstanden, der verhaltensrelevante externe oder interne Informationen selektiert. Sämtliche sensorischen Reize – auch aus der Körperperipherie – zählen dabei zu den externen Informationen, interne Informationen wie Kognitionen, Emotionen oder Motive werden vom Individuum situativ aktualisiert. Imhof führt folgende drei Aspekte der Aufmerksamkeit an (siehe Tabelle 28):

Tabelle 28. Drei Aspekte der Aufmerksamkeit

Kapazität	Energetische Aktivation	Strukturierung
... entspricht der Quantität der Informationen, die zugleich verhaltensrelevant verarbeitet werden können.	... zeigt, dass Aufmerksamkeit nicht beliebig lange aufrecht erhalten werden kann.	Aufmerksamkeit bedeutet Hinwendung zu einer Informationsquelle und damit Nichtbeachtung anderer Informationsquellen. Dennoch sind Mehrfachtätigkeiten durch die Teilung der Aufmerksamkeit möglich.

Die sozial-kognitive Lerntheorie (Bandura, 1979) besagt, dass die Zuwendung von Aufmerksamkeit ausschlaggebend ist, damit eine Information verhaltensrelevant wird.

Merkmale des Begriffs Konzentration

Einer der Pioniere der amerikanischen Psychologie, William James (1890, zitiert nach Leitner, 1998), unterstreicht in seiner Lerntheorie mit dem Begriff „attention" den Aspekt von Bewusstheit und Zielgerichtetheit bei der Selektion. Nach Imhof (1995) wäre die angemessene deutsche Übersetzung für den Begriff „attention" an dieser Stelle „Konzentration", da diese ein subjektiv bewusstes Verhalten darstellt, welches von einer Person initiiert und mit bestimmten Erwartungen verknüpft wird. Weiters kann z.B. auf Nachfrage Auskunft über dieses bewusst erlebbare Verhalten gegeben werden. Außerdem kann eine Konzentrationsleistung durch die Regulation der kortikalen Aktivierung über längere Zeit aufrecht erhalten und deshalb – bzw. auch auf Grund anderer gleichzeitig ablaufender Hilfsprozesse – subjektiv als anstrengend erlebt werden.

Auch Mierke (1957, zitiert nach Beckmann & Strang, 1993) versteht unter Konzentration „... eine Sonder- und Höchstform der willkürlichen und fixierenden

Aufmerksamkeit" (S. 103). Nach Bartenwerfer (1983) sollen Tests, die die Konzentrationsfähigkeit messen, die Fähigkeit erfassen, „... eine der richtigen Aufgabenlösung dienende angemessene 'innere Grundlage' zu schaffen und über die erforderliche Zeit hinweg aufrechtzuerhalten" (S. 485). Diese Fähigkeit der gerichteten Aufmerksamkeit ist die Basis für die allgemeine Leistungsfähigkeit wie auch für spezielle Fähigkeiten, zum Beispiel herkömmliche Intelligenzfaktoren. Unter Konzentrationsfähigkeit soll nach Brickenkamp & Karl (1986) das Vermögen eines Individuums, „... sich bestimmten, (aufgaben-) relevanten internen oder externen Reizen selektiv, d.h. unter Abschirmung gegenüber irrelevanten Stimuli, ununterbrochen zuzuwenden und diese schnell und korrekt zu analysieren" (S.195) verstanden werden.

Aufmerksamkeit ist nach Imhof (1995) durch eine allgemeine Bereitschaft zur Informationsaufnahme gekennzeichnet, während sich Konzentrationsleistungen durch eine Fokussierung auf eine begrenzte Anzahl von Informationen auszeichnen. Der Begriff der Aufmerksamkeit soll einen Oberbegriff für Konzentrations- und Vigilanzkonzepte darstellen, da in zahlreichen Konzentrationstests die Leistung faktoriell weitgehend unabhängig ist von anderen Aufmerksamkeits- (Vigilanz)-Leistungen (Brickenkamp, 1981).

Modelle zur Unterscheidung von Aufmerksamkeit und Konzentration

Im **allgemeinen Modell nach Berg** (1991a) werden verschiedene Formen von Aufmerksamkeit und Konzentration in Abhängigkeit von personalen Regulationsprozessen, den zu verarbeitenden Inhalten und Verhalten, das der Erreichung von Handlungszielen dient, definiert. Diese drei Bereiche beeinflussen einander wechselseitig (siehe Abbildung 19). Berg hält fest, dass „... Konzentration stets mit einer Intention zur Reizselektion verbunden ist" (S. 45). Diese Intention richtet sich auf Reizausblendung – z.B. bei mentalen Entspannungstechniken – oder auf Reizaufnahme. Man kann zwar auf nicht vorhandene oder nicht erwartete Reize aufmerksam sein, sich aber nicht auf diese konzentrieren, da keine Intentionsbildung vorangeht. Auf der Inhaltsebene werden Reize nach visuellen, akustischen, motorischen und kognitiven Modalitäten eingeteilt, andererseits sind Homogenität und Reizdichte ausschlaggebend. Untersuchungen von Berg (1991b) und Westhoff (1985) dazu belegen, dass Konzentration kein einheitliches Konstrukt ist (siehe auch Kapitel 8.3.4). Z.B. kann demnach nicht aus der Prüfung der visuellen Konzentration auf die akustische Dimension generalisiert werden. Auf der Verhaltensebene hängt es von der Komplexität der erforderlichen Reaktionen ab, ob es sich um Aufmerksamkeit oder Konzentration handelt.

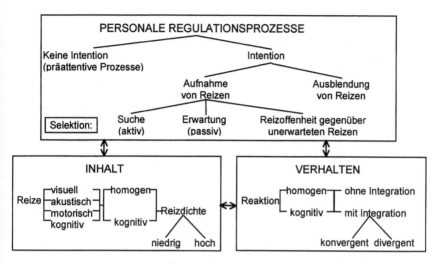

Abbildung 19. Modell zur Unterscheidung verschiedener Arten der Aufmerksamkeit und Konzentration (nach Berg, 1991a, S. 44)

In ihrer **Erweiterung von Bergs allgemeinem Modell** schlägt **Imhof** (1995) bei konzentriertem Verhalten eine Differenzierung in einen Inputaspekt bei Konzentrationsaufnahme und einen Outputaspekt bei Handlungsausführung vor. Beim Inputaspekt (siehe Abbildung 20) bezeichnet Imhof die Reizmodalitäten neu, beim Outputaspekt (siehe Abbildung 21) bestimmt sie die Modalitäten neu und überträgt sie in ein eigenes Schema. Imhof führt einen dynamischen Aspekt mit drei Dimensionen ein, zwischen denen sich Aufmerksamkeit und Konzentration bewegen und zeigt den Zusammenhang mit der Komplexität der erforderlichen Verarbeitung: die Anforderungen verschieben sich kontinuierlich auf den drei Dimensionen, bis ein Mindestwert erreicht ist. Erst dann findet ein qualitativer Sprung von Aufmerksamkeit zu Konzentration statt. Demnach definiert Imhof (1995) Konzentration folgendermaßen: „... wenn der Vollzug der entsprechenden Tätigkeit eine hohe Beanspruchung darstellt, wenn die Tätigkeit selbstinitiiert und kontrollbedürftig ist und als intentionale Aktion angesehen werden kann. Gering beanspruchende Tätigkeiten, die vorwiegend reizgesteuert, automatisiert als mechanische Reaktion ablaufen, erfordern eher Aufmerksamkeit" (S. 58).

geringe - erforderliche Komplexität der Verarbeitung - hohe		
Reizmodalität	**singulär - orientierend**	**holistisch - synthetisch**	**analytisch - integrativ**
optisch / visuell	Lichtreize	Bilder	Texte, symbolische Sets
akustisch / auditiv	Signalton	Geräusche, Musik	Diskussionen, Gespräche
taktil / kinästhetisch	taktiles Signal	propriozeptive Rückmeldungen	Bewegungsmodell
Ikonisch repräsentional	Diffuse Emotionen und Motivationen	wandernde Gedanken	komplexe kognitive Operationen

	Dynamischer Aspekt:	
Objektsteuerung geringe Aktiviertheit geringe Selektivität AUFMERKSAMKEIT	← — → ← — → ← — → — ‖→	personale Regulation hohe Aktiviertheit hohe Selektivität KONZENTRATION

Abbildung 20. Zusammenhang zwischen Modalität der Reizinformation, Komplexität der erforderlichen Verarbeitung und dynamischem Aspekt von Aufmerksamkeit und Konzentration beim Input (nach Imhof, 1995, S. 55)

8.3.2 Theorien der Aufmerksamkeit und Konzentration

U. a. halten Eysenck (1982), Imhof (1995) und Pashler (1998) fest, dass bislang keine der Theorien zur Aufmerksamkeit und Konzentration, gegliedert in Struktur- und Prozessmodelle (Leitner, 1998), einen Anspruch auf Vollständigkeit bzw. absolute Gültigkeit besitzt. Bei Strukturmodellen, unterteilt in Filter-, Kapazitäts- und Ressourcenmodelle, handelt es sich um Theorien über die Bedingungen, unter welchen sich Strukturen der Informationsverarbeitung ändern. Prozessmodelle haben die Initiierung und den Verlauf von Aufmerksamkeit und Konzentration zum Thema. Dabei werden auch Handlungskontext und möglicherweise verfolgte Ziele mit einbezogen. Zu den Prozessmodellen zählen das Akku-Modell der Konzentration nach Westhoff (1991), das „4+1" Instanzenmodell nach Reulecke (1991) und das Verinnerlichungsmodell von Aufmerksamkeit und Konzentration nach Galperin (1973a, 1973b, 1976, 1979, zitiert nach Rollett, 1993).

Modalität der Handlung	geringe - erforderliche konstruierte Eigentätigkeit - hohe		
	reflektorisch	assoziativ	komplex konstruierend
repräsentational	spontane Begriffserkennung	Visualisierungen im Kurzzeitspeicher	Nachdenken, Problemlösen
aktional	Orientierungsreaktion	spontane Ausführung einer Teilhandlung	komplexe Bewegungen
verbal	Spontanantwort	mechanische Wiedergabe	Schreiben, Sprechen

Objektsteuerung geringe Aktiviertheit geringe Selektivität AUFMERKSAMKEIT	Dynamischer Aspekt: ◄──────────► ◄──────────► ◄──────────► ─────────╫─►	personale Regulation hohe Aktiviertheit hohe Selektivität KONZENTRATION

Abbildung 21. Zusammenhang zwischen Modalität und Reizinformation, Komplexität der erforderlichen Verarbeitung und dynamischem Aspekt von Aufmerksamkeit und Konzentration beim Output (nach Imhof, 1995, S. 57)

Strukturmodelle der Aufmerksamkeit und Konzentration

Filtermodelle

Ihnen allen ist gemeinsam, dass Informationen einen Flaschenhals, einen sogenannten „bottleneck", passieren, der sich bei den in dieser Studie angeführten Modellen jeweils an einer anderen Stelle befindet.

Broadbent (1958, zitiert nach Leitner, 1998) beschreibt in seinem **Filtermodell** eine begrenzte Kapazität im menschlichen Wahrnehmungssystem. Deshalb werden eingelangte Reize nach Kriterien wie Neuheit, biologische Bedeutsamkeit, Intensität, Tonhöhe, Lautstärke und räumliche Anordnung selektiert. Während die ausgefilterten relevanten Reize zur Verarbeitung weitergeleitet werden, bleiben andere dabei unbeachtet (siehe Abbildung 22): auf die Sinnesorgane treffen Reize, welche die Sinnesrezeptoren anregen. Von hier werden die Informationen in ein Kurzspeichersystem (short term store) weitergeleitet und dort für wenige Sekunden bis zur Weiterverarbeitung gespeichert oder aber bis sie verfallen. Im selektiven Filter (selective filter) kommt es zur Einteilung und Verarbeitung der

Informationen nach verschiedenen Ursprungskanälen. Die zum jeweiligen Kanal gehörigen Informationen werden in den Kanal begrenzter Kapazität (limited capacity channel) weitergegeben. Bei späterer Ausführung einer Reaktion kann die Information aus dem Kanal mit begrenzter Kapazität wieder in den Kurzzeitspeicher rückgeleitet werden. Informationen, die den Kanal mit begrenzter Kapazität passieren, können in das Langzeitgedächtnis (store of conditional probabilities of past events) gelangen oder der Reaktionsauswahl (system for varying output until some input is secured) dienen. Von dort werden die Effektoren (effectors) angesprochen.

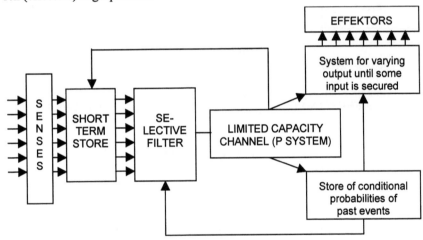

Abbildung 22. Filtermodell von Broadbent (nach Leitner, 1998, S. 23)

Das **Verdünnungsmodell von Treismann** (1964) ähnelt dem Filtermodell sehr, indem eine frühe Reiztrennung stattfindet, wobei aber die Input-Botschaften unterschiedlichen Analysen unterzogen werden: von einer ersten Unterscheidung nach sensorischen oder physikalischen Reizmerkmalen bis zu einer späteren Differenzierung zwischen spezifischen Lauten, Wörtern, Grammatik und Bedeutung. Bei einer Unterscheidung von Kanälen in physikalischen Merkmalen ist schon nach einem frühen Test eine Trennung möglich: diese erfolgt, indem der irrelevante Kanal „verdünnt" wird, was eine spätere Störung bei der Reizverarbeitung ausschließt.

Beim **Selektions-Prozess-Modell nach Deutsch und Deutsch** (1963) erfolgt die Reizselektion erst spät, nämlich kurz vor dem Einsetzen der Reaktion. Im **modifizierten Selektions-Prozess-Modell von Norman** (1973) werden zwei weitere Steuermechanismen eingeführt: zuerst aktiviert der sensorische Reiz-Input das

Langzeitgedächtnis, wodurch entsprechende Reaktionen abgerufen werden können. Weiters sind in einem Verstärkermechanismus Reizmuster gespeichert, welche für das Individuum von besonderer Bedeutung sind. Hier, im zweiten Mechanismus, werden die einlangenden Reize nach ihrer Bedeutung abgeglichen und es kommt somit zur Entscheidung über eine Weiterverarbeitung der Reize.

Kapazitätsmodelle

Im **Modell der zentralen Kapazität nach Kahnemann** (1973, zitiert nach Imhof, 1995) besteht die Annahme einer begrenzten, intra- und interindividuell variierenden Verarbeitungskapazität des Menschen. Sie wird beeinflusst durch momentane emotionale und motivationale Faktoren wie Ärger, Ängstlichkeit, Motivation, körperliche Anstrengung, intensive Stimulation und Drogeneinwirkung. Diese Faktoren wie auch die Aufgabenschwierigkeit, habituelle Dispositionen und aktuelle Intentionen verändern die aktuelle Aktiviertheit und somit auch die Zuteilung der Kapazität auf einzelne Aktivitäten.

Die **Theorie der zentralen Kapazität nach Norman und Bobrow** (1975) unterscheidet datenbegrenzte (data-limited) Prozesse, bei welchen die Reizverarbeitung durch die Reizqualität beschränkt ist, von ressourcenbeschränkten (resource-limited) Prozessen, bei denen durch zusätzliche geistige Anstrengung Steigerungen in der Leistung möglich sind.

Im **Modell der automatischen und der kontrollierten Informationsverarbeitung nach Shiffrin und Schneider** (1977) wird von einer begrenzten Aufmerksamkeitskapazität ausgegangen, welche auf die Aufgaben verteilt wird. Dabei unterscheidet sich die automatische, schwer veränderbare bzw. schwer unterdrückbare Verarbeitung der Informationen von der kontrollierten, flexibleren und anpassungsfähigeren: Aufgaben, deren Erledigung durch automatische Verarbeitung möglich ist, können nebeneinander ausgeführt werden, da gespeicherte Verarbeitungsroutinen aus dem Langzeitgedächtnis – ohne Verwendung der begrenzten Ressourcen des Kurzzeitgedächtnisses – abgerufen werden. Aufgaben, die der kontrollierten Informationsverarbeitung bedürfen, werden seriell verarbeitet, nämlich hauptsächlich im Kurzzeitgedächtnis, da im Langzeitgedächtnis noch keine Verarbeitungsroutinen vorhanden sind. Erst durch den Einsatz von begrenzter Kapazität werden dann die passenden Strategien gebildet.

Ressourcenmodelle

Navon und Gopher (1979) gehen in ihrem **Modell der multiplen Ressourcen** von der Annahme aus, dass zu lösende Aufgaben nicht von einer zentralen Kapazität, sondern von unterschiedlichen Kapazitäten versorgt werden. Die Anzahl und Art der eingesetzten Ressourcen ist dabei abhängig von der Beschaffenheit der Aufgabe, den Reizqualitäten und dem Leistungsniveau, das erreicht werden soll und insofern erreicht werden kann, solange die Anforderungen nicht die verfügbaren Ressourcen überschreiten. Für die Beanspruchung dieser Kapazitäten gibt es bei der simultanen Ausführung von zwei Aufgaben drei Möglichkeiten: bei Beanspruchung derselben Ressourcen nimmt die Leistung in der einen Aufgabe konstant in dem Ausmaß ab, in welchem die Leistung in der anderen zunimmt. Beanspruchen beide Aufgaben unterschiedliche Ressourcen, da ihre Leistungsveränderung voneinander unabhängig ist, erfolgt kein Austausch der Kapazitäten.

Die zuletzt genannte Variante entspricht am ehesten der Situation von Doppelaufgaben: werden zwei inkompatible Tätigkeiten unter Beanspruchung gemeinsamer Ressourcen nebeneinander ausgeführt, wird in beiden Aufgaben weniger Leistung erbracht, als bei der Ausführung nur einer einzigen Aufgabe erbracht würde. Hier sprechen Navon und Gopher (1979) von „concurrence cost". Als Beispiel sei die Problematik beim gleichzeitigen Ausführen von zwei rhythmisch unterschiedlichen Tätigkeiten wie Walzersingen und Tangotanzen angeführt. Im Gegensatz dazu sprechen Navon und Gopher (1979) von „concurrence benefit", einer Leistungssteigerung bei der Verbindung zweier Aufgaben, wenn dabei das Leistungsniveau einer Aufgabe höher ist als es bei deren Einzeldurchführung möglich wäre. Dies zeigt sich z.B. in der leichteren Erinnerbarkeit von Liedtexten, wenn die entsprechende Melodie dazu gesummt wird.

Friedman und Polson (1981) erweitern in ihrem **Modell der Großhirnhemisphären** das Modell von Navon und Gopher (1979), indem sie die beiden Großhirnhemisphären als spezifische, unabhängig voneinander einsetzbare Ressourcen betrachten, die nicht austauschbar sind.

Prozessmodelle der Aufmerksamkeit und Konzentration

Galperin (1973a, 1973b, 1979, zitiert nach Rollett, 1993) entwickelte das **Verinnerlichungsmodell von Aufmerksamkeit und Konzentration**. In dieser Aufmerksamkeitstheorie zählen fehlerhaft ausgebildete Steuerprozesse zu den Hauptursachen von Störungen bei Aufmerksamkeit und Konzentration. Erst wenn Lösungsschritte verinnerlicht werden, kann eine Problemlösung den Aufbau kognitiver Verarbeitungsstrukturen bewirken. Dies bezeichnet Galperin als Arbeitshandlung. Dabei aufgebaute Aufmerksamkeit als Kontrollhandlung, die etappenweise und parallel zur Arbeitshandlung erfolgt, dient dem fehlerfreien Ablauf der einzelnen Lösungsschritte.

In seinem **„4+1" Instanzenmodell** beschreibt **Reulecke** (1981) Konzentration als eine willentliche energetische Mobilisierung eines bestimmten Funktionsablaufes, die ein Individuum in einen besonderen Leistungszustand verbunden mit Präzisionssteigerung versetzt. Eine Zentralinstanz steht relativ lose mit dem primären System, bestehend aus weiteren vier Instanzen, in Verbindung. Diese vier Instanzen sind für Funktionsweisen des Wahrnehmens, Erinnerns, Verarbeitens und Ausführens zuständig. Das primäre System arbeitet relativ eigenständig, ist andauernd im Einsatz und benötigt daher ständige Energiezufuhr. Dieser Zustand wird aber meist nicht als anstrengend erlebt.

In seinem **Akku-Modell der Konzentration** erklärt **Westhoff** (1991) Höhe, Belastbarkeit, Schwankungen und Fehler der menschlichen Konzentrationsfähigkeit. Konzentration ist nach Westhoff ein zentraler Koordinationsmechanismus ähnlich dem Akku einer Kamera, mit dessen Hilfe der Mensch bewusst und absichtsvoll Aktionsmuster koordiniert und mit Energie versorgt. Es gibt unterschiedliche Akkus und die jeweilige Akkustärke zeigt sich an der Ermüdung bzw. an der Länge der Erholungspausen. Diese Akkus versorgen gleichzeitig mehrere Aktionsmuster mit Energie, wobei die Energien in den einzelnen Aktionsmustern verschieden hoch sein können. Dies erklärt – umgelegt auf den Mechanismus der Konzentration – Schwankungen und unterschiedliche Stärken der Konzentrationsfähigkeit. Versorgt der Akku die falschen Aktionsmuster oder diese mit zuwenig Energie, kommt es zu Fehlern. Analog dazu kommt es zu Konzentrationsfehlern. Zur Belastbarkeit der Konzentration schreibt Westhoff (1991): „Je länger ein Individuum bei gleicher Geschwindigkeit und möglichst wenig Fehlern arbeiten kann, umso belastbarer ist seine Konzentration" (S. 49).

8.3.3 Neuropsychologische Aspekte von Aufmerksamkeit und Konzentration

Aktivierung

Schon Ebbinghaus (1919, zitiert nach Leitner, 1998) und Henning (1925, zitiert nach Leitner, 1998) wiesen darauf hin, dass Aufmerksamkeit mit einer Sensibilitätssteigerung von Teilen des Gehirns und Nervensystems zusammenhängt. Nach der verallgemeinerten **Aktivierungstheorie von Guttmann** (1982) werden die Auswirkungen der Bewusstseinslage, Emotion und Motivation mit dem Begriff Aktivierung bezeichnet. Unspezifische Bewusstseinsprozesse, die alle psychischen Aktivitäten wie z.B. Wahrnehmung, Vorstellung oder Handlung begleiten und diesen eine spezifische Tönung verleihen, stellen die sogenannte Hintergrundaktivität dar: „Derselbe Wahrnehmungsinhalt kann mit voller Konzentration und Aufmerksamkeit erlebt werden oder am Rande des Bewusstseins liegen" (Guttmann, 1982, S. 306). Die jeweilige Bewusstseinslage wird von einer kleinen Region im Stammhirn, der formatio retikularis, gesteuert. Ihre Aktivität bestimmt den Wachheitszustand eines Individuums, von tiefster Bewusstlosigkeit bis zu höchster Zuwendung an Aufmerksamkeit: wird die Erregung gesteigert, nimmt das Aktivierungsniveau zu (siehe auch Kapitel 6.1.3).

Bereits kleinste Aktivierungsschwankungen im Wachzustand sind für die aktuelle Informationsverarbeitung bedeutsam und im Elektroenzephalogramm (EEG) an spontanen Frequenz- und Amplitudenänderungen erkennbar (Guttmann, 1982). Zeigen an der Schädeldecke angebrachte Elektroden, über die ständige Spannungsschwankungen im darunter liegenden Cortexareal abgeleitet werden, hohe Amplituden und niedrige Frequenz, bedeutet das ein niedriges Aktivierungsniveau, während geringe Amplituden, gekoppelt mit hoher Frequenz, einen Aktivierungsanstieg im EEG zeigen.

Zusammenhang zwischen Aktivierungsniveau und Leistungsfähigkeit
Zusammenhänge zwischen Aktivierung und Leistung wurden bereits in Kapitel 6.1.4 dargestellt. Wie Alltagerfahrungen zeigen, ist zu hohe Aktivierung eine Leistungsbremse, während ein mittleres Aktivierungsniveau bis zu einem kritischen, mittleren Bereich die Leistung positiv beeinflussen kann (Guttmann, 1990): es besteht eine **umgekehrt U-förmige Beziehung** zwischen Aktivierung und Leistung, wobei jeder Mensch ein individuelles Ausgangsniveau besitzt. Das erklärt die unterschiedliche Leistungsfähigkeit verschiedener Menschen unter Belastung.

Die Alpha-Wellen, mit kleiner Amplitude und hoher Frequenz charakteristisch für den entspannten Wachzustand, sind die mit größtem Interesse beforschten Verlaufsformen des EEG. Trimmel (1990) beschreibt, dass sowohl Auftreten wie Verschwinden derselben mit Aufmerksamkeitsprozessen bzw. mit dem aktuellen Aktivierungsniveau gekoppelt ist. Es besteht also ein Zusammenhang zwischen Gleichspannungsänderung und Leistung: Bessere Lernleistungen lassen sich bei bestimmten hirnelektrischen Zustandsbildern, nämlich im Zustand der **Dechronisation**, Alpha-Blockade genannt und die Verschiebung der gemittelten kortikalen Gleichspannungspotentiale (DC-Potentiale) in den depolarisierten oder negativierten Bereich bezeichnend, erzielen (Guttmann, 1982). Schon kleinste Schwankungen der DC-Potentiale bestimmen somit stark die menschliche Leistungsfähigkeit: Bei kortikaler Negativierung ist die Lernleistung um 23 % höher als in Phasen kortikaler Positivierung. Guttmann zeigte weiters in Experimenten, dass DC-Potentiale bei geeigneter Rückmeldung sogar vom Menschen aktiv kontrolliert und in eine bestimmte Richtung verschiebbar sind. Ein lernbereiter Zustand kann also willentlich herbeigeführt werden: Man spricht bei solchen Verfahren, bei denen Individuen die Möglichkeit bekommen, eine Reihe nicht bewusster biologischer Prozesse und Veränderungen im Körper (z.B. Gehirnwellen, Blutdruck, Pulsschlag, uvm.) mittels technischer Vorrichtungen durch Licht-signale oder Töne sichtbar und kontrollierbar zu machen, von Biofeedback (Fröhlich, 1987). In einem Biofeedback-Experiment von Trimmel, Groll-Knapp, Sammer, Ganglberger und Haider (1985) konnte bestätigt werden, dass sich Personen mit unterschiedlicher Konzentrationsleistung darin unterscheiden, dass sie eine unterschiedliche starke Fähigkeit zur Selbstkontrolle des DC-Potentials besitzen. Weiters zeigte Trimmel (1990) in einem Experiment, dass die Atmung ein geeignetes Instrument darstellt, die kortikale Gleichspannung willentlich zu beeinflussen und somit eine Steuerung der Aktivierung vorzunehmen. Auch Veränderungen der Muskelspannung können Verschiebungen des DC-Potentials bewirken (Guttmann, 1990).

8.3.4 Übbarkeit konzentrierten Arbeitens

Tempo konzentrierten Arbeitens

Nach Westhoff (1985) bestimmt die Geübtheit von Probanden in Konzentrati-onsaufgaben das Tempo und die Fehlerfreiheit der gelösten Aufgaben mit: Empi-rische Untersuchungen (Düker & Lienert, 1965, zitiert nach Westhoff, 1993b), wie auch Brickenkamp (1981) in seiner Handanweisung zum Durchstreichtest d2 zur Erfassung der Konzentrationsleistung, berichten von einer übungsbedingten Temposteigerung von etwa 25 % zwischen der ersten und zweiten Testung. Westhoff (1985) stellte in ähnlichen Durchstreich-Konzentrationstests eine Tem-posteigerung um 15 % (GZ – Geschwindigkeit über die Gesamtzahl aller bear-beiteten Zeichen) bzw. 16 % (GZ-F – Geschwindigkeit über die Gesamtzahl der richtig bearbeiteten Zeichen) fest. Untersuchungen von Westhoff und Lemme (1988) belegen nach einer Woche durchschnittlich eine Tempoerhöhung um 25 % bei GZ und 27 % bei GZ-F bei Rechentests, bei Durchstreichtests Tempo-steigerungen sowohl bei den GZ wie auch bei den GZ-F Werten von 10 %. Westhoff und Dewald (Westhoff, 1993b) berichten bei Mehrfachwiederholungen Temposteigerungen bis zu einem Maximalplateau von 62 % bei den Durch-streichtests und bis 47 % bei den Rechentests. Hierbei wurden auch interindivi-duelle Unterschiede bei den maximalen Tempoleistungen festgestellt und dass es keinen Transfer der Übung vom einen auf den anderen Test gab.

Konzentrationsfehler

Das Akku-Modell der Konzentration nach Westhoff (1991), siehe Kapitel 8.3.2, beschreibt interindividuelle Unterschiede in der Konzentrationsstärke wie auch Schwankungen derselben, letztere bedingt durch bisher absolvierte Arbeiten bzw. Arbeitsumstände. Weiters ist anzunehmen, dass Personen mit höheren

Tempowerten weniger Konzentrationsfehler zeigen. Nach Westhoff und Hage-meister (1991, zitiert nach Westhoff, 1993b) zeigt sich auch hier für gut moti-vierte Personen bei wiederholter Bearbeitung von Konzentrationstestaufgaben für den Durchstreichtest- und Rechentest eine signifikante Verringerung des Fehleranteils (F %) und kein Transfer auf einen anderen Aufgabentypus. Das bedeutet, dass Wiederholungen der Bearbeitung bestimmter Aufgaben nicht die Konzentrationsfähigkeit steigern, sich jedoch bestimmte Verhaltensweisen opti-mieren lassen.

8.4 Wohlbefinden

8.4.1 Definition und Struktur des Wohlbefindens

Wohlbefinden nach Becker

In der Literatur wird zwischen **objektivem Wohlstand** (günstige materielle und soziale Lebensumstände) und **subjektivem Wohlbefinden** (Wohlfühlen oder Lebensfreude) unterschieden (Brandstätter, 1996). Innerhalb der Kategorie des Wohlbefindens wird meist noch Fühlen von Bewerten differenziert: Da die Definitionen von Wohlbefinden in der Fachliteratur nicht einheitlich und wider-sprüchlich sind, unterscheidet Becker (1996) **aktuelles Wohlbefinden** zur Charakterisierung der momentanen Befindlichkeit und **habituelles Wohlbefin-den** als Bilanz über einen längeren Zeitraum und deshalb als relativ stabile Eigenschaft (siehe Abbildung 23). Weiters wird **Wohlbefinden als Prozess** beschrieben.

1) Aktuelles Wohlbefinden

Beim aktuellen Wohlbefinden handelt es sich um den *gegenwärtigen* emotiona-len und stimmungsmäßigen Zustand einer Person (Kirchler & Schmidl, 2000), z.B. positiv getönte Gefühle, Stimmungen und körperliche Erfahrungen sowie das Fehlen von Beschwerden (Becker, 1996), wobei es ein breites Spektrum an Wohlbefindenszuständen gibt. Diese lassen sich nach dem **dreidimensionalen, sphärischen Strukturmodell** der emotionalen Befindlichkeit einerseits nach dem Intensitätsgrad und der inhaltliche Färbung, andererseits nach dem damit verbundenen Erregungs- und Aktiviertheitsgrad unterscheiden. Aktuelles Wohl-befinden ist nach Becker (1996) auf zwei Wegen erreichbar: Es wird direkt „... durch jegliche Form sensorischer Erfahrungen, erfolgreiche Handlungen, soziale Zuwendung und Nähe, glückliche Umstände und Phantasietätigkeit ge-geben" (Kirchler & Schmidl, 2000, S. 5), wie auch indirekt durch Beseitigung oder Verminderung aversiver Zustände wie z.B. Angst, Schmerz, Müdigkeit oder Hilflosigkeit (Becker, 1996).

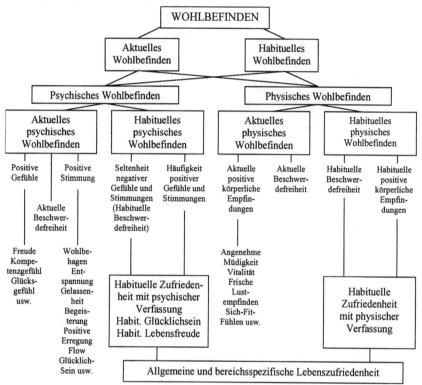

Abbildung 23. Struktur des Wohlbefindens (nach Becker, 1996, S. 14)

2) Körperliches Wohlbefinden nach Frank

Aktuelles Wohlbefinden setzt sich aus psychischem und körperlichem Wohlbefinden zusammen, wobei letzteres von körperlichen Beschwerden und körperlichem Wohlbefinden bestimmt wird (Frank, Vaitl & Walter, 1995). Körperliches Wohlbefinden ist demnach nicht gleichzusetzen mit Abwesenheit von Missbehagen bzw. Krankheit und wird, ebenso wie psychisches Wohlbefinden, als subjektives Phänomen betrachtet, wobei es um das *Verhältnis des Menschen zu seinem Körper* geht (Frank, 1996; Frank et al., 1995). Deshalb ist körperliches Wohlbefinden auch nicht rein auf das Erleben von Funktionstüchtigkeit und Fitness beschränkt und stimmt mit objektiven Gesundheitskriterien nur mäßig überein, sondern beinhaltet auch „... eine Bereitschaft und Fähigkeit zu Positiverfahrungen, sowie eine Fähigkeit, wohlbefindensförderliche Bedingungen herzustellen und auch nutzen zu können" (Frank, 1996, S. 72).

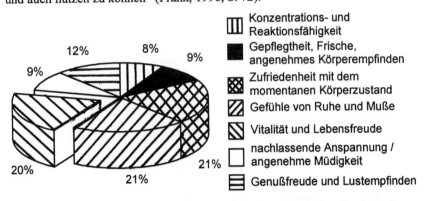

Abbildung 24. Faktorenanalytisch ermittelte empirische Struktur des körperlichen Wohlbefindens (nach Frank, Vaitl & Walter, 1995, S. 97). Die Prozentzahlen geben jeweils den Varianzbeitrag an der aufgeklärten Gesamtvarianz an.

Weiters ist eine strikte Trennung von emotionalem und körperlichem Wohlbefinden unmöglich (Becker, 1986; zitiert nach Frank, 1996), was sportpsychologische Untersuchungen zum positiven Einfluss von körperlicher Aktivität auf das psychische Befinden belegen (Abele et al., 1996; Frank, 1996; Schlicht, 1995). Das psychische Wohlbefinden steht eng in Verbindung mit physiologischen und neurochemischen Prozessen (Tiger, 1979, zitiert nach Frank, 1996), man spricht hierbei also von psychophysischem Wohlbefinden. Die Struktur des körperlichen Wohlbefindens lässt sich mit sieben unabhängigen Faktoren beschreiben (Frank, 1996; Frank et al., 1995), siehe Abbildung 24, und durch sieben Kategorien auslösen (Frank, 1996): Bewegungsaktivitäten, Entspannungsmaßnahmen nach körperlichen und psychischen Anstrengungen, Ungestörtheit bzw. Ruhe, besondere Erregnisse wie z.B. das Treffen wichtiger Entscheidungen oder das Erreichen von Erfolgen, Urlaub, Partnerschaft und Geselligkeit. Wesentlich beim körperlichen Wohlbefinden ist weiters die Abhängigkeit von situativen Einflüssen, wonach sich Gesunde von gesundheitsbeeinträchtigten Personen unterscheiden. Letztere stufen sich gegenüber Gesunden als weniger zufrieden, ruhig, vital, konzentrations- und reaktionsfähig sowie weniger gepflegt und frisch ein. Weiters steht Lebenszufriedenheit in positiver Beziehung zum körperlichen Wohlbefinden.

3) Habituelles Wohlbefinden

Das Konzept des habituellen Wohlbefindens beschreibt eine relativ *stabile* Eigenschaft: Habituelles Wohlbefinden ist „... das für eine Person typische Wohlbefinden" (Kirchler & Schmidl, 2000, S. 5) und „... scheint Ausdruck eines 'gelungenen' Lebens bzw. der Fähigkeit zur ausgewogenen Bewältigung externer und interner Anforderungen zu sein" (Becker, 1996, S. 43). Aussagen über dieses allgemeine Wohlbefinden, gekennzeichnet durch Häufigkeit und Ausmaß positiver Gefühle, Stimmungen und körperlicher Empfindungen sowie psychischer und physischer Beschwerdefreiheit, kommen durch kognitive Prozesse zustande. D.h., es handelt sich hierbei um Urteile über bereits aggregierte emotionale Erfahrungen, die sich auf einige Wochen bis hin zum gesamten bisherigen Leben beziehen. Zentrale Bedeutung besitzt dabei ein stabiles, positives Selbstwertgefühl, das streng gebunden scheint an Wertschätzung durch andere, Erfüllung sinnvoller Aufgaben und feste Eingebundenheit in ein tragfähiges Wertesystem. Bemerkenswert ist, dass bei mündlicher Befragung eine höhere Zufriedenheit berichtet wird als bei schriftlicher.

Eindimensionale Modelle von habituellem Wohlbefinden (Weiss, 1980, zitiert nach Becker, 1996) verstehen Wohlbefinden als allgemeines Glücklichsein bzw. als allgemeine Lebenszufriedenheit, geleitet von der Idee der Grundbefindlichkeit. Das bekannteste unter den **zweidimensionalen Modellen** ist jenes von Bradburn (1969, zitiert nach Becker, 1996), welches habituelles Wohlbefinden als Bilanz von aggregierten positiven und negativen Gefühlszuständen auffasst: je seltener man negative, je häufiger jedoch positive Gefühlszustände in letzter Zeit erlebte, desto wohler fühlt man sich. In Anlehnung an die WHO-Gesundheitsdefinition mit ihrer Unterscheidung zwischen psychischem, physischem und sozialem Wohlbefinden konzipierten Abele und Brehm (1989, zitiert nach Becker, 1996) ein **höherdimensionales Modell**: „Psychisches Wohlbefinden umfasst u. a. sich ausgeglichen und sich kompetent fühlen. Teilkomponenten des physischen Wohlbefindens sind: sich gesund fühlen und sich fit fühlen. Soziales Wohlbefinden beinhaltet: sich geliebt und sich gebraucht fühlen" (Becker, 1996, S. 16).

In den zahlreichen Theorien zum habituellen Wohlbefinden besteht Einigkeit darüber, dass das habituelle Wohlbefinden von relativ stabilen Umwelt- und Personbedingungen abhängt (Becker, 1996). Umwelt- bzw. personzentrierte Ansätze erklären jedoch die Gesamtvarianz primär mit einem der beiden Komplexe. Passungstheoretische Modelle berücksichtigen beide Bereiche und deren Interaktionen.

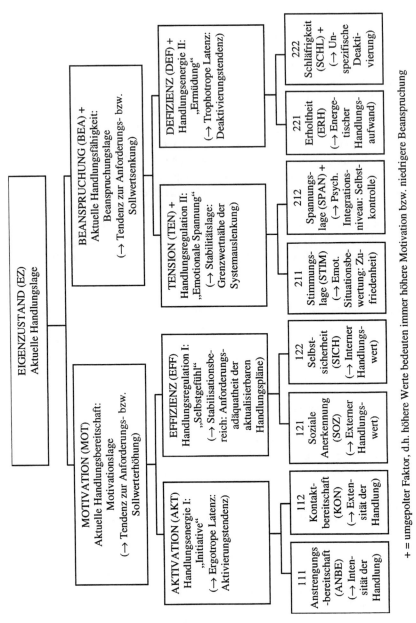

Abbildung 25. Binärfaktoren des Eigenzustandes (nach Nitsch, 1976, S. 89)

Wohlbefinden nach Nitsch

Um Veränderungen der Gesamtbefindlichkeit in Abhängigkeit von der jeweiligen Situation erfassen zu können, beschreibt Nitsch (1970, 1976) den Eigenzustand einer Person als **aktuelle Handlungslage**, welche aus 14 hierarchisch gegliederten Faktoren besteht (siehe Abbildung 25) und mit der Eigenzustands-Skala gemessen wird (siehe Kapitel 8.4.1).

Wohlbefinden als Prozess

Es besteht die Grundannahme der **Kontrasterfahrungen**, welche besagt, dass Leiden unvermeidlich und eine Voraussetzung für späteres Wohlbefinden und Glück ist und daher Wohlbefinden und Stressbewältigung nur in einem gemeinsamen theoretischen Konzept untersucht werden können (Weber & Laux, 1996). Becker (1996) beschreibt diese **kompensatorischen Ausgleichsprozesse** folgendermaßen: „Anstiege im Wohlbefinden wurden in der Regel durch entgegengesetzte Veränderungen am darauffolgenden Tag wieder teilweise aufgehoben, so dass sich die emotionale Befindlichkeit immer wieder auf ein für die betreffende Person mittleres Niveau einpendelte" (S. 40). Da auch immer Motive und Grundstimmung eines Menschen mitwirken, ist die Annahme von Kontrast- oder Assimilationseffekten bisher wenig geklärt (Brandstätter, 1996).

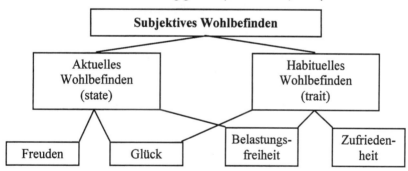

Abbildung 26. Subjektives Wohlbefinden (nach Mayring, 1996, S. 53)

Subjektives Wohlbefinden nach Mayring bzw. Grob

Stand früher für die individuelle, persönliche Beurteilung von Arbeitsbedingungen der Begriff der Zufriedenheit, wurde an deren Stelle später das subjektive Wohlbefinden gesetzt. Dieses setzt eine große Übereinstimmung zwischen Mensch und Umwelt voraus (Kaufmann et al., 1982). Faktorenanalytische Untersuchungen lassen auf einen Vier-Faktoren-Ansatz des subjektiven Wohlbefindens schließen (Mayring, 1996): demnach wird unterschieden zwischen **kurzfristigen Zuständen** einer negativen (Freiheit von subjektiver Belastung) und einer positiven (Freude, Glück) Komponente und weiters zwischen einer kognitiven (Zufriedenheit) und einer affektiven (Gefühl des Wohlbefindens) Komponente (siehe Abbildung 26). Zu beachten gilt es, dass die 'state-trait'-Differenzierung des Wohlbefindens nicht für alle Wohlbefindensfaktoren gleichermaßen zu treffen ist: ist sie beim Belastungsfaktor gut unterscheidbar und ist Freude eindeutig aktuell, so ist Zufriedenheit situationsübergreifender angelegt:

Grob (1999) differenziert für die Komponenten des habituellen subjektiven Wohlbefindens mit Zufriedenheit und negativer Befindlichkeit ähnliche Faktoren erster und weiters Faktoren zweiter Ordnung: Unterfaktoren der Zufriedenheit sind positive Lebenseinstellung, Selbstwert, fehlende depressive Stimmung und Lebensfreude, Unterfaktoren der negativen Befindlichkeit Probleme und Sorgen bzw. körperliche Beschwerden.

8.4.2   Zusammenhang von Arbeit und Wohlbefinden

Maße zum Wohlbefinden sind sowohl von der Umwelt, als auch von der Person abhängig. Zu den relevantesten Determinanten für Wohlbefinden zählen dabei familiäre, soziale und Arbeits- Bedingungen (Becker, 1996). Der Zusammenhang von Arbeit und Wohlbefinden lässt sich mit unterschiedlichen Möglichkeiten beschreiben, die einander nicht ausschließen (Zapf, 1996).

Drifthypothese und Drittvariablen

Die sogenannte Drifthypothese beschreibt eine Korrelation zwischen Arbeits- und Befindensmerkmalen (Frese, 1982, zitiert nach Zapf, 1996; Kohn, 1985, zitiert nach Zapf, 1996). Man sucht sich seine Arbeit in Abhängigkeit von bestimmten Kenntnissen, Interessen, Kompetenzen und Wertvorstellungen, was sich auf das Wohlbefinden auswirkt. Weiters können verschiedene „Drittvariablen" (z.B. der familiären und schulischen Sozialisation) sowohl die Arbeitsbedingungen als auch das Wohlbefinden beeinflussen (Zapf, 1996).

Arbeitsbedingungen und Arbeitsmerkmale beeinflussen das Wohlbefinden

Frese et al. (1981) zeigen in ihrer Untersuchung, dass Arbeitsplatzbedingungen sehr hoch mit psychischem Wohlbefinden zusammenhängen. Indikatoren für Wohlbefinden (Arbeits- und Lebenszufriedenheit, Kompetenzentwicklung, Selbstverwirklichung und Selbstwertgefühl) werden durch Anforderungen aus der Arbeitstätigkeit, Ausbildungsvoraussetzungen und gesellschaftliche Bewertungen von Arbeitsergebnissen von Arbeitsbedingungen beeinflusst (Zapf, 1996).

Da Arbeit in der Regel innerhalb einer Organisation stattfindet, unterliegt der Arbeitende bei der Ausführung des betrieblichen Arbeitsauftrages bestimmten

Arbeitsbedingungen. Dabei werden Anforderungen an die physischen (Gesundheitszustand, Konstitution, Sinnestüchtigkeit) und psychischen (Kenntnisse, Erfahrungen, Fähigkeiten, Fertigkeiten, Gewohnheiten und Persönlichkeitseigenschaften) Leistungsvoraussetzungen gestellt (Hacker, 1986). Je höher die Regulationsmöglichkeiten, je niedriger die Regulationsbehinderungen und je angepasster die Regulationsanforderungen an den Arbeitnehmer sind, desto geringer ist die negative Auswirkung auf das psychische Befinden des Arbeitenden (Greif, 1991). Psychische Befindensbeeinträchtigungen beeinflussen ihrerseits die Wahrnehmung der Freizeit negativ, sodass ein Ausgleich zu belastenden Arbeitsbedingungen und die persönliche Weiterbildung beeinträchtigt sind (Eckardstein et al., 1995).

Zusammenhang von Wohlbefinden und Leistung

Aus zahlreichen Studien geht hervor, dass Wohlbefinden vor allem bei kreativen und analytischen Aufgaben eine qualitative und quantitative Leistungssteigerung bewirkt (Abele, 1996; Zapf, 1996). Bei äußerster Unzufriedenheit bzw. Unglücklichsein ist die Leistungsbereitschaft vermindert, was bis zu Absentismus oder bewusster Leistungsverweigerung führen kann (Zapf, 1996). Zufriedenheit und Wohlbefinden führen aber nicht unmittelbar zu einem linearen Leistungsanstieg, da ab einem bestimmten Punkt andere Faktoren als Wohlbefinden zur Höchstleistung anspornen.

8.4.3   Indikatoren für Wohlbefinden

Arbeits- und Lebenszufriedenheit

Die Literatur zur Arbeitszufriedenheit ist, ähnlich der Literatur zum Wohlbefinden, unüberschaubar. Deshalb seien hier nur einige wenige Aspekte herausgegriffen:

Diener (1984, zitiert nach Zapf, 1996) beschreibt eine Korrelation von Arbeitszufriedenheit mit allgemeiner Lebenszufriedenheit. Deshalb wird Arbeitszufriedenheit als eine spezielle Komponente des Wohlbefindens betrachtet. Dabei muss beachtet werden, mehrere Typen von Arbeitszufriedenheit auf Grund verschiedener psychischer Verarbeitungsmechanismen zu unterscheiden. Frese (1990) setzt hier mit seiner Kritik an: Er vertritt die Meinung, dass Analysen zur Arbeitszufriedenheit als Indikator für Wohlbefinden vorsichtig interpretiert werden müssen.

Das **„Job-Characteristics"-Modell von Hackman und Oldham** (1976, 1980, zitiert nach Zapf, 1996) beschreibt Variabilität der Arbeit, Identifikation mit der Arbeitsaufgabe, Wichtigkeit der Aufgabe bzw. Autonomie und Rückmeldung über Arbeitsergebnisse als Faktoren, die sich auf die Arbeitsmotivation und Arbeitszufriedenheit positiv auswirken. Herzberg (Zapf, 1996) beschreibt in seiner Zwei-Faktoren-Theorie die gleichen Ergebnisse. Indem er von „Zufriedenmachern" und „Unzufriedenmachern" spricht, führt die Abwesenheit von letzteren keineswegs zu hoher Arbeitszufriedenheit, sondern es kommt nur auf die Arbeitsinhalte an. In einer Untersuchung von Greif et al. (1983, zitiert nach Zapf, 1996) korreliert Arbeitszufriedenheit mit Arbeitsinhalten und mit Stressoren.

Die **Destabilisierungstheorie der Nacht- und Schichtarbeit** besagt, dass sich der Organismus in Abhängigkeit von der Länge fortwährender Schichtarbeit in drei Phasen (Adaptions-, Sensibilisierungs- und Akkumulationsphase) an die Gegebenheiten anpasst, wobei die Entstehung späterer gesundheitlicher Probleme speziell in der Sensibilisierungsphase anzusiedeln ist (Cervinka, 1993; Cervinka et al., 1987; Haider et al., 1979; Haider, Cervinka, Koller & Kundi, 1986; Kundi, 1989). In dieser Phase zeigen sich Arbeitsbelastung, Arbeitsplatzzufriedenheit und familiäre Probleme als beste Prädiktoren für die Gesundheit. Psychosozialer und umfeldbedingter Stress zeigen sich als wesentliche Beeinflussungsfaktoren der Gesundheit am Arbeitsplatz und zwar unabhängig vom Stress durch Schichtarbeit. Dies unterstützt die Aussagen von Frese und Semmer (1986), dass Stress am Arbeitsplatz der Genese von Erkrankungen zuträglich ist, unabhängig von den Auswirkungen der Schichtarbeit.

Arbeit und Kompetenzentwicklung

Bei der erfolgreichen Bewältigung von Arbeitsanforderungen mit der erforderlichen Kompetenz entsteht Wohlbefinden (Becker, 1996). Ulich und Frei (1980, zitiert nach Zapf, 1996) definieren Qualifikation als die Gesamtheit aller Kompetenzen, wobei sie zwischen kognitiver und sozialer Kompetenz unterscheiden. Aus einer Vielzahl von Untersuchungen geht hervor, dass Arbeitsinhalte einschließlich der Handlungs- und Entscheidungsmöglichkeiten bei der Arbeit zum Wohlbefinden beitragen: Fachliche und soziale Kompetenz sowie Intelligenz zeigen einen Zusammenhang mit dem erforderlichen Qualifikationsniveau, der Komplexität der Arbeit, Handlungsspielräumen und Kommunikationsmöglichkeiten. Kohn und Schooler (1978, zitiert nach Zapf, 1996) bestätigen in einer Längsschnittstudie, dass Arbeitskomplexität in hohem Maße die intellektuelle Flexibilität beeinflusst.

Selbstverwirklichung und Selbstwertgefühl

Arbeitsbedingungen, die die Grundbedürfnisse des Arbeitenden befriedigen können, führen zu hoher Arbeitsmotivation und Arbeitszufriedenheit (Gardell,

1978), da dies mit dem Bedürfnis nach Selbstverwirklichung verbunden ist. Dies wirkt sich weiters positiv auf das Selbstwertgefühl aus. Außerdem fördert nach Schwarzer (Schwarzer & Leppin, 1996; Udris, 1995) soziale Unterstützung das Wohlbefinden durch Steigerung des Selbstwertgefühls.

8.4.4 Förderung des Wohlbefindens am Arbeitsplatz

Individuelle und institutionelle Maßnahmen fördern das Wohlbefinden am Arbeitsplatz (siehe Kapitel 4.1 und 0). Dies erfolgt durch Reduktion von Stressoren und Stressreaktionen und Verbesserung von Arbeitsinhalten und Ressourcen (Udris & Frese, 1988, 1999). Zu **institutionellen Maßnahmen** zählen Arbeitsplatzwechsel (Job-Rotation) und Arbeitserweiterung (Job-Enlargement), um Belastungen entgegenzuwirken, die negative gesundheitliche Folgen nach sich ziehen. Weiters Arbeitsbereicherung (Job-Enrichment) und Einführung von teilautonomen Arbeitsgruppen, welche Methoden der Arbeitsstrukturierung darstellen, um das Wohlbefinden am Arbeitsplatz zu verbessern (Ulich, 2001). Großer Handlungs- und Entscheidungsspielraum, gute Qualifikation, hohe Komplexität, vollständige Tätigkeiten (Hacker, 1995b, 1999) mit klarem Feedback, abgrenzbare, gesellschaftlich sinnvolle und anerkannte Aufgaben, bei denen ein Bezug zur persönlichen Leistung möglich ist und Lern-, Kooperations- und Kommunikationsmöglichkeiten zählen zu einer Arbeitsgestaltung, die das Wohlbefinden und die Persönlichkeit des Arbeitenden fördern (Udris & Frese, 1988).

Die **individuellen Maßnahmen** umfassen Stressmanagementtrainings, um dem Individuum den Umgang mit Stressoren zu erleichtern. Weiters zählen Erhöhung der sozialen und fachlichen Kompetenz zu den das Wohlbefinden fördernden Maßnahmen. Qualifizierungsmaßnahmen sollten Maßnahmen der Arbeitsstrukturierung immer begleiten. Die Erhöhung der sozialen Kompetenz ermöglicht eine bessere Bewältigung der kommunikativen Aspekte der Arbeit (Zapf, 1996).

Einen anderen Aspekt der Befindenssteigerung bilden sportliche Leistung und Entspannung (Abele et al., 1996; Frank, 1996): z.B. wirken sportliche Aktivitäten gleichzeitig auf physische, und psychische, zum Teil auch soziale Befindenselemente (Abele et al., 1996). In Entspannungssituationen kommt es zu einer Verbesserung negativer Stimmungsaspekte, z.B. Reduktion von Spannung, Ängstlichkeit, Deprimiertheit, Verwirrtheit und Ärger, wobei sich der positive Bereich weniger verändert.

8.5 Projektdurchführung

8.5.1 Implementierung des Gesundheitsförderungsprogramms im Betrieb

Das Ziel der vorliegenden Untersuchung bestand darin, Hinweise zu finden, wie sich verschiedentlich strukturierte Pausengestaltung am Büroarbeitsplatz, bestehend aus Bildschirm- und Belegarbeit, als gesundheitsfördernde Maßnahme auf Konzentrationsleistung und subjektives Wohlbefinden von Arbeitnehmern auswirkt. Die Ergebnisse sind im Kontext der bereits dargestellten ständigen Strukturveränderungen der heutigen Arbeitswelt mit besonderem Interesse zu betrachten. Hierbei könnte dem präventiven Charakter von Bewegungspausen, bei ständig neuen psychophysiologischen Belastungen und Beanspruchungen, eine wichtige Rolle zuteil werden. Das Vorgehen bei dieser Untersuchung soll in den folgenden Abschnitten beschrieben werden:

Um ein geeignetes Unternehmen für das vorliegende Projekt zu gewinnen, wurden Informationsmappen mit einer Kurzdarstellung der Untersuchung (Inhalt, Ziel, Nutzen und personeller bzw. zeitlicher Aufwand) bei Veranstaltungen wie Symposien, Vorträgen und Tagungen zum Thema „Gesundheit im Betrieb" verteilt, Krankenkassen-, Arbeits- und Wirtschaftskammerkontakte der Untersuchungsleiterin genützt und Arbeitsmediziner bzw. Sicherheitsfachkräfte angesprochen. Nachdem von an der Studie interessierten Entscheidungsträgern zweier Versicherungen eine Kooperation auf Grund des sehr umfangreich angelegten Designs abgelehnt worden war und sich im Bankensektor kein Interesse gezeigt hatte, wurde die Suchstrategie verändert: Auch Großbetriebe mit Beleg- und Bildschirmarbeitsplätzen anderer Branchen wurden angesprochen. Die häufigsten Begründungen für eine Ablehnung waren „... bringt zu große Unruhe in den Betrieb", „... kostet zuviel Zeit" und „Kommen Sie wieder, wenn ein Beweis für die Wirksamkeit vorliegt!".

Nach ca. 2 Jahren Suche und zahlreichen Projektpräsentationen konnte schließlich der Kontakt mit dem Betriebsarzt eines niederösterreichischen Produktionsbetriebes hergestellt werden. Die Untersuchung wurde dann mit Genehmigung der Geschäftsleitung und, gemäß Büchner und Schröer (1996, zitiert nach Frieling & Sonntag, 1999), mit Unterstützung des Betriebsarztes und der Mitarbeiter der Sanitätsstellen organisiert und in ein bereits in allen Betriebsstätten laufendes Projekt zur betrieblichen Gesundheitsförderung in Kooperation mit der zuständigen Versicherungsanstalt eingegliedert.

Zum Anwerben von Probanden wurden, mit einer dreimonatigen Vorlaufzeit zum festgesetzten Teststart, Informationsseiten über die geplante Untersuchung mit dem Titel „Konzentration und Pausen" mit einem Aufruf zur freiwilligen Teilnahme im Intranet des Betriebes veröffentlicht. Gleichzeitig waren in den Sanitäts- und Speiseräumen sowie an den schwarzen Brettern des Betriebes Plakate angebracht und Informationsblätter aufgelegt. Diese Orte wurden auf Grund ihrer strategisch günstigen Lage ausgewählt, da hier täglich der Großteil der Mitarbeiter vorüberkam. Somit war, gemäß den Ausführungen von Gundlach (1991), gewährleistet, dass möglichst viele Personen die Informationen erhielten. Darüber hinaus wurde die Belegschaft bei betriebsinternen Veranstaltungen vom Betriebsarzt über das Vorhaben informiert. In einem zweiten Schritt konnten sich an der Studie Interessierte per Intranet, Telefon oder persönlich bei der Sanitätsstation anmelden, wo eigens dafür vorbereitete Anmeldelisten auflagen. Auch wurden die Mitarbeiter der einzelnen Abteilungen aktiv per Telefon bzw. persönlich zur Teilnahme aufgefordert. Als nach ca. 8 Wochen eine Probandenzahl von ca. 150 freiwilligen Teilnehmern feststand, wurde daraufhin der Terminplan für die weitere Vorgangsweise festgelegt und bekannt gegeben. Dies erfolgte wieder per Intranet, Plakatinformation und Informationsblättern.

Es fanden, aus organisatorischen Gründen gestaffelt, 4 Tage vor der ersten Testung weitere Informationseinheiten gemeinsam mit Betriebsarzt, Sanitätern und Untersuchungsleiterin statt: einerseits, um den freiwilligen Teilnehmern Hintergründe, Ablauf, Zeitaufwand und Anforderungen wie eine erwünschte durchgängige Projektteilnahme nahe zu bringen, andererseits, um die Kommunikation untereinander (Warr, 1995) zu fördern. Alle Maßnahmen wurden in den Betriebsstätten durchgeführt. Zu diesen Terminen erschienen insgesamt 123 Personen anstelle der angemeldeten 150. Davon entsprachen 19 nicht dem gewünschten Altersintervall (14 waren jünger als 31, fünf waren älter als 50 Jahre). Den Probanden außerhalb des gewünschten Altersbereiches wurde freigestellt, weiterhin am Projekt teilzunehmen. Ihre Daten wurden in der Auswertung nicht berücksichtigt.

Nach diesen Informationseinheiten erhielt jeder Teilnehmer zur Wahrung der Anonymität eine Personennummer. Anschließend wurde ein Test zur Erfassung von Stress am Arbeitsplatz vorgelegt, um Stressbelastungen bezüglich Arbeitsplatzbedingungen und -umgebung zu erfassen. Danach wurden die Probanden nach dem Zufallsprinzip per Los auf die Gruppen „Kinesiologie", „Progressive Muskelentspannung", „Kontrollgruppe" und „Wartegruppe" aufgeteilt, nochmals die ersten Testzeitpunkte in Erinnerung gerufen und die Gruppen nacheinander einzeln instruiert:

♦ Die Wartegruppe wurde mit dem Argument, dass es organisatorisch erst später möglich wäre, sie am Gesundheitsförderungsprogramm teilhaben zu lassen, auf einen späteren Zeitpunkt vertröstet. Sie erhielt, wie die Kontrollgruppe, die Anweisung, ihre Pausen bis dahin wie gewohnt zu verbringen

♦ Die Kontrollgruppe erhielt keine zusätzlichen Informationen

♦ Den Gruppen mit Bewegungs- und Entspannungsübungen wurde erzählt, dass sie gleich nach dem ersten Testdurchgang mit dem Programm starten können und wie die zeitliche und örtliche Organisation aussieht. Diese Versuchspersonen erhielten jeweils ein Plakat mit ihren Pausenübungen und den Termin für die Einschulung zu den Übungsprogrammen. Auch wurden diese Probanden ausdrücklich auf das geplante Ende der Übungsdurchführung nach 7 Wochen hingewiesen und dieses in den Pausentagebüchern speziell vermerkt.

Freiwillige Gruppenverantwortliche, als „Pausenmanager" in diesem Projekt bezeichnet, die die Aufgabe innehatten, ihre Kollegen immer wieder an die Testtermine zu erinnern, zum Verfassen von Protokollen über ihre absolvierten Pausen („Pausentagebücher") aufzufordern und – in den beiden Übungsgruppen – zur aktiven Teilnahme zu motivieren, wurden eingesetzt. Diese Personen fungierten als kommunikatives Bindeglied zwischen der Versuchsleitung und den Teilnehmern.

Die Teilnehmer erhielten Schreibblöcke, Kugelschreiber und Anleitungen zum Verfassen bzw. Ausfüllen von Pausentagebüchern (siehe Anhang), welche das Absolvieren der einzelnen „Programme" bezüglich Art, Zeit und Umfang dokumentierten. Alle Teilnehmer wussten Bescheid, dass es unterschiedliche Arten der Pausengestaltung gab und erhielten die einheitliche Information, über ihre Art der Pausengestaltung gegenüber anderen Gruppen Stillschweigen zu bewahren, um möglichst eindeutige Untersuchungsergebnisse zu erreichen.

8.5.2 Durchführung der Untersuchung

Über einen Zeitraum von 13 Wochen wurden insgesamt 104 Mitarbeiter (51 Männer, 53 Frauen) in der betriebseigenen Werkschule getestet. Die in verschiedene Gruppen aufgeteilten Probanden fanden sich 4 Tage nach einer Stresserfassung im Vorfeld zum ersten Testtermin morgens um 8 Uhr (Kontrollgruppe und Wartegruppe) bzw. 8 Uhr 30 (beide Versuchsgruppen) ein. Dort wurden sie vor Testbeginn mit den Testmaterialien vertraut gemacht, indem jeder Teilnehmer eine Testmappe und einen Bleistift ausgehändigt bekam. Nach der jeweiligen Testinstruktion konnten aufgetretene Fragen an die Testleiterin gestellt werden.

Um sich ausreichend auf die spezifischen Aufgabenstellungen einstellen zu können, gab es jeweils vor den Konzentrationstests Übungsbeispiele für jede Testperson. Die Testreihenfolge ist aus Tabelle 27 ersichtlich. Pro Testbatterie und Durchgang wurde inklusive aller Instruktionen eine Zeit von ca. 30 Minuten benötigt. An allen weiteren Testterminen wurde ebenso verfahren.

Bei einem weiteren Termin in der darauffolgenden Woche absolvierten die Versuchsgruppen eine einmalige Einschulung zu den geplanten Übungsabläufen „kinesiologische Übungen" und „Kurzprogramm zur Progressiven Muskelentspannung". Diese zirka einstündige Veranstaltung zum Erlernen der Übungen des Gesundheitsförderungsprogramms wurde in Absprache mit den Probanden in zwei hintereinander stattfindenden Blöcken abgehalten: zuerst erfolgte die Instruktion der Gruppe „Kinesiologie", danach die der Gruppe „Progressive Muskelentspannung".

Um für die Probanden eine möglichst regelmäßige Teilnahme an den Testungen zu gewährleisten, wurden alternativ zwei Testtage pro Woche, jeweils Dienstag und Donnerstag, angeboten. Die Testdurchgänge fanden jeweils im Abstand von 7 Wochen (Zeitraum zwischen Testzeitpunkt 1 und 2, in welchem Gesundheitsförderungsprogramme von den Versuchsgruppen absolviert wurden) beziehungsweise 3 Wochen (Pause der Versuchsgruppen zwischen Testzeitpunkt 2 und 3) statt (siehe Abbildung 18, S. 121). Die Testzeit inklusive Testanweisungen, Stresserfassung, Einschulung für die Gesundheitsförderungsprogramme und Abschlussfragebogen betrug für den gesamten Untersuchungszeitraum von 13 Wochen rund 13 Stunden.

Um für eventuelle Fragen der Versuchspersonen während des Untersuchungszeitraumes zur Verfügung zu stehen, wurden Sprechstunden eingerichtet. Diese fanden bis zum letzten Testzeitpunkt vierzehntägig in der Sanitätsstelle statt. Auch wurde einmal wöchentlich sowohl in der Sanitätsstelle wie auch bei der Untersuchungsleiterin ein einstündiger Telefondienst für dringende Fragen eingerichtet. Im Monat nach Abschluss der Untersuchung hatten die Probanden die Möglichkeit, an 2 Tagen in der Woche in Einzelgesprächen Auskünfte über ihre Ergebnisse einzuholen, was regen Zuspruch fand.

Da nach Beendigung der laufenden Untersuchung auch die Kontroll- und Wartegruppe die Erlernung der Gesundheitsförderungsprogramme urgierten, wurde dies zu späteren Terminen von der Untersuchungsleiterin gemeinsam mit den „Pausenmanagern" nachgeholt.

8.6 Ergebnisse

8.6.1 Angewandte statistische Verfahren

Als adäquates Verfahren zur Hypothesenprüfung bot sich die SPSS-Prozedur „GLM - Messwiederholungen" an. Mit „GLM – Messwiederholungen" werden Designs analysiert, bei denen Messwiederholungen der gleichen Variablen für jeden Probanden (Fall) vorgenommen werden, ähnlich wie bei der Erweiterung eines abhängigen t-Tests auf drei Messungen pro Proband (Backhaus, Erichson, Plinke & Weber, 1994).

Da sich in den einzelnen Prüfverfahren (Kolmogorov-Smirnov-Anpassungstest zur Überprüfung der Normalverteilung, Überprüfung der Kovarianzhomogenität mittels Box-M-Test und der Homogenität der Varianzen mittels Levene-Test) zeigte, dass vielfach die Vorbedingungen der mehrfaktoriellen Varianzanalyse nicht ausreichend gegeben waren, wurden in einem weiteren Rechendurchgang parameterfreie Ermittlungen mittels Chi-Quadrat-Tests durchgeführt. Alle Berechnungen erfolgten unter Verwendung des Signifikanzniveaus von $\alpha=.05$.

An dieser Stelle sei erwähnt, dass es sich hier um eine Leitstudie handelt und sich für die Interpretation der vorliegenden Untersuchung teilweise Einschränkungen ergaben, da stellenweise durch während der Untersuchung aufgetretene Einflüsse von Störfaktoren wie z.B. betriebliche Veränderungen und Umstrukturierungen bzw. konkurrierende Gesundheitsförderungsprojekte (siehe Kapitel 8.7) mancherorts geringe Datensätze vorlagen.

8.6.2 Beschreibung der Versuchsgruppen

An der Gesamtuntersuchung nahmen über einen Untersuchungszeitraum von 13 Wochen insgesamt 104 Büroangestellte im Altersbereich von 31 bis 50 Jahren (aufgeteilt auf vier Versuchsgruppen) teil. In die Realanalyse einbezogen wurden nach Möglichkeit vollständige Datensätze von insgesamt 94 Personen, davon 45 Männer und 49 Frauen (siehe Tabelle 29 und Tabelle 30) zu den Testzeitpunkten 1 und 2.

Tabelle 29. Häufigkeitstabelle: Geschlechterverteilung

Geschlecht	Häufigkeit	Prozent
männlich	45	47.9
weiblich	49	52.1
gesamt	94	100.0

149

Tabelle 30. Häufigkeitstabelle: Gruppenaufteilung

	Versuchsgruppe	Häufigkeit	Prozent
1	„Kinesiologie"	26	27.7
2	„Progressive Muskelentspan-nung"	24	25.5
3	„Wartegruppe"	24	25.5
4	„Kontrollgruppe"	20	21.3

Auf Grund des geringen Datensatzes wurden eventuelle Geschlechtsunterschiede in den einzelnen Variablen nicht berechnet. Die Ergebnisse des dritten Testzeitpunktes wurden nicht ausgewertet, da mit N=38 eine statistische Aussagekraft nicht mehr gewährleistet werden konnte. Auffällig war jedoch, dass die Ausfallsquote in der Wartegruppe am höchsten lag.

Die Altersverteilung der 94 Versuchspersonen der Realanalyse ist aus Abbildung 27 zu entnehmen. Das durchschnittliche Alter der Versuchspersonen betrug 38.87 Jahre, die durchschnittliche Betriebszugehörigkeit 17.41 Jahre.

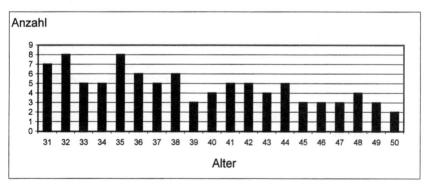

Abbildung 27. Altersverteilung der Versuchspersonen (N=94)

Aus Tabelle 31 ist jener Anteil an Personen ersichtlich, die nicht dem gewünschten Altersintervall (31 – 50 Jahre) entsprachen, aber dennoch bis zum Ende der Untersuchung teilnahmen.

8.6.3 Stresserfassung nach Kompier & Levi im Vorfeld

Gundlach (1991) bzw. Haskell und Blair (1982) fordern für betriebliche Untersuchungen eine Überprüfung von Arbeitsmerkmalen: Da Unterschiede in den Stresswerten zwischen den vier untersuchten Gruppen von Beginn an einen Einfluss auf die Ergebnisse der Untersuchung gezeigt hätten, erfolgte eine Messung mittels Stressfragebogen nach Kompier und Levi (1995). Auf Grund des nicht signifikanten Ergebnisses von p=.982 konnte von einer gleichen Stressbelastung aller Gruppen ausgegangen werden.

Tabelle 31. Anteil an interessierten Teilnehmern, die nicht dem gewünschten Altersintervall zwischen 31 und 50 Jahren entsprachen

Alter (im Vergleich zum Intervall von 31 – 50 Jahren)	Häufigkeit	Prozent (im Vergleich zur Gesamtzahl aller Teilnehmer zu Beginn der Untersuchung, N = 123)	Teilnahme an der 3. Testung (Häufigkeit)
jünger	14	11.4	7
älter	5	4.1	0
gesamt	19	15.5	7

Die Gruppenaufteilung erfolgte nach dem Zufallsprinzip. Zur Punkteverteilung ist zu bemerken, dass, je höher die von Probanden erreichte Punktezahl (im Bereich von Null bis 55) liegt, diese Person umso mehr Stress aufweist. Die Summe der Stressfaktoren nach Kompier und Levi lag für die Gesamtgruppe der Versuchspersonen zwischen den Werten 4 (Minimum) und 34 (Maximum), der durchschnittliche Wert bei $\overline{X}=15$ mit einer Standardabweichung von s=5.51. Die Ergebnisse der einzelnen Gruppen sind aus Abbildung 28 ersichtlich.

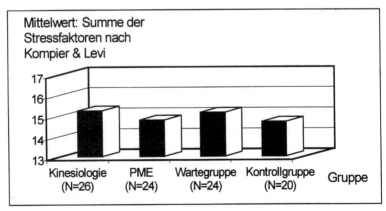

Abbildung 28. Grafische Darstellung für die Stresserfassung nach Kompier & Levi (N = 94), PME = Progressive Muskelentspannung

8.6.4 Unterschiedliche Wirksamkeit der Kurzpausenprogramme auf die Konzentrationsleistung

Die Konzentrationsleistungs-Steigerungen zwischen den beiden Testzeitpunkten in der vorliegenden Studie spiegelten in einzelnen Komponenten nach Düker und Lienert (1965, zitiert nach Westhoff, 1993b) und Brickenkamp (1981) erwartete Übungseffekte durch Testwiederholung wider. Weiters ließen die Ergebnisse der mittels Revisionstest und FAIR erhobenen Werte auf unterschiedliche Wirksamkeit der beiden Pausenprogramme schließen (siehe Abbildung 29): Bei der Gruppe „Progressive Muskelentspannung" war eine gleichbleibende Fehleranzahl bei steigender Leistungsmenge in den Rechenaufgaben bemerkenswert und die Gruppe „Kinesiologie" zeigte in den Symbolaufgaben den insgesamt größten Leistungsanstieg, die größte Qualitätssteigerung und einen großen Kontinuitätsanstieg. Dies deutet darauf hin, dass sich die Methode der Progressiven Muskelentspannung eher positiv auf Rechenleistungen auswirkt, während sich kinesiologische Übungen eher bei der Symbolbearbeitung als zuträglich erweisen. Hinweise dazu lassen sich in Stögers Untersuchung (1986) finden, in welcher Effekte von Progressiver Muskelentspannung auf die Mengenleistung bei Rechenaufgaben empirisch nachgewiesen wurden. Eine Signifikanz auf Basis der Befunde von Kahapka (1990) und Stöger (1986) konnte nicht erreicht werden.

In Kombination mit der Wohlbefindenssteigerung in der Gruppe „Progressive Muskelentspannung" zeigten sich damit Belege für die Aussagen von Abele (1996) und Zapf (1996), wonach gesteigertes Wohlbefinden u. a. bei analytischen Aufgaben eine qualitative und quantitative Leistungssteigerung bewirkt.

Die Ursachen für die statistischen Resultate der Übungsgruppen ließen sich darin finden, dass sich in Kahapkas Untersuchung (1990) eine treatmentabhängige Verminderung der Fehleranzahl *immer* im Verbund mit einer Verbesserung der Mengenleistung zeigte. Die Stichprobe der vorliegenden Untersuchung zeigte jedoch von Beginn an hohe Leistungen bei den Rechenaufgaben und somit hohe Tempowerte, was nach Westhoff (1991) eine geringere Fehleranzahl bedingt. Dadurch waren einer signifikanten Verbesserung der ohnehin schon enormen Leistungsmenge und durchschnittlichen Fehlerquote Grenzen gesetzt. Auch waren die Probanden auf Grund der Gegebenheiten im Betrieb wenig motiviert, was nach Westhoff (1991) ebenfalls Einflüsse auf die Konzentrationsleistung zeigt. Auch Westhoff und Hagemeister (1991, zitiert nach Westhoff, 1993b) betonen in diesem Zusammenhang, dass Verringerungen der Fehlerleistung nur bei gut motivierten Personen auftreten.

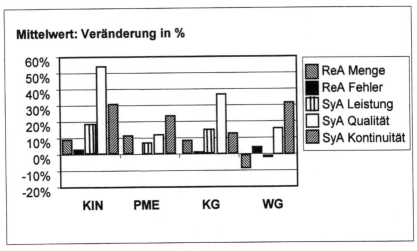

Abbildung 29. Ergebnisse in der Konzentrationsleistung
KIN = Kinesiologie, PME = Progressive Muskelentspannung,
WG = Wartegruppe, KG = Kontrollgruppe,
ReA = Rechenaufgaben, SyA = Symbolaufgaben

8.6.5 Änderung der Arbeitsstrategie in der Wartegruppe

Als äußerst interessant erwiesen sich bei näherer Betrachtung der Prozentanteile der Konzentrationssteigerungen (siehe Abbildung 29) die Resultate der Wartegruppe: Da laut empirischer Ergebnisse (Düker & Lienert, 1965, zitiert nach Westhoff, 1993b; Brickenkamp, 1991) ein Leistungsanstieg bei wiederholter Testung zu erwarten ist, waren die vorliegenden Daten von großer Bedeutung: Die Ergebnisse (siehe Abbildung 30 und Abbildung 31) wiesen auf eine Änderung der Ausfüllstrategie in der Wartegruppe durch Frustration bzw. Unzufriedenheit (Zapf, 1996) hin, da man diesen Probanden zwar anfangs ein Gesundheitsförderungsprogramm in Aussicht gestellt hatte, diese aber nicht in dessen Genuss kamen. Als Reaktion wurde auf Kosten der Gesamtleistung einerseits bei den visuellen Aufgaben genauer und mit gleichmäßigerer Konzentration gearbeitet und andererseits langsamer und schlampiger gerechnet. Diese Ergebnisse ließen sich mit der hochsignifikanten (p=.000) Verschlechterung der Gesamtrohwertmenge im Revisionstest bzw. mit der aus den Mittelwerten des Leistungswertes im FAIR ersichtlichen, allerdings nicht signifikanten (p=.108) Stagnation der Wartegruppe untermauern. Dadurch konnte auch ein Hawthorne-Effekt, also ein Leistungsanstieg durch Faktoren der bloßen Teilnahme am Projekt, bei der vorliegenden Studie ausgeschlossen werden.

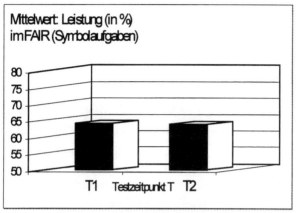

Abbildung 30. Verschlechterte Konzentrationsleistung in der Wartegruppe mit N=17 im FAIR (Frankfurter Aufmerksamkeitsinventar)

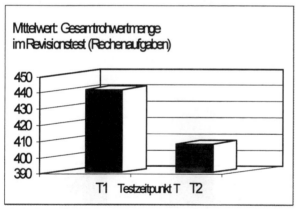

Abbildung 31. Verschlechterte Konzentrationsleistung in der Wartegruppe mit N=24 im Revisionstest

Nach dem Modell der zentralen Kapazität (Kahnemann, 1973, zitiert nach Imhof, 1995) beeinflussen **negative emotionale und motivationale Faktoren** (wie z.B. Ärger) die Verarbeitungskapazität des Menschen. Nach Hacker (1986) verhelfen weder starke noch schwache emotionale Beteiligung zu Leistung. Zapf (1996) beschreibt eine Verminderung der Leistungsbereitschaft durch Unzufriedenheit und Unglücklichsein. Belege dafür ließen sich einerseits in der geringen Teilnehmerzahl der Wartegruppe zum dritten Testzeitpunkt (N=3) finden (diese Gruppe zeigte somit die größte Ausfallsquote aller Gruppen), andererseits in vermehrten Aussagen von Teilnehmern der Wartegruppe, die von einem Testdurchgang zum nächsten ein zunehmendes Maß an Unmut und Gereiztheit zum Ausdruck brachten. Diese „negative Stimmung" schien sich erst beim nachträglichen Termin zur Einschulung in die Übungsprogramme zu legen: Etliche Teilnehmer berichteten davon, „... jetzt wieder versöhnt zu sein" bzw. „... dass sich die Teststrapazen doch noch gelohnt hätten".

8.6.6 Verbesserung des Wohlbefindens durch die angewandten Gesundheitsförderungsprogramme

Hinsichtlich der Beurteilung des aktuellen Wohlbefindens ließ sich teilweise eine Bestätigung der Hypothesen erkennen, indem die Versuchspersonen der Gruppe „Progressive Muskelentspannung" in der Eigenzustandsskala nach Nitsch (1979, 1976) ein mit p=.023 signifikant niedrigeres Beanspruchungsempfinden (welches erhöhte aktuelle Handlungsfähigkeit bedeutet) zeigten (siehe Abbildung 32). Dies stellt einen wichtigen praxisrelevanten Hinweis für die Brauchbarkeit Progressiver Muskelentspannung als gesundheitsförderndes Pausenprogramm dar.

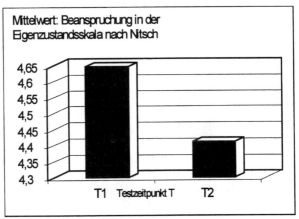

Abbildung 32. Verringerung der Beanspruchung durch Anwendung von Progressiver Muskelentspannung (N=17)

Dieses – allerdings auf einem mit N=17 geringen Datensatz beruhendes - Ergebnis konnte insofern erwartet werden, da nach Aussagen von Gundlach (1991), Haskell und Blair (1982) bzw. Udris und Frese (1988) der Umgang mit Stress durch entsprechendes Training erleichtert wird. Auch finden sich hier Hinweise auf eine Steigerung der Belastbarkeit von Arbeitnehmern durch innerbetrieblich durchgeführte Stressbewältigungsprogramme (Gundlach, 1991; Haskell und

Blair, 1982) und eine Steigerung des Wohlbefindens durch sensorische Erfahrungen, soziale Zuwendung und durch Beseitigung bzw. Verminderung aversiver Zustände (Becker, 1996).

Die Gruppe „Kinesiologie" erreichte eine Motivationssteigerung in Form von Mittelwertsanstiegen, die jedoch keine statistische Signifikanz zeigten. Die Ergebnisse der Eigenzustandsskala nach Nitsch (1976) entsprachen jedoch insgesamt Aussagen von Abele et al. (1996), wonach es in Entspannungssituationen eher zu einer Verbesserung negativer Stimmungsaspekte (z.B. Reduktion von Spannung, Ängstlichkeit, Deprimiertheit, Verwirrtheit und Ärger) kommt, sich der positive Bereich hingegen weniger verändert.

Bezüglich des habituellen Wohlbefindens zeigte die Gesamtstichprobe einen durchschnittlichen Wert. Durch eine nicht signifikante Veränderung (p=.306) konnte die nach Becker (1996) erwartete Stabilität der Variable nachgewiesen werden. Dies bedeutet, dass andere Faktoren als betriebliche Pausenprogramme alleine zur Bildung dieser Wohlbefindenskomponente beitragen.

Den nach Frank (1996) durch Bewegung und Entspannung erwarteten Steigerungen des aktuellen körperlichen Wohlbefindens widersprach das nicht signifikante Ergebnis dieser Variable, was u. a. im geringen Datensatz und in anderen Störvariablen wie z.B. – nach von Probanden getätigten Aussagen – zu langer Testdauer und großer Ähnlichkeit zwischen den Items der unmittelbar hintereinander vorgegebenen Fragebögen zum Wohlbefinden (Positionseffekt), seinen Ursprung fand.

8.6.7   Anhaltende und generalisierende Effekte der vorliegenden Gesundheitsförderungsprogramme

Insgesamt war es 86 % der Teilnehmer möglich, die Übungen während ihrer Arbeitszeit anzuwenden. Bemerkenswert war das Ergebnis, dass 95 % der Teilnehmer angaben, die Übungen während der Laufzeit des innerbetrieblichen Projektes auch zusätzlich oder ausschließlich, außerhalb Ihrer beruflichen Tätigkeit, anzuwenden (z.B. in Freizeit, Hausarbeit, Sport, etc.).

Bezüglich der Bewertung der Übungsprogramme zeigte sich in der 3 Wochen nach Beendigung des betrieblichen Gesundheitsförderungsprojektes schriftlich durchgeführten Befragung bei 86 % der Beteiligten eine sehr gute bis gute Zufriedenheit mit den gebotenen Programmen, keine einzige Person bewertete diese mit „unzufrieden". Die erlernten Programme wurden von 86 % Prozent der entsprechenden Versuchsgruppen weiterhin angewendet (interessanterweise bei 67 % Prozent der Befragten im Privat-, Freizeit- und Sportbereich und weniger im Arbeitsbereich). Für die Praxis ist es von höchster Bedeutung, dass die Anwendung der Übungsprogramme nach Wegfall der innerbetrieblich vorgegebenen Struktur (hoch)signifikant sank (siehe Tabelle 32). Dieses Ergebnis zeigte sich ebenfalls in einer Untersuchung zur Wirkung eines Aufenthaltes im strukturierten Freizeitsetting (Gesierich, Kammerer & Cervinka, 2001; Amon-Glassl, Cervinka, Gesierich & Kammerer, 2002).

Tabelle 32. Ergebnis der Nachbefragung zur Anwendung der erlernten Übungen während bzw. nach der Untersuchung

	Untersuchung		Signifikanz
	während	**nach 1 Monat**	
Arbeit	86 %	19 %	p=.000
Freizeit	95 %	67 %	p=.013

Ein Transfereffekt war daran erkennbar, dass, nachdem 90 % der Beteiligten angegeben hatten, die Übungen weiterzuempfehlen, die anderen Versuchsgruppen nach Beendigung der Untersuchung ebenfalls die Erlernung der Programme urgierten. Daraufhin nahm die Untersuchungsleiterin die Unterweisung gemeinsam mit den „Pausenmanagern" vor. Ähnliche Effekte, dass auch ein größerer Personenkreis als der ursprünglich angesprochene erreicht wird, zeigten sich bereits bei früheren Implementierungen innerbetrieblicher Strukturen zur Gesundheitsförderung (Cervinka, Neuberger & Schoberberger 1986; Neuberger, Cervinka & Schoberberger, 1986; Neuberger, Cervinka, Schoberberger & Piegler, 1987).

8.7 Erfahrungen und mögliche Problemfelder aus der Praxis bei der Implementierung und Durchführung betrieblicher Gesundheitsförderungsprogramme

Ein Mangel an personellen und finanziellen Ressourcen seitens der Betriebe sowie eine oftmals fehlende stringente Unterstützung von Seiten der Betriebsleitung begleiten vielfach die Umsetzung (extern organisierter) betrieblicher Gesundheitsförderungsprojekte im Alltag präventiver Fachkräfte. Um auf diese - einer Untersuchung nicht zuträglichen Komponenten - aufmerksam zu machen und um bereits im Vorfeld Maßnahmen setzten zu können, seien jene Faktoren an dieser Stelle explizit erwähnt: Diese liegen oft außerhalb des Einflussbereichs von Untersuchungsleitern, haben aber möglicherweise einen erheblichen Einfluss auf die Teilnahmebereitschaft der Versuchspersonen und die Datenqualität.

8.7.1 Aktuelle betriebspolitische Rahmenbedingungen

Anfänglich scheinen oft die Bedingungen nach Gundlach (1991), siehe Kapitel 4.5, für geplante Untersuchungen im gewählten Betrieb akzeptabel zu sein. So auch zu Beginn dieser Studie: Genehmigung von Seiten der Betriebsleitung, betriebsinterne Unterstützung durch den Betriebsarzt, die Angestellten der Sanitätsstellen und Abteilungsleiter, welche ihre persönliche Teilnahme am Projekt zugesagt hatten, persönliche und mediale Ankündigung bzw. Vorstellung des Projektes im Betrieb, eine ausreichende Anzahl an Versuchspersonen, um zu statistisch aussagekräftigen Daten zu gelangen und die Ermöglichung der Teilnahme an den Gesundheitsförderungsmaßnahmen in der Arbeitszeit. Während der Durchführung des Projektes veränderten sich jedoch die praktischen Rahmenbedingungen. Diese Veränderungen lagen zwar außerhalb der Entscheidungsgewalt der Untersuchungsleiterin und konnten erst zu einem späteren Zeitpunkt mit den aktuellen Geschehnissen in Verbindung gebracht werden, beeinflussten jedoch die Datenqualität. Z.B. zeigte sich die Betriebsleitung vermehrt mit aktuellen betriebspolitischen Themen befasst. Durch wirtschaftliche Faktoren gab es betriebliche Veränderungen und Umstrukturierungsmaßnahmen. Darüber hinaus kamen Auswirkungen von konkurrierenden Gesundheitsförderungsprojekten zum Tragen. Diese Probleme werden in den Abschnitten des Kapitels 8.7.2 und 8.7.3 näher erläutert.

Die Analyse etwaiger Veränderungen erscheint nur dann sinnvoll, wenn für jeden Messzeitpunkt eine ausreichende Anzahl von Versuchspersonen zur Verfügung steht. Gerade dieser Punkt erwies sich aber, wie von Gundlach (1991) beschrieben (siehe Kapitel 4.4) und deshalb schon in einem gewissen Rahmen erwartet, auf Grund der genannten Faktoren als besonders schwierig. Erschwerend kam auch noch hinzu, dass nicht alle Mitarbeiter aus derselben Abteilung zum selben Testzeitpunkt abkömmlich waren, was sich bereits bei der Organisation der ersten gemeinsamen Informationsveranstaltung mit anschließendem Stresstest in Gesprächen mit den zuständigen Abteilungsleitern herausstellte. Auf Grund der dargestellten Gegebenheiten während der gesamten Untersuchungsdauer fielen immer wieder Testpersonen aus, sodass sich die geplante Anzahl von ca. 150 Probanden auf 104 Probanden zu Beginn der Untersuchung reduzierte.[5]

8.7.2 Auswirkungen betrieblicher Gegebenheiten und Veränderungen

Als Begründung für eine anfänglich **geringere Teilnehmerzahl** als erwartet und für die **hohe Dropout-Rate** zum dritten Testzeitpunkt werden folgende Faktoren angeführt:

◆ Die notwendige **innerbetriebliche Unterstützung** zur Erhöhung der Akzeptanz des Projektes (Gundlach, 1991) fiel im Verlauf der Untersuchung **geringer** aus, als zu Beginn zugesagt. Nur ein kooperatives Zusammenwirken aller Beteiligten gewährleistet nach Gundlach (1991) die notwendige Akzeptanz und Teilnahmebereitschaft, wofür zwar eine Überprüfung der Akzeptanz des Gesundheitsförderungsprojektes durch mündliche Befragung der Entscheidungsträger schon im Stadium der Planung erfolgte, sich aber die anfangs günstigen Bedingungen während der Durchführung des Projektes, außerhalb des Einflussbereiches der Untersuchungsleiterin, negativ veränderten. Klugger (1991) spricht von einer notwendigen sozialen Unterstützung durch die Managementphilosophie und von Organisationsstrukturen, die für Projekte festgelegt sein sollen. Wenzel (1999) postuliert für die Wirksamkeit betrieblicher Gesundheitsförderung eine Unterstützung von Management *und* Belegschaft, damit der Stellenwert einer Untersuchung ausreichend hervorgehoben werden kann. Während der Untersuchung zeichnete sich hingegen folgendes ab: Zwar waren Betriebsarzt und Angestellte der Sanitätsstelle sehr engagiert, doch zeigte sich die Führungsetage auf Grund der aktuellen Situation mit anderen Themenkreisen befasst. Einen Hinweis darauf bietet u. a. die Tatsache, dass niemand aus der Führungsebene an den Veranstaltungen bzw. an der Untersuchung teilnehmen konnte.

◆ Auch die nach Gundlach (1991) notwendige Erreichbarkeit möglichst vieler Personen war auf Grund **suboptimaler Kommunikationsstrukturen** nicht gegeben: Die Informationen erfolgten über die betriebsinterne Sanitätsstelle, Anschläge, Informationsblätter und per Intranet. Zwar waren jederzeit alle Informationen und Termine publik, doch zeigten mündliche Befragungen durch die Testleiterin, dass z.B. das gut durch die Belegschaft genutzte Medium Intranet größtenteils erst mittags in Anspruch genommen wurde, wäh-

---

[5] Zum zweiten Testdurchgang standen noch 94 Personen zur Verfügung, zum dritten nur mehr 38 (siehe Kapitel 8.6.2).

rend die Testungen morgens stattfanden. Deshalb versäumten einige Teilnehmer nach eigenen Berichten einzelne Testtermine.

♦ Die von Gundlach (1991) bzw. Haskell und Blair (1982) postulierte Wichtigkeit für die statistische Datenrelevanz bezüglich der Effektivität von gesundheitsfördernden Maßnahmen in Betrieben, bei der Planung unter anderem Faktoren wie Alter der Arbeitnehmer sowie spezifische Arbeitsplatzmerkmale zu berücksichtigen, wurde erfüllt. Nicht ausreichend nachgekommen werden konnte hingegen der Aufforderung, dass sich die gesetzten Maßnahmen zudem auch auf Strategien zur Veränderung von belastenden Arbeitsbedingungen erstrecken sollten, da Fitness- und Stressbewältigungsprogramme unzureichende Arbeitsbedingungen keineswegs ausgleichen können (Ulich, 2001). Möglicherweise **widersetzten sich** deshalb (Gundlach, 1991) **Beschäftigte den gesundheitsfördernden Maßnahmen.**

♦ Bedingt durch Gerüchte verschiedenster Art bezüglich Fusionsplänen mit anderen Partnern entstand während der Studie eine gewisse **Unsicherheit bei den Arbeitnehmern,** da weder konkrete Aussagen noch Klarheit darüber bestanden, ob es zur eventuellen Ausgliederung einzelner Sektoren bzw. zur Auflassung von Standorten kommen sollte. Unsicherheit bezüglich des Arbeitsplatzes wirkt sich laut Kieselbach und Wacker (1985) bzw. Mohr (1997) negativ auf die psychische Gesundheit aus, Unzufriedenheit und Unglücklichsein auf die Leistungsbereitschaft (Zapf, 1996), was bis zur Leistungsverweigerung führen kann.

♦ Zudem wurden **Abteilungen neu strukturiert,** was nach Meinung der Autorin veränderte Arbeitsbedingungen, u. a. eine Arbeitsverdichtung, nach sich zog und sich auf die Teilnahmebereitschaft der Beschäftigten gemäß den Ausführungen von Gundlach (1991) auswirkte: Darauf deuten die von Teilnehmern zu späteren Testzeitpunkten berichteten Empfindungen von Kopfschmerzen und Müdigkeit bzw. Mattigkeit hin. Ertel et al. (1995) erwähnen in diesem Zusammenhang vermehrte Nennungshäufigkeiten von Befindlichkeitsstörungen und Gesundheitsbeschwerden in Abhängigkeit von der Arbeitsverdichtung.

♦ Nach Richter und Hacker (1998) sollen innerbetriebliche **Gesundheitsförderungsmaßnahmen während der Arbeitszeit** stattfinden, was sich zunehmend als **problematisch** erwies: Den mündlichen Berichten von Abteilungsleitern war zu entnehmen, dass es schwieriger wurde, Projektteilnehmern das Fernbleiben von der Arbeit für die stattfindenden Testdurchgänge zu ermöglichen. Teils waren Personen, die bereits teilgenommen hatten, durch innerbetriebliche Neuorganisationen nicht mehr verfügbar, teils waren etliche Mitarbeiter zeitlich durch die auf Grund von Umstellungen anfallende Mehrarbeit an ihren Betätigungsbereich gebunden.

Nach Meinung der Autorin zeigten folgende Punkte **Einflüsse auf die Konzentrationsleistung:**

♦ Als **psychische und emotionale Beeinflussungsfaktoren** der Konzentrationsleistung (Udris & Kaufmann, 1982) traten z.b. Erschöpfung und Ermüdung als Folge von Arbeitsverdichtung auf, wovon Versuchspersonen vermehrt beim dritten Testzeitpunkt berichteten.

♦ Nach Westhoff (1991) wird die Konzentrationsstärke durch **vorangehende Arbeiten und Arbeitsumstände** beeinflusst, was hier ebenfalls einen Einfluss gehabt haben kann.

♦ Durch die Teilnahme vieler Arbeitnehmer an mehreren parallel laufenden Gesundheitsprojekten im Betrieb (siehe folgendes Kapitel) und die bereits erwähnten Faktoren im Bereich der Arbeitsorganisation ergaben sich nach Meinung der Arbeitnehmer durch eine „ständige gewisse Unruhe im Betrieb" (Originalzitat des Betriebsarztes) u. a. kürzere bzw. weniger Pausen. Möglicherweise waren dementsprechend die nach Richter und Hacker (1998) für wirksame Kurzpausensysteme wichtigen **Erholungseffekte** zur statistisch nachweisbaren Leistungssteigerung in der Konzentration und zum Motivationsanstieg **nicht ausreichend.**

8.7.3 Folgen konkurrierender Projekte in der Gesundheitsförderung

Der gewählte Betrieb verfügt über eine äußerst intensive arbeitsmedizinische Betreuung durch ein engagiertes Ärzteteam: Es werden laufend zahlreiche Befragungen der Belegschaft sowie medizinische Untersuchungen oder medizinisch-prophylaktische Maßnahmen (z.B. Gefäßuntersuchungen, Ernährungs- und Diätberatung) im Betrieb neu gestartet. Zugleich mit der vorliegenden Untersuchung wurde z.B. auch eine Rückenschule (zweimal 2 Stunden pro Woche) durchgeführt, was mit der Untersuchungsleiterin der vorliegenden Studie nicht abgestimmt war. Dadurch lag eine gewisse Unruhe bzw. Sättigung der Arbeitnehmer vor, was zwischen zweitem und drittem Testzeitpunkt zum Tragen kam. Einerseits war somit die Kapazität an verfügbaren Teilnehmern bereits von vornherein eingeschränkt, andererseits zeigten sich Einflüsse auf die Konzentrationsleistung:

♦ Nach dem Modell der zentralen Kapazität (Kahnemann, 1973, zitiert nach Imhof, 1995) beeinflussen momentane **emotionale und motivationale Faktoren** wie Ärger, Ängstlichkeit und körperliche Anstrengung die Verarbeitungskapazität des Menschen. **Beeinträchtigungen von Motivation** und Emotionen (Ertel et al. 1995) zeigten sich nach Aussagen des Betriebsarztes durch eine „gewisse Übersättigung der Arbeitnehmer durch zahlreiche betriebsinterne Befragungen und medizinische Maßnahmen". Nach Westhoff und Hagemeister (1991, zitiert nach Westhoff, 1993b) zeigt sich nur für gut motivierte Personen eine signifikante Verringerung an Konzentrationsfehlern.

8.7.4 Einflüsse durch das Testmaterial

Im Rahmen der Auswertung wurden bei einigen Messinstrumenten die Fragebögen nicht oder nur unzureichend ausgefüllt. Ursachen dafür sind in den folgenden Punkten angeführt:

♦ Die **Fragebögen zum aktuellen subjektiven Wohlbefinden** (EZ-S und FAW) wurden direkt hintereinander vorgegeben, wobei viele Items Ähnlichkeit miteinander besaßen. Auf Grund dieses **Positionseffektes** (Trimmel, 1997b) und da den Probanden nach eigenen Aussagen eine Testdauer von ca. 30 Minuten zum Teil zu umfangreich erschien, wurde nach Meinung der Autorin durch sinkende Motivation der Fragebogen zum aktuellen körperlichen Wohlbefinden (FAW) nur unzureichend bis gar nicht ausgefüllt (z.B. beschreibt Zapf im Jahr 1996, wie bereits erwähnt, dass Unzufriedenheit und Unglücklichsein eine Verminderung der Leistungsbereitschaft bis Leistungsverweigerung bedingen).

♦ Weiters zeigte sich, dass Teilnehmer, trotz ausdrücklicher Instruktionen, neben dem FAW auch die EZ-Skala nur unvollständig bzw. die Rückseite gar nicht ausgefüllt hatten. Einerseits kann man dies auf **Nachwirkungen des FAIR**, wie sie für den Revisionstest beschrieben sind (Marschner & Stender, 1972), zurückführen. Daraus lässt sich ableiten, dass das FAIR, um die Wirkungen eines **Positionseffektes** (Trimmel, 1997b) – z.B. leistungsbeeinträchtigende Unzufriedenheit – zu vermeiden, wie der Revisionstest gegen Ende einer Testung durchzuführen ist. Andererseits zeigte sich, da das unvollständige Ausfüllen vor allem zu den späteren Testzeitpunkten auftrat, auch ein Einfluss der betriebspolitischen Gegebenheiten.

♦ Am Stressfragebogen nach Kompier und Levi (1995) ist derart Kritik zu üben, dass zwei Fragen auf Grund ihrer **unklaren Formulierung** („Ist der

Geräuschpegel am Arbeitsplatz hoch oder störend?", „Ist die Temperatur am Arbeitsplatz zu hoch oder zu niedrig?") nicht eindeutig mit „Ja" oder „Nein" zu beantworten sind, was den Testablauf durch vermehrte Fragen durch die Probanden störte bzw. wodurch diese Fragen in einigen Fällen nicht beantwortet wurden.

8.8 Empfehlungen für die Praxis

An dieser Stelle sei erwähnt, dass die vorliegenden Ergebnisse die Gelegenheit boten, Treatmenteffekte innerhalb eines Betriebes zu beobachten, welcher sich in einem Wandel befand. Diese Studie ist als Pilotstudie für weitere Forschungsprojekte zum Thema aktiver betrieblicher Gesundheitsförderung in Richtung Erziehung zur Eigenverantwortung zu sehen und soll eine Anregung für vertiefte Untersuchungen zu diesem Gegenstand darstellen: Auf Grund sich ständig wandelnder Bedingungen in der Arbeitswelt (siehe Kapitel 2.7) steigt die Nachfrage nach Befunden zur Veränderung psychischer Variablen.

8.8.1 Optimierungsvorschläge für betriebliche Gesundheitsförderungsprojekte

Um ähnliche Störvariablen, welche in Kapitel 8.7 näher beschrieben wurden (z.B. verschlechterte Allgemeinstimmung und Unruhe durch Geschehnisse im Betrieb und gleichzeitig stattfindende Gesundheitsförderungsprojekte) zu erfassen und Einflüsse dieser Art von gruppenspezifischen Ergebnissen besser trennen zu können, ist die Einführung einer Nullgruppe von Vorteil: Die Teilnehmer dieser Gruppe werden ausschließlich am Ende der Untersuchung getestet und deren Ergebnisse mit jenen aller anderen am Experiment beteiligten Gruppen verglichen.

Die vorliegende Untersuchung wurde, wie bereits erwähnt, durch betriebliche Veränderungen und gleichzeitig im Betrieb stattfindende, nicht mit der externen Untersuchungsleitung abgestimmte Gesundheitsförderungsprogramme, beeinflusst. Es zeigte sich, dass – beim gleichzeitigen Vorliegen von internen und externen Projekten – in diesen Fällen von unklaren Verhältnissen, Mitarbeiter oft nicht wissen, an welchem Projekt sie zuerst teilnehmen sollen. Im Zweifelsfall entscheiden sie sich für das betriebsinterne Angebot. Um letztendlich Unstimmigkeiten solcher Art nicht auf dem Rücken von Arbeitnehmern auszutragen, empfiehlt es sich, bei Übereinkünften bezüglich betrieblicher Gesundheitsförderungsprojekte, die von externer Hand durchgeführt werden, sowohl den Betrieb wie auch den betriebsärztlichen Dienst vertraglich zu binden

Um bei einer bei betrieblichen Gesundheitsförderungsprojekten zu erwartenden hohen Dropout-Rate dennoch zu aussagekräftigem Datenmaterial zu gelangen, ist es empfehlenswert, vorab weniger Gruppen, dafür aber umso größere Probandenzahlen pro Gruppe einzuteilen. Die Anzahl der zu erhebenden Parameter ist ebenfalls möglichst gering zu halten.

Als praxisrelevante Erkenntnis bezüglich der Test-Zusammenstellung sei zudem erwähnt, dass EZ-S und FAW durch große Itemähnlichkeit Positionseffekte (z.B. Auswirkungen auf Motivation und Ermüdung, Trimmel, 1997b) hervorrufen und deshalb nicht geeignet sind, in Kombination getestet zu werden. Es sollte also darauf geachtet werden, dass die getesteten Inhalte eindeutig und die dementsprechenden Messinstrumentarien einander möglichst unähnlich sind, um Positionseffekte (siehe Kapitel 8.7.4) bzw. unvollständig ausgefüllte Fragebögen zu vermeiden.

Auch das Ausfüllen von Pausentagebüchern sollte vermehrt unterstützt werden, z.B. durch wöchentliches Absammeln der Protokolle.

Mehrmalige Testungen hintereinander ergäben präzisere Angaben bezüglich Veränderungen der Konzentration. Bei den Rechenaufgaben kann ein Vortest über die Ausgangsleistung der Versuchspersonen Aufschluss geben, um die Vertrautheit und Geübtheit mit vorliegendem Testmaterial abzuschätzen. Auch könnten bei umfangreicheren Messungen weitere Faktoren des Wohlbefindens (u. a. Stimmung, Spannung, Erholtheit bzw. Schläfrigkeit als Ausdruck von Beanspruchung uvm.) mitberücksichtigt und gemäß den Empfehlungen von Mayring (1996) von Interviews begleitet werden.

Dabei sollte gemäß Richter und Hacker (1998) eine Mindestuntersuchungsdauer von 3 Monaten berücksichtigt werden, um eine ausreichende Rhythmusbildung zu gewährleisten. Eine Langzeitstudie von mindestens einem, optimalerweise jedoch 2 Jahren, würde eine steigende Effektivität für die Konzentrationsleistung nach Stöger (1986) berücksichtigen (es wurde empirisch bei Schülern eines Musikgymnasiums die zuträgliche Rolle der Trainingserfahrung in Progressiver Muskelentspannung auf die Konzentrationsleistung nachgewiesen).

Da aus der vorliegenden Untersuchung trotz suboptimaler Versuchsbedingungen – da z.B. Unsicherheit bezüglich des Arbeitsplatzes einen negativen Einfluss auf die psychische Gesundheit hat, wie Befunde aus der Arbeitslosigkeitsforschung nach Kieselbach und Wacker (1985) bzw. Mohr (1997) zeigen – positive Effekte von Entspannung am Büroarbeitsplatz erkennbar sind, wäre es interessant, die entsprechenden Auswirkungen von strukturierten Pausenprogrammen auch geschlechtsspezifisch bei größeren Stichproben und längerfristigem Übungseinsatz zu untersuchen. Eine geschlechtsspezifische Betrachtung ist insofern wichtig, da sich nach Bamberg et al. (1997), Koller et al. (1991), Martin (1994), Richter (1987) und Ulich (1999) die Bedingungen der Arbeitswelt vor allem für Frauen – u. a. durch eine Belastungskumulation – verschlechterten.

Bezüglich der überraschenden Ergebnisse der Wartegruppe lässt sich folgendes festhalten: Die hochsignifikant verminderte Mengenleistung in den Rechenaufgaben beim Testzeitpunkt 2 in Kombination mit der (allerdings nicht signifikanten) Stagnation bzw. leichten Leistungsverminderung bei den visuellen Aufgaben stellen einen Beleg dafür dar, wie wichtig die von Gundlach (1991), Klugger (1991) und Wenzel (1999) als notwendig dargestellte gute Zusammenarbeit von Belegschaft *und* Management für die Wirksamkeit betrieblicher Gesundheitsförderungsmaßnahmen ist: Werden Vereinbarungen *nicht* eingehalten, führt dies zur Beeinträchtigung der Leistung von Arbeitnehmern. Denn verminderte Leistungsbereitschaft bzw. Leistungsverweigerung sind nach Zapf (1996) Folgen von Unzufriedenheit und Unglücklichsein. Für die betriebliche Praxis lässt sich aus den vorliegenden Erfahrungen ableiten, dass mit Vereinbarungen besonders sorgsam umgegangen werden soll.

Wesentlich für eine erfolgreiche Praxis ist weiters, dass die Anwendung der Übungsprogramme nach Wegfall der innerbetrieblich vorgegebenen Struktur sank. Deshalb muss schon bei der Planung betrieblicher Gesundheitsförderungsprojekte ein besonderes Augenmerk auf anhaltende Strukturbildung geworfen werden, was z.B. in Form von Gesundheitszirkeln – um nur ein Beispiel herauszugreifen - erfolgen kann.

8.8.2 Altersverteilung der Stichprobe: Motivierbarkeit jüngerer Teilnehmer für gesundheitsfördernde Maßnahmen

Bezüglich der Motivierbarkeit jüngerer Menschen für gesundheitsfördernde Maßnahmen sind in der vorliegenden Untersuchung interessante Effekte zu beobachten: Betrachtet man die Altersverteilung der in die Realanalyse einbezogenen Stichprobe (siehe Abbildung 27), so fällt auf, dass ein beträchtlicher Teil der Versuchspersonen jüngeren Alters ist: Im Intervall von 31 – 40 Jahren finden sich 59 Personen, im Intervall von 41 – 50 Jahren hingegen nur 35. Diese Beobachtung lässt sich durch die Tatsache ergänzen, dass ein beachtlicher Teil, nämlich ca. 11 % der Probanden, die sich freiwillig zur Teilnahme am vorliegenden Gesundheitsförderungsprojekt gemeldet hatten, ein Alter von weniger als 31 Jahren aufwiesen, obwohl bei der Anwerbung der Teilnehmer ausdrücklich eine Altersspanne von 31 – 50 Jahren angegeben war. Von diesem Personenkreis absolvierte die Hälfte das gesamte Gesundheitsförderungsprogramm. Dies entspricht einer höheren „Durchhalterate" als bei den in die Auswertung einbezogenen Teilnehmern. Die Daten von Personen, die jünger als 31 Jahre alt waren, wurden zwar auf Grund der Ergebnisse einer Meta-Analyse von Schlicht (1995), wonach die Akzeptanz gesundheitsfördernder Maßnahmen bei diesen Personen kaum gegeben ist, nicht in die Auswertung miteinbezogen. Dem ist jedoch entgegenzuhalten, dass es sich bei dieser Meta-Analyse um altes Datenmaterial handelt und gegenwärtige Trends zeigen, dass zunehmend jüngere Personen an Gesundheitsprogrammen und sportlichen Betätigungen jeglicher Art teilnehmen. Auch die Daten der vorliegenden Studie sprechen für eine gute Motivierbarkeit jüngerer Personen. Dies legt nahe, dass gesundheitsfördernde Maßnahmen bereits sehr früh anzusetzen sind, da Untersuchungsergebnisse von Cervinka (1993), Cervinka et al. (1987), Haider et al. (1979), Haider, Cervinka, Koller und Kundi (1986) und Kundi (1989) zeigten, dass die Genese von Erkrankungen bereits in jungen Jahren anzusiedeln ist, abhängig von Stressfaktoren in der Arbeitswelt.

8.9 Perspektiven

Die vorliegenden Gesundheitsförderungsprogramme scheinen als Instrumentarium zur Gesundheitserziehung im Sinne gesundheitsförderlicher Lebensweisen mit betrieblicher und Selbst-Verantwortung nach Gundlach (1991), Friesenbichler et al. (1997), Kompier und Levi (1995), Udris und Frese (1999), Wenzel (1999), WHO und der Ottawa-Charter der Gesundheitsförderung (siehe Kapitel 4.1) geeignet. Es zeigen sich Anhaltspunkte dafür, dass betriebliche Gesundheitsförderungsmaßnahmen während der Arbeitszeit nicht nur bei den interessierten Personen Anklang finden, sondern auch gute Chancen besitzen, in weiterer Folge einen größeren Personenkreis als ursprünglich zu erreichen und auch im Privatleben umgesetzt zu werden. Diese Wirkung unterstützt die Aussagen von Hildebrandt (1983) bzw. Koller et al., (1991), dass der Freizeitbereich umso wichtiger wird, je mehr die mentalen Beanspruchungen steigen, und von Eckardstein et al. (1995), wonach Freizeit als Kompensationsraum negativer Arbeitsfolgen zunehmend an Bedeutung gewinnt:

In Anbetracht des von Teilnehmern berichteten Transfereffekts der Übungsprogramme auf die Freizeit bzw. einen größeren Personenkreis können die positiven Ergebnisse der angewendeten Programme eine Grundlage für einen Vorstoß in Richtung gezielte Wohlbefindenssteigerung und Leistungsförderung sein. In der Folge könnte die Progressive Muskelentspannung zur Steigerung kognitiver Fähigkeiten, die kinesiologischen Übungen zur Stimulierung kreativer Leistungsbereitschaft eingesetzt werden.

Die nachgewiesene Steigerung der Handlungsfähigkeit bzw. Senkung der Beanspruchungsempfindung durch gezielte Pausengestaltung kann sich in weiterer Folge als sehr wirkungsvoll erweisen: Ein nachhaltig induziertes subjektives Empfinden geringerer Belastung, als Beitrag zur Gesundheitsförderung von Mitarbeitern, zur Verminderung von Folgen psychophysischer Anforderungen eingesetzt, scheint geeignet, um Leistungsvoraussetzungen zu erhalten bzw. zu steigern. Eine verbesserte psychische Befindlichkeit beeinflusst somit die Wahrnehmung der Freizeit positiv. Gemäß den Ausführungen von Eckardstein et al. (1995) führt dies in weiterer Folge zu fördernden Effekten für den Ausgleich belastender Arbeitsbedingungen und die persönliche Weiterbildung.

Beim körperlichen Wohlbefinden stellt sich die interessante Frage, ob und inwieweit sich hier öfter erkrankte Arbeitnehmer von „gesünderen" unterscheiden. Auch ist in diesem Zusammenhang interessant, FAW *oder* EZ-S in Kombination mit der Prüfung medizinischer Parameter wie z.B. Blutdruck oder Blutzucker- bzw. Blutlipidwerten vorzulegen, da z.b. Progressive Muskelentspannung nicht nur entspannend, sondern u.a. nach Brenner (1989, zitiert nach Jacobson, 1190), auch blutdrucksenkend wirkt bzw. sich stressbedingte Blutwerte konditionierbar zeigen (Cervinka et al., 1980).

Insgesamt lässt sich anhand der Ergebnisse der vorliegenden Untersuchung erkennen, dass organisierte (Richter & Hacker, 1998) aktive (Franke, 1998) Pausen größere gesundheitsfördernde Effekte zeigen als frei gestaltete, selbst gewählte. Da nach Becker (1996) familiäre, soziale und Arbeits-Bedingungen (siehe auch Frese et al., 1981; Zapf, 1996) zu den relevantesten Determinanten für Wohlbefinden zählen, könnten Betriebe hinkünftig durch leicht erlernbare, im Arbeits- und Privatbereich einsetzbare Entspannungs- bzw. Stressmanagementmethoden im Sinne einer gezielten Pausengestaltung, wie sie in der vorliegenden Studie zur Anwendung kamen, psychisches Befinden und menschliche Leistungsparameter bzw. Auswirkungen von Arbeitsbedingungen positiv beeinflussen. Die Verwendung strukturierter Pausenprogramme am Büroarbeitsplatz bietet dem menschlichen Organismus ausreichende Regenerationsmöglichkeiten. Übungsfolgen, die Arbeitnehmern „mitgegeben" werden, bieten im Sinne eines Copings eine gute Möglichkeit zur Stressprävention im beruflichen wie auch privaten Bereich. Wesentliche Schritte in Richtung Gewinn für Arbeitnehmer, Arbeitgeber und Sozialversicherungsträger können damit getätigt werden.

8.10 Zusammenfassung

Die Arbeitswelt von heute ist einem starken Wandel unterworfen. Die vormals regelmäßigen Strukturen werden zunehmend von variablen Strukturen abgelöst. Arbeitsverträge und Arbeitstätigkeiten ändern sich, neue Formen von Arbeitsbelastungen entstehen. Damit ist es auch erforderlich, präventive Maßnahmen zur Gesundheitsförderung den sich ändernden Arbeits- und Freizeitbedingungen anzupassen. Arbeitspausen und kurze, eingestreute Freizeitblöcke zur Regeneration gewinnen an Bedeutung. Zu dieser Problematik wurde eine Studien durchgeführt. Die Ergebnisse weisen darauf hin, dass beim Vorliegen kurzer Erholungsphasen strukturierte Angebote mehr zur Verbesserung von Befindlichkeit und Leistungsbereitschaft beitragen als unstrukturierte.

8.10.1 Aufgabenstellung

Als arbeitspsychologischer Beitrag zu individuellen Maßnahmen betrieblicher Gesundheitsförderung wurde die Wirkung strukturierter und organisierter 10-Minuten-Kurzpausen angeboten. Untersucht wurden unterschiedlich gestaltete Übungsprogramme aus den Bereichen Kinesiologie und Progressive Muskelentspannung auf aktuelle Komponenten des Wohlbefindens (Motivation und Beanspruchung) und der Konzentration (Gesamt- und Fehlermenge für Rechenaufgaben; Leistung, Qualität und Kontinuität für Symbolaufgaben). Die Studie fand in einem Produktionsbetrieb in Niederösterreich statt (Amon-Glassl, 2001).

8.10.2 Methode und Untersuchungsdesign

Untersucht wurden 104 Büromitarbeiter (M.: 51, F.: 53) im Alter von 31 – 50 Jahren. Der Untersuchungszeitraum betrug 13 Wochen. Im Vorfeld fand eine Erhebung der Stressbelastung am Arbeitsplatz statt (Fragebogen nach Kompier & Levi, 1995). Die Testdurchgänge bezüglich Konzentrationsleistung (Marschner & Stender, 1972; Moosbrugger & Oehlschlägel, 1996) und Wohlbefinden (Nitsch, 1970) fanden vor bzw. nach einem Treatment von 7 Wochen und einer Pause von 3 Wochen ohne Treatment statt.

Die beiden Versuchsgruppen absolvierten vormittags und nachmittags in ihren Arbeitspausen „Kinesiologische Übungen" bzw. „Progressive Relaxation". Die Kontroll- und Wartegruppe gestaltete ihre Pausen wie gewohnt. Der Wartegruppe wurde eine Projektteilnahme zu einem späteren Zeitpunkt in Aussicht gestellt. Mittels Abschlussfragebogen erfolgte die Einschätzung anhaltender Effekte der Programme.

8.10.3 Ergebnisse

Die Ergebnisse liefern insgesamt Hinweise auf eine - unterschiedliche - positive Wirksamkeit der beiden Übungsprogramme.

Steigerungen im aktuellen Wohlbefinden (Abele, Brehm & Gall, 1996; Frank, 1996; Hacker & Richter, 1984; Schlicht, 1995): Bei den Anwendern der Progressiven Muskelentspannung konnte eine signifikante Verringerung ($p=.023$) der Beanspruchung nachgewiesen werden. Die Gruppe „Kinesiologie" hingegen zeigte Mittelwertanstiege in der Variable „Motivation", welche jedoch keine Signifikanz erreichten.

Konzentrationssteigerungen fanden sich - ähnlich wie in anderen Untersuchungsfeldern (Kahapka, 1990; Stiotta, 1993) - in der Gruppe „Kinesiologie" bei Symbolaufgaben. Die Gruppe „Progressive Muskelentspannung" erreichte, im Einklang mit der Literatur (Stöger, 1986) eine steigende Rechenleistung bei konstanter Fehlerzahl. Eine Signifikanz konnte jedoch nicht nachgewiesen werden.

Mit den Ergebnissen der Wartegruppe, die schlechter ausfielen, als erwartet – allein durch den Übungseffekt aufgrund mehrmaliger Testungen hätte sich diese Gruppe in ihren Ergebnissen verbessern müssen – konnte ein Hawthorne-Effekt ausgeschlossen werden. Die signifikante Verschlechterung ($p=.000$) dieser Gruppe in den Rechenaufgaben und stagnierende Leistung in den Symbolaufgaben geben einen Hinweis darauf, dass betriebliche Maßnahmen zur Gesundheitsförderung erst dann angekündigt werden sollen, wenn sie auch tatsächlich durchgeführt werden.

Zur Stimulierung einer regelmäßiger Teilnahme an den Gesundheitsförderungsprogrammen wurden Übungsplakate, „Pausentagebücher" zur Dokumentation absolvierter Übungsfolgen und freiwillige „Pausenmanager" eingesetzt, welche zur Einhaltung der Pausen und Durchführung der Programme aufforderten. Diese Maßnahmen dienten der Aufrechterhaltung der regelmäßigen Teilnahme, um der nach Gundlach (1991) hohen Dropout-Rate bei betrieblichen Gesundheitsförderungs-Maßnahmen entgegenzuwirken.

Die Nachbefragung dokumentiert einen Abfall der Übungsanwendung nach Wegfall der Struktur.

8.10.4 Erkenntnisse und Empfehlungen

Die Ergebnisse dieser Leitstudie können angesichts steigender (psychomentaler und psychosozialer) Belastungen eine Grundlage für einen Vorstoß in Richtung gezielte Wohlbefindens- und Leistungssteigerung sein. Sowohl bei Pausen während des Arbeitstages (als auch bei kurzen Freizeitblöcken, siehe Amon-Glassl, Cervinka, Gesierich und Kammerer, 2002) erwiesen sich strukturierte Settings den nicht strukturierten als überlegen im Hinblick auf die Förderung von Wohlbefinden, Konzentration und Leistung. Nach Wegfall der Struktur ist wieder mit Einbußen in diesen Bereichen zu rechnen. Zur Überprüfung der Stabilisierung der erzielten Effekte sind in der Folge Langzeitstudien durchzuführen.

In Kurzpausen könnte die Progressive Muskelentspannung zur Steigerung kognitiver Fähigkeiten eingesetzt werden, kinesiologische Übungen zur Stimulierung kreativer Leistungsbereitschaft.

Die Erkenntnisse dieser Untersuchung sind als Ergänzung zu den etablierten Präventionsmaßnahmen zu verstehen und ersetzen Maßnahmen der Arbeitshygiene und der Arbeitsgestaltung in keinem Fall. Durch arbeitspsychologische Analyse und Organisation von Gesundheitsförderungs-Programmen kann den Folgen von neuen Formen der Arbeitsbelastung entgegengewirkt werden. Nach Meinung der Autorin ist zur effektiven Begegnung vorhandener und zukünftiger Beanspruchungen durch das Arbeitsleben ein interdisziplinäres Vorgehen im Sinne nachhaltiger Gesundheitsförderung unabdingbar.

9 Literaturverzeichnis

Abele, A. (1996). Auswirkungen von Wohlbefinden oder: Kann gute Laune schaden? In A. Abele & P. Becker (Hrsg.), *Wohlbefinden. Theorie – Empirie – Diagnostik* (S. 297-325). München: Juventa.

Abele, A. & Becker, P. (1996). *Wohlbefinden. Theorie – Empirie – Diagnostik* (2. Auflage). München: Juventa.

Abele, A. & Brehm, W. (1989). *Wohlbefinden bei sportlicher Aktivierung. Überlegungen zu einer erlebnisorientierten Konzeptualisierung von Gesundheit.* Beitrag zum Symposium „Tübinger Gespräche zu Sport und Sportwissenschaft". [Zitiert nach Becker, 1996]

Abele, A.; Brehm, W. & Gall, Th. (1996). Sportliche Aktivität und Wohlbefinden. In A. Abele & P. Becker, *Wohlbefinden. Theorie – Empirie – Diagnostik* (S. 279-296). München: Juventa.

Albert, D. (Hrsg.). (1985). *Bericht über den 34. Kongreß der Deutschen Gesellschaft für Psychologie in Wien 1984.* Göttingen: Hogrefe.

Allmer, H. (1994). Psychophysische Erholungseffekte von Bewegung und Entspannung. In: R. Wieland-Eckelmann, H. Allmer, K. W. Kallus & H. J. Otto, *Erholungsforschung – Beiträge der Emotionspsychologie, Sportpsychologie und Arbeitspsychologie* (S. 68-100). Weinheim: Beltz.

Allmer, H. (1996). *Erholung und Gesundheit. Grundlagen, Ergebnisse und Maßnahmen.* Göttingen: Hogrefe.

Allgemeine Unfallversicherungsanstalt (Hrsg.). (1995). *ArbeitnehmerInnenschutzgesetz. Übersichtsdarstellung für die Praxis.* Wien: Bohnmann Druck und Verlag.

Allgemeine Unfallversicherungsanstalt (Hrsg.). (2002). *ArbeitnehmerInnenschutzgesetz in der Fassung von 2002 mit Anmerkungen, Verweisen und Stichwortverzeichnis.* Wien: AUVA.

Allgemeine Unfallversicherungsanstalt Landesstelle Linz & Oberösterreichische Gebietskrankenkasse (1996a). MbM-News. *MbM Brief, 1,* 2. Linz: Oberösterreichische Gebietskrankenkasse, Forum Gesundheit.

Allgemeine Unfallversicherungsanstalt Landesstelle Linz & Oberösterreichische Gebietskrankenkasse (1996b). MbM-News. *MbM Brief, 2,* 2.. Linz: Oberösterreichische Gebietskrankenkasse, Forum Gesundheit.

Allgemeine Unfallversicherungsanstalt Landesstelle Linz & Oberösterreichische Gebietskrankenkasse (1997). *Gesundheitsförderung im Betrieb. MitarbeiterInnen bewegen MitarbeiterInnen.* Linz: Oberösterreichische Gebietskrankenkasse, Forum Gesundheit.

Altmann, N. & Hacker, V. (1968). *Angewandte Arbeitswissenschaft. Ein Lehrbuch für Ingenieure.* München: Mensch und Arbeit.

Amon, U. (2001). *Wirkung von Kurzpausen auf Wohlbefinden und Konzentration. Eine arbeitspsychologische Untersuchung gesundheitsfördernder Pausenprogramme am Büroarbeitsplatz.* Unveröffentlichte Diplomarbeit, Universität Wien, Institut für Psychologie.

Amon-Glassl, U.; Gesierich, E.; Kammerer, I. & Cervinka, R.; (2002). Wirkung von Kurzpausen am Büroarbeitsplatz und Kurzaufenthalten in Freizeitsettings auf Konzentrationsleistung und Wohlbefinden. In: R. Jäger (Hrsg.), *Arbeitspsychologie – eine Arbeitsmedizinische Kernkompetenz. RSI-Syndrom. Arbeitsmedizinische Aus- und Weiterbildung – Konzepte und Realität. Österreichische Gesellschaft für Arbeitsmedizin, Jahrestagung 2001 Salzburg* (S. 35-40). Marchtrenk: Kufner Medien.

Amon, U. & Glassl, M. (1995). *9 Tips zum Wohlfühlen.* Unveröffentlichtes Plakat. (Individual Coaching Wien, Institut für Gesundheitsförderung)

Amon, U. (1998). *Kinesiologie für Krankenpflegeberufe.* Unveröffentlichte Seminarunterlagen. (Individual Coaching Wien, Institut für Gesundheitsförderung)

Amon, U. & Glassl, M. (1997a). *Gehirnintegrationsspiel und Kleeblattspiel - spielerische Gesundheitsförderung.* Unveröffentlichter Entwurf für den Präventionsbericht der Allgemeinen Unfallversicherungsanstalt. (Individual Coaching Wien, Institut für Gesundheitsförderung)

Amon, U. & Glassl, M. (1997b). *Kleeblattspiel. Achterübungen für besseres Sehen, Schreiben, Lernen und Entspannen.* Wien: Hölder-Pichler-Tempsky.

Amon, U. & Glassl, M. (1997c). *9 Tips zum Wohlfühlen.* Unveröffentlichter Entwurf für den Präventionsbericht der Allgemeinen Unfallversicherungsanstalt. (Individual Coaching Wien, Institut für Gesundheitsförderung)

Asanger, R. & Wenninger, G. (Hrsg.). (1992). *Handwörterbuch Psychologie.* Weinheim: Psychologie Verlags Union.

Bachinger, S. & Molnar, M. (1993). *PC-FIT User-Saver Evaluierungsstudie.* Unveröffentlichte Dokumen-tation. (Human ware Wien, Institut für Gesundheit, Sicherheit und Ergonomie im Betrieb)

Backhaus, K.; Erichson, B.; Plinke, W. & Weber, R. (1994). *Multivariate Analysemethoden; eine anwendungsorientierte Einführung* (7. vollständig überarbeitete und erweiterte Auflage). Berlin: Springer.

Badura, B.; Lehmann, H.; Kaughold, G.; Pfaff, H.; Schott, T. & Waltz, M. (1987). *Leben mit dem Herzinfarkt. Eine sozialepidemiologische Studie.* Berlin: Springer.

Bakal, D. A. (1992). *Psychology and health* (2nd ed.). New York: Springer Publishing Company.

Bamberg, E. (1986). *Arbeit und Freizeit. Eine empirische Untersuchung zum Zusammenhang zwischen Stress am Arbeitsplatz, Freizeit und Familie.* Weinheim: Beltz.

Bamberg, E. (1995). Freizeit und Familie. In S. Greif; H. Holling & N. Nicholson, *Arbeits- und Organisationspsychologie. Internationales Handbuch in Schlüsselbegriffen* (S. 231-234). Weinheim: Beltz.

Bamberg, E. & Busch, C. (1996). Betriebliche Gesundheitsförderung durch Stressmanagementtraining: Eine Metaanalyse (quasi-)experimenteller Studien. *Zeitschrift für Arbeits- und Organisationspsychologie 49*, 127-127.

Bamberg, E.; Mohr, G. & Resch, M. (1997). Von der Erwerbsarbeitspsychologie zur Arbeitspsychologie. In I. Udris (Hrsg.), *Arbeitspsychologie für morgen. Herausforderungen und Perspektiven* (S. 37-52). Heidelberg: Roland Asanger.

Bandura, A. (1979). *Sozial-kognitive Lerntheorie*. Stuttgart: Klett-Cotta.

Barchmann, H.; Kinze, W. &. Roth, N. (Hrsg.). (1991). *Aufmerksamkeit und Konzentration im Kindesalter*. Berlin: Verlag Gesundheit.

Bartenwerfer, H. (1970). Psychische Beanspruchung und Ermüdung. In G. B. Herwig & A. Mayer, *Handbuch der Psychologie. Band 9: Betriebspsychologie*. Göttingen: Hogrefe. [Zitiert nach Udris, 1982]

Bartenwerfer, H. (1983). Allgemeine Leistungsdiagnostik. In K. J. Groffmann & L. Michel (Hrsg.), *Intelligenz- und Leistungsdiagnostik* (S. 482-512). Göttingen: Hogrefe.

Baumgartner, E. (Hrsg.). (1987). *Arbeitsmedizinische Probleme in der Feinmechanik/ Gesundheitsberatung im Betrieb*. Wien: Maudrich.

Baumgartner, E. (Hrsg.). (1997). *Qualitätskriterien in der Arbeitsmedizin: Praxis, Ausbildung und Überwachung, Moderne Arbeitssysteme (u. a.) Telearbeit, Besonders schutzwürdige Personen am Arbeitsplatz*. Hall in Tirol: Österreichische Gesellschaft für Arbeitsmedizin.

Baumgartner, E. (Hrsg.). (1987). *Endogene Rhythmen – Nacht- und Schichtarbeit*. Wien: Maudrich.

Becker, P. (1986). Theoretischer Rahmen. In P. Becker & B. Minsel (Hrsg.), *Psychologie der seelischen Gesundheit. Band 2* (S. 1-90). [Zitiert nach Frank, 1996]

Becker, P. (1996). Theoretische Grundlagen. In A. Abele & P. Becker, *Wohlbefinden. Theorie – Empirie – Diagnostik* (S. 13-49). München: Juventa.

Becker, P. & Minsel, B. (Hrsg.). (1986). *Psychologie der seelischen Gesundheit. Band 2*. [Zitiert nach Frank, 1996]

Beckmann, J. & Strang, H. (1993). Konzentration: Überlegungen zu einem vernachlässigten Konstrukt. In J. Beckmann, H. Strang & E. Hahn (Hrsg.), *Aufmerksamkeit und Energetisierung. Facetten von Konzentration und Leistung* (S. 11-32). Göttingen: Hogrefe.

Beckmann, J.; Strang, H. & Hahn, E. (Hrsg.). (1993). *Aufmerksamkeit und Energetisierung. Facetten von Konzentration und Leistung*. Göttingen: Hogrefe.

174

Behr, M. (2001). Windsurfen am Bau. Projekt „BAUfit": eine Studie zur Minderung des Unfallrisikos auf Baustellen). *Unizeit: Das Magazin der Universität Graz, 3* (1). www.uni-graz.at

Benda, H. von (1999). Probleme der Mensch-Computer-Interaktion. In C. Graf Hoyos & D. Frey (Hrsg.), *Arbeits- und Organisationspsychologie. Ein Lehrbuch* (S. 237-248). Weinheim: Beltz/Psychologie Verlags Union.

Benesch, H. (1987). *Atlas zur Psychologie. Tafeln und Texte* (Band 2). München: Deutscher Taschenbuch Verlag.

Berg, D. (1991a). Psychologische Grundlagen und Konzepte von Aufmerksamkeit und Konzentration. In H. Barchmann, W. Kinze & N. Roth (Hrsg.), *Aufmerksamkeit und Konzentration im Kindesalter*(S. 39-46). Berlin: Verlag Gesundheit.

Berg, D. (1991b). Zur Bedeutung von Reizkomplexität und -modalität bei Konzentrationsschwierigkeiten. *Zeitschrift für Pädagogische Psychologie, 5,* 9-20.

Bescheid des Bundesministeriums für soziale Verwaltung (1982*). Ruhepausen gemäß § 11 Abs. 7 AZG.* Wien: Staatsdruckerei.

Blaha, F. (Hrsg.). (1995). *Der Mensch am Bildschirmarbeitsplatz.* Wien: Springer.

Bölke-Zeuner, G. & Strobel, B. (1991). *Alltag am Bildschirm: Frauen berichten von ihren Erfahrungen bei der Bundesversicherungsanstalt Berlin* (Forschungsberichte des Hamburger Instituts für Sozialforschung Nr. 6). Hamburg: Hamburger Institut für Sozialforschung.

Breuer-Stern, D. (1995). *Gesund sein und bleiben - aber wie? Praxishilfen für die betriebliche Gesundheitsförderung.* Renningen-Malmsheim: Expert.

Bradburn, N. L. (1969). *The structure of psychological well-being.* Chicago: Aldine. [Zitiert nach Becker, 1996]

Brandstätter, H. (1996). Alltagsereignisse und Wohlbefinden. In A. Abele & P. Becker, *Wohlbefinden. Theorie - Empirie - Diagnostik* (S. 191-225). München: Juventa.

Brenner, H. (1989). *Das große Buch der Entspannungstechniken.* München: Humboldt. [Zitiert nach Jacobson, 1990]

Brenner, W.; Rutenfranz, J.; Baumgartner, E. & Haider, M. (Hrsg.). (1980). *Arbeitsbedingte Gesundheitsschäden – Fiktion oder Wirklichkeit.* Stuttgart: Gentner.

Brickenkamp, R. (1981). *Test d2. Aufmerksamkeits-Belastungstest.* Göttingen: Hogrefe.

Brickenkamp, R. (1983). *Erster Ergänzungsband zum Handbuch psychologischer und pädagogischer Tests.* Göttingen: Hogrefe.

Brickenkamp, R. (Hrsg.). (1986). *Handbuch apparativer Verfahren in der Psychologie.* Göttingen: Hogrefe.

Brickenkamp, R. & Karl, G. A. (1986). Geräte zur Messung von Aufmerksamkeit, Konzentration und Vigilanz. In R. Brickenkamp (Hrsg.), *Handbuch apparativer Verfahren in der Psychologie* (S. 195-211). Göttingen: Hogrefe.

Broadbent, D. E. (1958). *Perception and Communication.* London: Pergamon Press. [Zitiert nach Leitner, 1998]

Brüning, B.; Frey, D.; Stahlberg, D. & Graf Hoyos, C. (1988). Notizen zu den Anfängen der Angewandten Psychologie. In D. Frey, C. Graf Hoyos & D. Stahlberg (Hrsg.), *Angewandte Psychologie. Ein Lehrbuch* (S. 1-21). München: Psychologie Verlags Union.

Budowila, E. A. & Schorochwa, E. W. (1973). *Untersuchungen des Denkens in der Sowjetischen Psychologie.* Berlin: Volk und Wissen. [Zitiert nach Rollett, 1993]

Büchner, J. & Schröer, A. (1996). Effektivität und Effizienz betrieblicher Gesundheitsförderung in den USA. *Die Betriebskrankenkasse, 3,* 139-145. [Zitiert nach Frieling & Sonntag, 1999]

Buinoch, I. (1997). Programm für Mitarbeitergesundheit bei Hewlett Packard. *Human ware News. Zeitschrift für menschengerechte Arbeitsplatzgestaltung, 2,* 7.

Bundesanstalt für Arbeitsmedizin (Hrsg.). (1995). *Arbeitsmedizinische Aspekte der modernen Büroarbeit. Fortbildungstag vom 10.09.1994 in der Bundesanstalt für Arbeitsmedizin* (Schriftenreihe der Bundesanstalt für Arbeitsmedizin, Tagungsbericht 5, 2. Auflage). Berlin: Wirtschaftsverlag NW.

Bundesgesetzblatt für die Republik Österreich (1998). *51. Bundesgesetz: Gesundheitsförderungsgesetz – GfG* (Teil 1). http://bgbl.wzo.at.

Bundesministerium für Arbeit, Gesundheit und Soziales (1997). *Entwurf zum Gesundheitsförderungsgesetz, Stand 6.11.1997.* Wien: Staatsdruckerei.

Caffier, G. (1995). Probleme des Sitzarbeitsplatzes. In Bundesanstalt für Arbeitsmedizin (Hrsg.), *Arbeits-medizinische Aspekte der modernen Büroarbeit. Fortbildungstag vom 10.09.1994 in der Bundesanstalt für Arbeitsmedizin* (S. 37-49). Berlin: Wirtschaftsverlag NW.

Cakir, A. (1981). Belastung und Beanspruchung bei Bildschirmtätigkeiten. In M. Frese, *Stress im Büro*(S. 46-71). Bern: Hogrefe.

Caplan, R. D. & Harrison, R. van (1993). Person-Environment Fit Theory. Some History, Recent Developments and Future Directions. *Journal of Social Issues, 49,* 253-275.

Cervinka, R. (1993). Night shift dose and stress at work. *Ergonomics, 36,* 155-160.

Cervinka, R.; Haider, M.; Hloch, Th.; Koller, M. & Kundi, M. (1980). Psychosoziale Belastung und physiologische Beanspruchung bei Frauen in Zusammenhang mit einem Zweischichtsystem. In W. Brenner, J. Rutenfranz, E. Baumgartner & M. Haider (Hrsg.), *Arbeitsbedingte Gesundheitsschäden – Fiktion oder Wirklichkeit* (S. 157-164). Stuttgart: Gentner.

Cervinka, R.; Kundi, M.; Koller, M. & Haider, M. (1987). Zur Destabilisierungstheorie der Nacht- und Schichtarbeit, Möglichkeiten der praktischen Prävention. In E. Baumgartner (Hrsg.), *Endogene Rhythmen – Nacht- und Schichtarbeit* (S. 52-59). Wien: Maudrich.

Cervinka, R.; Koller, M. & Haider, M. (1980). Konditionierbarkeit stressbedingter Blutzucker- und Blutlipidveränderungen. *Zeitschrift für psychosomatische Medizin, 26,* 246-258.

Cervinka, R.; Neuberger, M. & Schoberberger, R. (1986). Raucher und Gesundheitsberatung im Betrieb. *Mitteilungen der österreichischen Sanitätsverwaltung 12,* S. 432-436.

Clauß, G. & Ebner, H. (1985*). Statistik. Für Soziologen, Pädagogen, Psychologen und Mediziner. Band 1: Grundlagen* (5. unveränderte Auflage). Thun: Harri Deutsch.

Cooper, C. L.; Liukkonen, P. & Cartwright, S. (1996). *Stress Prevention in the Workplace: Assessing the Costs and Benefits to Organisations.* Luxembourg: Office for Official Publications of the European Communities.

Demmer, H. (1996). *Betriebliche Gesundheitsförderung - von der Idee zur Tat.* Essen: Bundesverband der Betriebskrankenkassen.

Deutsch, J. A. & Deutsch, D. (1963). Attention: Some theoretical considerations. *Psychological Review, 70,* 80-90.

Diehl, K. (1923*). Arbeitsintensität und Achtstundentag.* Jena. [Zitiert nach Sperling, 1983]

Diener, E. (1984). Subjective well-being. *Psychological Bulletin, 95,* 542-575. [Zitiert nach Zapf, 1996]

Drescher, P. (1993). *Organisationale Sozialisation: Eine Studie über das Befinden von Betriebseinsteigern.* Münster: Waxmann.

Düker, H. & Lienert, G. A. (1965). *Konzentrations-Leistungs-Test (KLT).* Göttingen: Hogrefe. [Zitiert nach Westhoff, 1993b]

Dunckel, H. (1991). Mehrfachbelastung und psychosoziale Gesundheit. In S. Greif, E. Bamberg & N. Semmer (Hrsg.), *Psychischer Stress am Arbeitsplatz* (S. 154-167). Göttingen: Hogrefe.

Dunckel, H.; Zapf, D. & Udris, I. (1991). Methoden betrieblicher Stressanalyse. In S. Greif, E. Bamberg & N. Semmer (Hrsg.), *Psychischer Stress am Arbeitsplatz* (S. 29-45). Göttingen: Hogrefe.

Ebbinghaus, H. (1919). *Grundzüge der Psychologie* (Band 1, 4. Auflage). Leipzig: Von Veit & Comp. [Zitiert nach Leitner, 1998]

Eckardstein, D. von; Lueger, G.; Niedl, K. & Schuster, B. (1995). *Psychische Befindensbeeinträchtigungen und Gesundheit im Betrieb. Herausforderung für Personalmanager und Gesundheitsexperten* (Personalwirtschaftliche Schriften, Band 3). München: Hampp.

Ertel, M.; Junghanns, G. & Ullsperger, P. (1995). Psychosoziale Aspekte. In Bundesanstalt für Arbeitsmedizin (Hrsg.), *Arbeitsmedizinische Aspekte der modernen Büroarbeit. Fortbildungstag vom 10.09.1994 in der Bundesanstalt für Arbeitsmedizin* (S. 116-126). Berlin: Wirtschaftsverlag NW.

Ertel, M.; Junghanns, G.; Pech, E. & Ullsperger, P. (1997). *Auswirkungen der Bildschirmarbeit auf Gesundheit und Wohlbefinden*. Bremerhaven: Wirtschaftsverlag.

Ertl, B. (1995). Es hat vor allem der Seele gut getan. Betriebliche Gesundheitsförderung am Beispiel des Gesundheitsparks München. *Psychologie heute, 7*, 47 - 48.

Europäisches Informationszentrum „Gesundheitsförderung im Betrieb" beim Bundesverband der Betriebskrankenkassen (Hrsg.). (1992). Pausengymnastik in der Näherei des Volkswagenwerkes Wolfsburg. *News. Gesundheitsförderung im Betrieb, 2*, 5-6.

Europäisches Informationszentrum „Gesundheitsförderung im Betrieb" beim Bundesverband der Betriebskrankenkassen (Hrsg.). (1994). Stadtwerke München: Gesundheitsförderungsprogramm für die Fahrer/innen der Verkehrsbetriebe. *News. Gesundheitsförderung im Betrieb, 1*, 3-5.

Europäische Kommission (1996). *Gesundheit und Sicherheit am Arbeitsplatz. Gemeinschaftsprogramm 1996-2000*. Luxemburg: Amt für amtliche Veröffentlichungen der Europäischen Gemeinschaften.

Eysenck, M. W. (1982). *Attention and Arousal*. Berlin: Springer.

Fay, E. & Stumpf, H. (1992). Leistungsdaten. In R. S. Jäger & F. Petermann (Hrsg.), *Psychologische Diagnostik. Ein Lehrbuch* (S. 380-396). Weinheim: Psychologie Verlags Union.

Findeisen, D. G. R. (1994). *Sport, Psyche und Immunsystem: über die Zusammenhänge zwischen physischem und psychischem Wohlbefinden*. Berlin: Frieling.

Follick, M. J.; Abrams, D. B.; Pinto, R. P. & Fowler, J. L. (1987). Health psychology at the worksite. In G. C. Stone, S. M. Weiss, J. D. Matarazzo, N. E. Miller, J. Rodin, C. D. Belar, M. J. Follick, & J. E. Singer (Eds.), *Health Psychology* (pp. 137-149). Chicago: University Press.

Frank, R. (1996). Körperliches Wohlbefinden. In A. Abele & P. Becker, *Wohlbefinden. Theorie – Empirie – Diagnostik* (S. 71-95). München: Juventa.

Frank, R.; Vaitl, D. & Walter, B. (1995). Verdirbt Krankheit den Genuß? In R. Lutz & N. Mark (Hrsg.), *Wie gesund sind Kranke? Zur seelischen Gesundheit psychisch Kranker* (S. 95-122). Göttingen: Verlag für Angewandte Psychologie.

Franke, J. (1998). *Optimierung von Arbeit und Erholung. Ein kompakter Überblick für die Praxis.* Stuttgart: Enke.

Frei, F. & Udris, I. (Hrsg.). (1990). *Das Bild der Arbeit.* Bern: Huber.

French, J. R. P. (1978). Person-Umwelt-Übereinstimmung und Rollenstreß. In M. Frese, S. Greif & N. Semmer (Hrsg.), *Industrielle Psychopathologie* (S. 41-51). Bern: Huber.

Frese, M. (Hrsg.). (1981). *Stress im Büro.* Bern: Hans Huber.

Frese, M. (1982). Occupational socialisation and psychological development: An underemphasized research perspective in industrial psychology. *Journal of Occupational Psychology, 55,* 209-224. [Zitiert nach Zapf, 1996]

Frese, M. (1990). Arbeit und Emotion – ein Essay. In F. Frei & I. Udris (Hrsg.), *Das Bild der Arbeit*(S. 285-301). Bern: Huber.

Frese, M. (1991). Stress und neue Techniken. In S. Greif, E. Bamberg & N. Semmer (Hrsg.), *Psychischer Stress am Arbeitsplatz* (222-240). Göttingen: Hogrefe.

Frese, M.; Greif, S. & Semmer, N. (Hrsg.). (1978). *Industrielle Psychopathologie.* Bern: Huber.

Frese, M.; Saupe, R. & Semmer, N. (1981). Stress am Arbeitsplatz von Schreibkräften: Ein vergleich zweier Stichproben. In M. Frese, *Stress im Büro* (S. 225-252). Bern: Hogrefe.

Frese, M. & Semmer, N. (1986). Shift, stress and psychosomatic complaints: a comparison between workers in different shiftwork schedules, nonshiftworkers and former shiftworkers. *Ergonomics, 29,* 99-114.

Frese, M. & Semmer, N. (1991). Stressfolgen in Abhängigkeit von Moderatorvariablen: Der Einfluss von Kontrolle und sozialer Unterstützung. In S. Greif, E. Bamberg & N. Semmer (Hrsg.), *Psychischer Stress am Arbeitsplatz* (S. 135-153). Göttingen: Hogrefe.

Frese, M. & Zapf, D. (1987). Eine Skala zur Entwicklung von sozialen Stressoren am Arbeitsplatz. *Zeitschrift für Arbeitswissenschaft, 41,* 134 – 141.

Frey, D.; Graf Hoyos, C. & Stahlberg, D. (Hrsg.). (1988). *Angewandte Psychologie. Ein Lehrbuch.* München: Psychologie Verlags Union.

Friedman, A. & Polson, M.C. (1981). Hemispheres as Independent Resource Systems: Limited-Capacity Processing and Cerebral Specialization. *Journal of Experimental Psychology: Human Perception and Performance, 7,* 1031-1058.

Frieling, E. & Sonntag, K. (1999). *Lehrbuch Arbeitspsychologie* (2. vollständig überarbeitete und erweiterte Auflage). Bern: Hans Huber.

Friesenbichler, H.; Meggeneder, O.; Riedl, G.; Tinhofer, H.; Vogt, E. & Winker, N. (1997). Grundlagen und Vorteile der Gesundheitsförderung. In Hauptverband der österreichischen Sozialversicherungsträger (Hrsg.), *Betriebliche Gesundheitsförderung. Handbuch der österreichischen sozialen Krankenversicherungsträger* (S. 1-18a). Wien: Eigenverlag.

Fröhlich, D. (1978). Innerbetriebliche Arbeitssituation und Teilnahme an freiwilligen Vereinigungen. *Zeitschrift für Soziologie, 7,* 56-71.

Fröhlich, W. D. (1987). *Wörterbuch zur Psychologie* (15. bearbeitete und erweiterte Auflage). München: Deutscher Taschenbuch Verlag.

Galperin, P. J. (1973a). Zum Problem der Aufmerksamkeit. In J. Lompscher (Hrsg.), *Sowjetische Beiträge zur Lerntheorie. Die Schule P. J. Galperins* (S. 15-23). Köln: Pahl-Eugenstein. [Zitiert nach Rollett, 1993]

Galperin, P. J. (1973b). Die Psychologie des Denkens und die Lehre von der etappenweisen Ausbildung geistiger Handlungen. In E. A. Budowila & E. W. Schorochwa, *Untersuchungen des Denkens in der Sowjetischen Psychologie* (S. 81-119). Berlin: Volk und Wissen. [Zitiert nach Rollett, 1993]

Galperin, P. J. (1976). On the Psychology of attention. In XXIst International Congress of Psychology, *Abstract Guide* (S. 24). Paris: French Society of Psychology. [Zitiert nach Rollett, 1993]

Galperin, P. J. (1979). Die geistige Handlung als Grundlage für die Bildung von Gedanken und Vorstellungen. In. P. J. Galperin & A. N. Leontjew, *Probleme der Lerntheorie* (S. 29-43). Berlin: Volk und Wissen. [Zitiert nach Rollett, 1993]

Galperin, P. J. & Leontjew, A. N. (1979). *Probleme der Lerntheorie.* Berlin: Volk und Wissen. [Zitiert nach Rollett, 1993]

Gardell, B. (1978). Arbeitsgestaltung, intrinsische Arbeitszufriedenheit und Gesundheit. In M. Frese, S. Greif & N. Semmer (Hrsg.), *Industrielle Psychopathologie* (S. 52-111). Bern: Huber.

Gesierich, E.; Kammerer, I. & Cervinka, R. (2001). *Wohlbefinden und Gesundheit in einem Freizeitsetting.* Unveröffentlichter Projektbericht, Universität Wien, Institut für Umwelthygiene.

Glassl, M. (1993). *Einführung in die Kinesiologie.* Unveröffentlichte Seminarunterlagen. (Individual Coaching Wien, Institut für Gesundheitsförderung)

Graf Hoyos, C. & Frey, D. (Hrsg.). (1999). *Arbeits- und Organisationspsychologie. Ein Lehrbuch.* Weinheim: Beltz/ Psychologie Verlags Union.

Grandjean, E. (1991). *Physiologische Arbeitsgestaltung. Leitfaden der Ergonomie* (4. erweiterte Auflage). Landsberg: Ecomed.

Greif, S. (1991). Stress in der Arbeit – Einführung und Grundbegriffe. In S. Greif, N. Semmer & E. Bamberg (Hrsg.), *Psychischer Stress am Arbeitsplatz* (S. 1-28). Göttingen: Hogrefe.

Greif, S.; Bamberg, E.; Dunckel, H.; Frese, M.; Mohr, G.; Rückert, D.; Rummel, M.; Semmer, N. & Zapf, D. (1983). *Abschlußbericht des Forschungsprojektes „Psychischer Stress am Arbeitsplatz – hemmende und fördernde Bedingungen für humanere Arbeitsplätze"*. Unveröffentlichter Bericht. (Universität Osnabrück). [Zitiert nach Zapf, 1996]

Greif, S.; Bamberg, E. & Semmer, N. (Hrsg.). (1991). *Psychischer Stress am Arbeitsplatz*. Göttingen: Hogrefe.

Greif, S. & Cox, T. (1995). Stress. In S. Greif; H. Holling & N. Nicholson, *Arbeits- und Organisationspsychologie. Internationales Handbuch in Schlüsselbegriffen* (S. 432-439). Weinheim: Beltz.

Greif, S.; Holling, H. & Nicholson, N. (1995). *Arbeits- und Organisationspsychologie. Internationales Handbuch in Schlüsselbegriffen* (2. Auflage). Weinheim: Beltz.

Grob, A. (1999). Regulation des subjektiven Wohlbefindens. In W. Hacker & M. Rinck (Hrsg.), *Zukunft gestalten. Bericht über den 41. Kongreß der Deutschen Gesellschaft für Psychologie in Dresden 1998* (S. 241-254). Lengerich: Pabst Science Publishers.

Groffmann, K. J. & Michel, L. (Hrsg.). (1983). *Intelligenz- und Leistungsdiagnostik*. Göttingen: Hogrefe.

Gundlach, G. (1991). Gesundheitsförderung in der Arbeitswelt. In J. Haisch & H. –P. Zeitler (Hrsg.), *Gesundheitspsychologie. Zur Sozialpsychologie der Prävention und Krankheitsbewältigung* (S. 145-171). Heidelberg: Roland Asanger.

Guttmann, G. (1982). *Lehrbuch der Neuropsychologie (3. überarbeitete und ergänzte Auflage)*. Bern: Hans Huber.

Guttmann, G. (1990). *Lernen. Die wunderbare Fähigkeit, geistige und körperliche Funktionen verändern zu können*. Wien: Hölder-Pichler-Tempsky.

Hackman, J. R. & Oldham, G. R. (1976). Motivation through the design of work: test of a theory. *Organizational Behaviour and Human Performance, 16*, 250-279. [Zitiert nach Zapf, 1996]

Hackman, J. R. & Oldham, G. R (1980). *Work redesign*. Reading, Mass.: Addison-Wesley. [Zitiert nach Zapf, 1996]

Hacker, W. (1986). *Arbeitspsychologie: psychische Regulation von Arbeitstätigkeiten*. Bern: Hans Huber.

Hacker, W. (1995a). Ermüdung. In S. Greif; H. Holling & N. Nicholson, *Arbeits- und Organisationspsychologie. Internationales Handbuch in Schlüsselbegriffen* (S. 209-212). Weinheim: Beltz.

Hacker, W. (1995b). Vollständige versus unvollständige Arbeitstätigkeiten. In S. Greif; H. Holling & N. Nicholson, *Arbeits- und Organisationspsychologie. Internationales Handbuch in Schlüsselbegriffen* (S. 463-445). Weinheim: Beltz.

Hacker, W. (1998). *Allgemeine Arbeitspsychologie. Psychische Regulation von Arbeitstätigkeiten*. Bern: Hans Huber.

Hacker, W. (1999). Regulation und Struktur von Arbeitstätigkeiten. In C. Graf Hoyos & D. Frey (Hrsg.), *Arbeits- und Organisationspsychologie. Ein Lehrbuch* (S. 385-397). Weinheim: Beltz/Psychologie Verlags Union.

Hacker, W. & Richter, P. (1984). *Psychische Fehlbeanspruchung. Psychische Ermüdung, Monotonie, Sättigung und Stress. Spezielle Arbeits- und Ingenieurpsychologie in Einzeldarstellungen* (Band 2, 2. veränderte und ergänzte Auflage). Berlin: Springer.

Hacker, W. & Rinck, M. (Hrsg.). (1999). *Zukunft gestalten. Bericht über den 41. Kongreß der Deutschen Gesellschaft für Psychologie in Dresden 1998*. Lengerich: Pabst Science Publishers.

Hackl-Gruber, W. (1995). Ergonomie. In F. Blaha (Hrsg.), *Der Mensch am Bildschirmarbeitsplatz* (S. 4-10). Wien: Springer.

Hackl-Gruber, W. (1997). *Ergonomie*. Unveröffentlichte Seminarunterlagen. (Technische Universität Wien, Institut für Betriebswissenschaften, Arbeitswissenschaft und BWL)

Haider, M.; Cervinka, R.; Höller, H.; Knapp, E.; Koller, M.; Kundi, M.; Neuberger, M. & Schmidt, H. (1979). *Gesundheitliche und soziale Aspekte der Schichtarbeit*. Wien: Institut für Gesellschaftspolitik.

Haider, M.; Cervinka, R.; Koller, M. & Kundi, M. (1986). *Gesundheitliche und soziale Aspekte der Schichtarbeit. Eine Längsschnittuntersuchung in der Raffinerie Schwechat*. Wien: Institut für Gesellschaftspolitik.

Haider, M.; Koller, M. & Cervinka, R. (Hrsg.). (1986). *Night and Shiftwork Longterm Effects and their Prevention*. Frankfurt: Peter Lang.

Haider, M. & Kundi, M. (1981). *Beanspruchung bei Bildschirmarbeit. Eine experimentelle Untersuchung an Datensichtgeräten unter Berücksichtigung der Bildzeichenfarbe*. Wien: Verlag des ÖGB.

Haider, M.; Slezak, H.; Höller, H.; Kundi, M.; Schmid, H.; Stidl, H.-G.; Thaler, A. & Winter, N. (1977). *Arbeitsbeanspruchung und Augenbelastung an Bildschirmgeräten*. Wien: Verlag des ÖGB, Automationsausschuß der Gewerkschaft der Privatangestellten.

Haisch, J. & Zeitler, H.-P. (Hrsg.). (1991). *Gesundheitspsychologie. Zur Sozialpsychologie der Prävention und Krankheitsbewältigung*. Heidelberg: Roland Asanger.

Haskell, W. L. & Blair, S. N. (1982). The physical activity component of health promotion in occupational settings. In R. S. Parkinson (Ed.*), Managing health promotion in the work place* (pp. 252-271). Palo Alto: Mayfield.

Hauptverband der österreichischen Sozialversicherungsträger (Hrsg.). (1997). *Betriebliche Gesundheitsförderung. Handbuch der österreichischen sozialen Krankenversicherungsträger*. Wien: Eigenverlag.

182

Heimann, E. (1929). *Soziale Theorie des Kapitalismus*. Thübingen. [Zitiert nach Sperling, 1983]

Henning, H. (1925). *Die Aufmerksamkeit*. Berlin: Urban & Schwarzenberg. [Zitiert nach Leitner, 1998]

Herwig, B. & Mayer, A. (1961). *Handbuch der Psychologie. Band 9: Betriebspsychologie*. Göttingen: Hogrefe.

Hettinger, Th. (1995). Belastung und Beanspruchung am Arbeitsplatz. In S. Greif, H. Holling & N. Nicholson, *Arbeits- und Organisationspsychologie. Internationales Handbuch in Schlüsselbegriffen* (S. 173-186). Weinheim: Beltz.

Hildebrandt, G. (1983). Gestaltung der Arbeitsorganisation. Freizeit und Urlaub. In W. Rohmert & J. Rutenfranz (Hrsg.), *Praktische Arbeitsphysiologie. Begründet von Gunther Lehmann* (S. 381-393). Stuttgart: Georg Thieme.

Hilf, H. H. (1976). *Einführung in die Arbeitswissenschaft*. Berlin: Springer. [Zitiert nach Sperl, 1983]

Hobfoll, S. E. (1988). *The ecology of stress*. New York: Hemisphere Publ. Corp. [Zitiert nach Frieling & Sonntag, 1999]

Hobfoll, S. E. (1989). Conservation of Resources: A new attempt at Conzeptualizing stress. *American Psychologist, 44*, 513-524. [Zitiert nach Frieling & Sonntag, 1999]

Hoff, E.; Lappe, L. & Lempert, W. (Hrsg.). (1985). *Arbeitsbiographie und Persönlichkeitsentwicklung*. Bern: Huber. [Zitiert nach Zapf, 1996]

Hoff, E.-H. & Hohner, H.-U. (1995). Berufliche Sozialisation. In S. Greif; H. Holling & N. Nicholson, *Arbeits- und Organisationspsychologie. Internationales Handbuch in Schlüsselbegriffen* (S. 186-193). Weinheim: Beltz.

Hoff, E.-H.; Lempert, W. & Lappe, L. (1991). *Persönlichkeitsentwicklung in Facharbeiterbiografien*. Bern: Huber.

Hünting, W.; Läubli, Th. & Grandjean, E. (1981). Zwangshaltung an Bildschirmarbeitsplätzen. *Zentralblatt für Arbeitsmedizin, 31* (8), 316-325.

Human ware (o. J.). *PC-FIT User Saver Informationsbroschüre*. Unveröffentlichte Informationsbroschüre. (Human ware Wien, Institut für Gesundheit, Sicherheit und Ergonomie im Betrieb)

Hutterer, W. (2002). Arbeitnehmerschutz-Reformgesetz. *SVP News. Aktuelle Informationen für Sicherheitsvertrauenspersonen, 01, 1-3.*

Imhof, M. (1995). *Mit Bewegung zu Konzentration? Zu den Funktionen motorischer Nebentätigkeiten beim Zuhören*. Münster. Waxmann.

XXIst International Congress of Psychology, *Abstract Guide* (1976). Paris: French Society of Psychology. [Zitiert nach Rollett, 1993]

Istanbuli, S. (o. J.). *PRODIS Infopaket: Bildschirm*. Köln: Institut der deutschen Wirtschaft, Forschungsgruppe PRODIS.

Jacobson, E. (1990). *Entspannung als Therapie*. München: J. Pfeifer.

183

Jacobi, U. & Weltz, F. (1981). Zum Problem der Beanspruchung beim Maschinenschreiben. In M. Frese (Hrsg.), *Stress im Büro* (S. 180-198). Bern: Hans Huber.

Jäger, R. (Hrsg.). (2002). *Arbeitspsychologie – eine Arbeitsmedizinische Kernkompetenz. RSI-Syndrom. Arbeitsmedizinische Aus- und Weiterbildung – Konzepte und Realität. Österreichische Gesellschaft für Arbeitsmedizin, Jahrestagung 2001 Salzburg.* Marchtrenk: Kufner Medien.

Jäger, R. S. & Petermann, F. (Hrsg.). (1992). *Psychologische Diagnostik. Ein Lehrbuch.* Weinheim: Psychologie Verlags Union.

James. W. (1890). *The Principles Of Psychology* (Vol.1). London: MacMillan and Co. [Zitiert nach Leitner, 1998]

Janssen, E.; Hahn, E. & Strang, H. (Hrsg.). (1991). *Konzentration und Leistung.* Göttingen: Hogrefe.

Junghanns, G.; Ullsperger, P. & Ertel, M. (1998). Gesundheitsrelevante Anforderungsbewältigung bei computergestützter Büroarbeit. *Zeitschrift für Arbeits- und Organisationspsychologie, 3,* 147-157.

Kahapka, F. (1990). *Die Auswirkungen von Edu-Kinesthetik im Rahmen des Berufsschul-Unterrichtes.* Unveröffentlichte Diplomarbeit, Universität Wien, Institut für Psychologie.

Kahn, R. L.; Wolpe, D. M.; Quinn, R. P.; Snoek, J. D. & Rosenthal, R. A. (1964): *Organizational Stress. Studies in Role Conflict and Ambiguity.* New York: Wiley.

Kahnemann, D. (1973). *Attention and Effort.* Englewood Cliffs, NJ: Prentice-Hall Inc. [Zitiert nach Imhof, 1995]

Kammer für Arbeiter und Angestellte für Wien (1997). *Arbeitsplatz Bildschirm. Eine Handlungsanleitung für die Praxis.* Wien: Eigenverlag.

Kannheiser, W. (1983). Theorie der Tätigkeit als Grundlagen eines Modells von Arbeitsstreß. *Zeitschrift für Arbeits- und Organisationspsychologie, 27,* 102-110.

Karasek, R. (1979). Job Demands, Job Decition Letitude, and Mental Strain. Implications for Job Redesign. *Administrative Science Quaterly, 24,* 285-306.

Karasek, R. (1985). *Job Content Questionnaire and Users Guide.* [Zitiert nach Kompier & Levi, 1995]

Karasek, R. & Theorell, T. (1990). *Healthy work: Stress, productivity, and the reconstruction of working life.* New York: Basic Books

Kaufmann, I. & Pornschlegel, H. (1982). Körperliche Belastung und Beanspruchung. In L. Zimmermann (Hrsg.), *Belastungen und Stress bei der Arbeit* (S. 49-102). Reinbeck: Rohwolt.

Kaufmann, I.; Pornschlegel, H. & Udris, I. (1982). Arbeitsbelastung und Bean-spruchung. In L. Zimmermann (Hrsg.), *Belastungen und Stress bei der Arbeit* (S. 13-48). Reinbeck: Rohwolt.

Keupp, H. (1992). Soziale Netzwerke. In R. Asanger & G. Wenninger (Hrsg.), *Handwörterbuch Psychologie* (S. 696-703). Weinheim: Psychologie Verlags Union.

Kieselbach, T. & Wacker, A. (Hrsg.). (1985). *Individuelle und gesellschaftliche Kosten der Arbeitslosigkeit. Psychologische Theorie und Praxis.* Weinheim: Beltz.

Kirchler, E. & Schmidl, D. (2000). Schichtarbeit im Vergleich: Befindensunter-schiede und Aufmerksamkeitsvariation während der 8-Stunden- versus 12-Stunden-Schichtarbeit. *Zeitschrift für Arbeits- und Organisationspsychologie, 1,* 2-18.

Kittel, G.; Puringer, J. & Totter, S. (1997). *ArbeitnehmerInnenschutzgesetz in der Fassung von 1997. Merkblatt.* Wien: Allgemeine Unfallversicherungs-anstalt.

Klauer, K. J. (Hrsg.). (1993). *Kognitives Training.* Göttingen: Hogrefe.

Klugger, M. (1991). *Arbeitsbelastung und Gesundheit: Eine psychosomatische Betrachtung.* Unveröffentlichte Diplomarbeit, Wirtschaftsuniversität Wien, Institut für Wirtschafts- und Verwaltungsführung.

Köck, P.; Ent, E. & Berdel, D. (1993). *Bürogestaltung - Bestandaufnahme und zukünftige Entwicklung.* Wien: Wirtschaftskammer Österreich.

Kohn, M. L. (1985). Arbeit und Persönlichkeit: Ungelöste Probleme in der For-schung. In E. Hoff, L. Lappe & W. Lempert (Hrsg.), *Arbeitsbiographie und Persönlichkeitsentwicklung* (S. 41-73). Bern: Huber. [Zitiert nach Zapf, 1996]

Kohn, M. L. & Schooler, C. (1978). The reciprocal effects of the substantive complexity of work on intellectual flexibility: A longitudinal assessment. *American Journal of Sociology, 84,* 24-52. [Zitiert nach Zapf, 1996]

Kohn, M. L. (1991). *Persönlichkeit, Beruf und soziale Schichtung.* Stuttgart: Klett-Cotta.

Kolb, A.; Esterbauer, R. & Ruckenbauer, H.-W. (Hrsg.). (1998). *Cyberethik: Verantwortung in der digital vernetzten Welt.* Stuttgart: Kohlhammer.

Koller, M.; Cervinka, R.; Kundi, M. & Haider, M. (1986). Night Shift-Heavy Work's Law in Austria. In M. Haider, M. Koller & R. Cervinka (Hrsg.), *Night and Shiftwork Longterm Effects and their Prevention* (S. 473-474). Frankfurt: Peter Lang.

Koller, M.; Haider, M.; Kundi, M. & Cervinka, R. (1985). Gesundheitsrisiken durch Langzeitbelastungen – aufgezeigt am Beispiel der Nachtschichtarbeit. *Zentralblatt für Bakteriologie und Hygiene I, Originale B, 180,* 548-566.

185

Koller, M.; Kundi, M. & Cervinka, R. (1978). Field studies of Shift Work at an Austrian Oil Refinery. (I): Health and Psychosocial Well-Being of Workers who Drop Out of Shiftwork. *Ergonomics, 21, 835-847.*

Koller, M.; Kundi, M. & Haider, M. (1991). *Neue Herausforderungen menschengerechter Arbeitsgestaltung. Soziale, psychische und gesundheitliche Auswirkungen verschiedener Formen der Arbeitszeitflexibilisierung auf männliche und weibliche Arbeitnehmer und ihre Familien. Forschungsprogramm neue Arbeitszeitstrukturen.* Wien: Österreichischer Arbeitkammertag.

Kompier, M. & Levi, L. (1995). *Stress am Arbeitsplatz. Ursachen, Wirkungen und Verhütung. Broschürenserie der Europäischen Stiftung zur Verbesserung der Lebens- und Arbeitsbedingungen, Nr. 21.* Luxemburg: Amt für amtliche Veröffentlichungen der Europäischen Gemeinschaft.

Korunka, Ch. (1997). *Rahmenbedingungen der Arbeit mit modernen Informationstechnologien: Die „Wiener Umstellungsuntersuchung". Umstellungen an Computerarbeitsplätzen und ihre Auswirkungen auf Beanspruchung und Zufriedenheit.* Unveröffentlichte Habilitationsschrift, Universität Wien, Institut für Psychologie.

Krastel, D. (1995). Das Klima im Büro. In Bundesanstalt für Arbeitsmedizin (Hrsg.), *Arbeitsmedizinische Aspekte der modernen Büroarbeit. Fortbildungstag vom 10.09.1994 in der Bundesanstalt für Arbeitsmedizin* (S. 85-96). Berlin: Wirtschaftsverlag NW.

Kühlmann, T. M. (1983). Erholung vom Arbeitsalltag: Formen und Gestaltungsmöglichkeiten. *Arbeitsmedizin Sozialmedizin Präventivmedizin 18,* 220-223. [Zitiert nach Franke, 1998]

Kundi, M. (1989). A destabilisation theory on health impairments by night- and shiftwork, some tests about its predicitve value. *Zentralblatt für Hygiene und Umweltmedizin, 189,* 248-265.

Kundi, M. (Hrsg.). (1999). *Proceedings of the International Workshop on Possible Biological and Health Effects of RF Electromagnetic Fields. 25. – 28. October, University of Vienna.* Wien: International Workshop on Possible Biological and Health Effects of FR Electromagnetic Fields.

Kunst, V. (1994). *Angewandte Psychologie im Unternehmen.* Wiesbaden: Gabler.

Laaber, M. (1987). Der *Einfluss verschiedener Umweltparameter auf das Aufmerksamkeits- und Konzentrationsverhalten von Schulkindern unter besonderer Beachtung der „Spherics".* Unveröffentlichte Diplomarbeit, Universität Wien, Institut für Psychologie.

Lazarus, R. S. (1966). *Psychological stress and the coping process.* New York: McGraw Hill. [Zitiert nach Greif, 1991; zitiert nach Udris & Frese, 1988]

Lazarus, R. S. & Launier, R. (1981). Stressbezogene Transaktionen zwischen Person und Umwelt. In J. Nitsch (Hrsg.), *Stress. Theorien, Untersuchungen, Maßnahmen* (S. 213-260). Bern: Huber.

Lehmann, G. (1953). *Praktische Arbeitsphysiologie.* Stuttgart: Georg Thieme.

Lehmann, G. (1954). Arbeitsphysiologie. In Rationalisierungs-Kuratorium der Deutschen Wirtschaft, *Betrieb und Arbeitswissenschaften* (S. 99-108). München: Carl-Hauser.

Lehmann, G. (1962). *Praktische Arbeitsphysiologie* (2. überarbeitete und erweiterte Auflage). Stuttgart: Georg Thieme.

Leitner, E. (1998). *Der Einfluss der Körperhaltung auf die Konzentrationsleistung.* Unveröffentlichte Diplomarbeit, Universität Wien, Institut für Psychologie.

Leitner, K. (1993). Auswirkungen von Arbeitsbedingungen auf die psychosoziale Gesundheit. *Zeitschrift für Arbeitswissenschaft, 45,* 98-107.

Lengauer, R. (1996). Prävention = Konfusion? *Human ware News. Zeitschrift für menschenfreundliche Arbeitsplatzgestaltung, 2,* 6.

Lenzmann, A. & Oels, H. (1996). *Arbeitssicherheitsmerkblatt I. Allgemeine Information.* Wien: Wirtschaftskammer Österreich.

Lins, A. & Eschig, S. (1997). *Projektdokumentation Gesundheitsförderung in Österreich. Bericht.* Wien: Fonds Gesundes Österreich.

Lompscher, J. (Hrsg.). (1973). *Sowjetische Beiträge zur Lerntheorie. Die Schule P. J. Galperins.* Köln: Pahl-Eugenstein. [Zitiert nach Rollett, 1993]

Luczak, H. (1983a). Gestaltung der Arbeitsorganisation. Pausen. In W. Rohmert & J. Rutenfranz (Hrsg.), *Praktische Arbeitsphysiologie. Begründet von Gunther Lehmann* (S. 358-368). Stuttgart: Georg Thieme.

Luczak, H. (1983b). Voraussetzungen und Folgen menschlicher Arbeit. Ermüdung. In W. Rohmert & J. Rutenfranz (Hrsg.), *Praktische Arbeitsphysiologie. Begründet von Gunther Lehmann* (S. 71-86). Stuttgart: Georg Thieme.

Luczak, H.; Rohmert, W. & Rutenfranz, J. (1983). Was ist Arbeitsphysiologie. In W. Rohmert & J. Rutenfranz (Hrsg.), *Praktische Arbeitsphysiologie. Begründet von Gunther Lehmann* (S. 1-29). Stuttgart: Georg Thieme.

Luczak, H. & Volpert, W. (Hrsg.). (1997). *Das Bild der Arbeit.* Bern: Huber.

Lutz, R. & Mark, N. (Hrsg.). (1995). *Wie gesund sind Kranke? Zur seelischen Gesundheit psychisch Kranker.* Göttingen: Verlag für Angewandte Psychologie.

Maess, K. & Maess, Th. (2001). *Personaljahrbuch 2001. Wegweiser zur Zeitgemäßen Mitarbeiterführung.* Neuwied: Hermann Luchterhand.

Maintz, G. (1995). Der Büroarbeitsplatz – ein Gesundheitsrisiko? In Bundesanstalt für Arbeitsmedizin (Hrsg.), *Arbeitsmedizinische Aspekte der modernen Büroarbeit. Fortbildungstag vom 10.09.1994 in der Bundesanstalt für Arbeitsmedizin* (S. 5-11). Berlin: Wirtschaftsverlag NW.

Matthies, H.; Mückenberger, U.; Offe, C.; Peter, E. & Raasch, S. (1994). *Arbeit 2000. Anforderungen an eine Neugestaltung der Arbeitswelt – Eine Studie der Hans-Böckler-Stiftung.* Reinbeck: rororo.

Marstedt, G. & Mergner, U. (1986). *Psychische Belastungen in der Arbeitswelt. Theoretische Ansätze, Methoden und empirische Forschungsergebnisse.* Opladen: Westdeutscher Verlag.

Martin, H. (1994). *Grundlagen der menschengerechten Arbeitsgestaltung. Handbuch für die betriebliche Praxis.* Köln: Bund-Verlag.

Marschner, G. & Stender, B. (1972). *Revisions-Test (Rev.T).* Göttingen: Hogrefe.

Marschner, G. (1980). *Revisions-Test (Rev.T).* Göttingen: Hogrefe.

Marx, K. (1983). *Das Kapital. Kritik der politischen Ökonomie* (Band 1). Berlin: Dietz.

Mayring, Ph. (1996). Die Erfassung subjektiven Wohlbefindens. In A. Abele & P. Becker, *Wohlbefinden. Theorie - Empire - Diagnostik* (S. 51-70). München: Juventa.

McGrath, J. E. (1981). Stress und Verhalten in Organisationen. In J. Nitsch (Hrsg.), *Stress. Theorien, Untersuchungen, Maßnahmen* (S. 441-500). Bern: Huber.

Meissner, M. (1971). The long arm of the job. A study of work and leisure. *Industrial Relations, 10,* 239-260. [Zitiert nach Bamberg, 1995]

Methling, D. (1995). Beanspruchung des Sehorgans durch Bildschirmarbeit. In Bundesanstalt für Arbeitsmedizin (Hrsg.), *Arbeitsmedizinische Aspekte der modernen Büroarbeit. Fortbildungstag vom 10.09.1994 in der Bundesanstalt für Arbeitsmedizin* (S. 50-57). Berlin: Wirtschaftsverlag NW.

Mierke, K. (1957). *Konzentrationsfähigkeit und Konzentrationsschwäche.* Bern: Hans Huber. [Zitiert nach Beckmann & Strang, 1993]

Mohr, G. (1997). *Erwerbslosigkeit, Arbeitsplatzunsicherheit und psychische Befindlichkeit.* Frankfurt: Lang.

Molnar, M. (1997). *Psychologie im Arbeitnehmerschutz.* Unveröffentlichte Seminarunterlagen. (Human ware Wien, Institut für Gesundheit, Sicherheit und Ergonomie im Betrieb)

Moore-Ede, M. C. (1993). *The twenty-four-hour society: understanding human limits in a world that never stops.* Reading: Addison-Wesley. [Zitiert nach Richter, 1997]

Moosbrugger, H. & Oehlschlägel, J. (1991). Konzentrationsleistung ohne Konzentration? Zur Schätzung wahrer Leistungswerte im Aufmerksamkeits-Belastungs-Test d2. *Diagnostica, 37,* 42-51.

188

Moosbrugger, H. & Oehlschlägel, J. (1996). *Fair. Frankfurter Aufmerksamkeits-Inventar.* Bern: Hans Huber.

Müller-Limmroth, W. (1982). Bürogestaltung und Stress - Zusammenhänge und Wege positiver Beeinflussung. In F. Novotny (Hrsg.), *Bürogestaltung + Gesundheit* (S. 111-123). Baden-Baden: Fachverlag für Büro- und Organisationstechnik.

Müller-Limmroth, W. (1993). Stress, Stressreaktion, Stressoren, Distreß. In H. Schmidtke (Hrsg.), *Ergonomie* (S. 170-174). München: Carl Hanser.

Navon, D. & Gopher, D. (1979). On the Economy of the Human-Processing System. *Psychological Review, 86,* 214-255.

Nefiodow, l. (2000). *Der sechste Kontratieff* (4. Auflage). Sankt Augustin: RheinSieg.

Neuberger, O. (Hrsg.). (1985). *Arbeit. Begriff − Gestaltung − Motivation − Zufriedenheit.* Stuttgart: Ferdinand Enke.

Neuberger, M.; Cervinka, R. & Schoberberger, R. (1986). Gesundheitsvorsorge in einem Staubbetrieb. In R. Schindl (Hrsg.), *Lunge Umwelt am Arbeitsplatz* (S. 56-62). Linz: Universitätsverlag Rudolf Trauner.

Neuberger, M.; Cervinka, R., Schoberberger, R. & Piegler (1987). Präventivmedizinische Strategien: Aktionen zur allgemeinen Gesundheitsvorsorge im Betrieb. In E. Baumgartner (Hrsg.), *Arbeitsmedizinische Probleme in der Feinmechanik/ Gesundheitsberatung im Betrieb* (S: 47-61). Wien: Maudrich.

Nibel, H. (1995). *Augenermüdung und Beanspruchung (*Europäische Hochschulschriften, Reihe IV Psychologie, Band 520). Bern: Peter Lang.

Nibel, H. (1997). Augenbeschwerden bei Bildschirmarbeit. *Sichere Arbeit 5,* 35-36.

Nitsch, J. (1970). *Theorie und Skalierung der Ermüdung.* Berlin: Technische Universität.

Nitsch, J. (1976). Die Eigenzustandsskala (EZ-Skala) - Ein Verfahren zur hierarchisch-mehrdimensionalen Befindlichkeitsskalierung. In J. Nitsch & I. Udris. *Beanspruchung im Sport* (S. 81-102). Bad Homburg: Limpert.

Nitsch, J. (Hrsg.). (1981). *Stress. Theorien, Untersuchungen, Maßnahmen.* Bern: Huber.

Nitsch, J. & Udris, I. (1976). *Beanspruchung im Sport.* Bad Homburg: Limpert.

Norman, D. A. (1973). *Aufmerksamkeit und Gedächtnis.* Weinheim: Beltz.

Norman, D. A. & Bobrow, D. G. (1975). On data-limited and resource-limited processes. *Cognitive Psychology, 7,* 44-64.

Normenausschuß Ergonomie (1987). *Psychische Belastung und Beanspruchung DIN Norm Nr. 33 405.* Berlin: Beuth. [Zitiert nach Greif, 1991]

Novotny, F. (Hrsg.). (1982). *Bürogestaltung + Gesundheit.* Baden-Baden: Fachverlag für Büro- und Organisationstechnik.

Oberösterreichische Gebietskrankenkasse, Forum Gesundheit (1996). *Projekt Lehrlinge in Bewegung in der Lehrwerkstätte der VOEST Alpine Stahl Linz AG.* Unveröffentlichte Projektbeschreibung. (Oberösterreichische Gebietskrankenkasse Linz)

ÖNORM EN ISO 10075-1 (1996). *Ergonomische Grundlagen bezüglich psychischer Arbeitsbelastung. Teil 1: Allgemeines und Begriffe.* Wien: Österreichisches Normungsinstitut.

ÖNORM EN ISO 10075-2 (1996). *Ergonomische Grundlagen bezüglich psychischer Arbeitsbelastung. Teil 2: Gestaltungsgrundsätze.* Wien: Österreichisches Normungsinstitut.

ÖNORM prEN ISO 10075-3 (2002). *Ergonomische Grundlagen bezüglich psychischer Arbeitsbelastung. Teil 3: Messung und Erfassung der psychischen Arbeitsbelastung.* Wien: Österreichisches Normungsinstitut.

Orpen, Ch. (1978). Work and nonwork satisfaction: A causal correlational analysis. *Journal of Applied Psychology, 63,* 532-534.

Parkinson, R. S. (Ed.). (1982). *Managing health promotion in the workplace.* Palo Alto: Mayfield.

Pashler, H. E. (1998). *The Psychology of Attention.* Cambridge, MA: MITPress.

Pelikan, J. M.; Demmer, H. & Hurrelmann, K. (Hrsg.). (1993). *Gesundheitsförderung durch Organisationsentwicklung.* Weinheim: Juventa.

Peters, T. (1976). *Arbeitswissenschaften für die Büropraxis.* Ludwigshafen: Kiehl.

Pornschlegel, H.; Birkwald, R. & L. P. Schardt (1982). Erholzeiten und Pausen. In L. Zimmermann (Hrsg.), *Belastungen und Stress bei der Arbeit* (S. 166-210). Reinbeck: Rohwolt.

Pospischil, E. (1993). *Arbeitsmedizinisches Handbuch der Berufe.* Linz: Universitätsverlag Rudolf Trauner.

ppm forschung+beratung (Hrsg.). (2001). *Spagat innovative Gesundheitsförderung berufstätiger Frauen: Erfahrungen, Ergebnisse und Reflexionen eines Gesundheitsförderungsprojektes. Von der Anstrengung der Frauen, Berufstätigkeit und private Verpflichtungen zu vereinbaren.* Eigenverlag: Linz.

Quick, J. C.; Murphy, L. R.; Hurrell, J. J. & Orman, D. (1992). The Value of Work, the Risk of Distress, and the Power of Prevention. In J. C. Quick; L. R. Murphy & J. J. Hurrell (Eds), *Stress and well-being at work: assessments and interventions for occupational mental health* (pp. 3-13). Washington: American Psychological Association.

Quick, J. C.; Murphy, L. R. & Hurrell, J. J. (Eds). (1992). *Stress and well-being at work: assessments and interventions for occupational mental health.* Washington: American Psychological Association.

Radl, G. W. (1980). *Ergonomie an Büroarbeitsplätzen mit Bildschirmen.* Unveröffentlichte Referatkurzfassung vom 21. Mai 1980 am Institut der Arbeitswissenschaften der TU Wien. (Technischer Überwachungsverein Rheinland, Köln)

Rationalisierungs-Kuratorium der Deutschen Wirtschaft (RKW) (Hrsg.). (1954). *Betrieb und Arbeitswissenschaften* (Schriftenreihe des Rationalisierungs-Kuratoriums der Deutschen Wirtschaft, Band 7: Wege zur Rationalisierung). München: Carl-Hauser.

Rau, R. (1998). Ambulantes psychophysiologisches Monitoring zur Bewertung von Arbeit und Erholung. *Zeitschrift für Arbeits- und Organisationspsychologie, 4,* 185-196.

REFA-Methodenlehre des Arbeitsstudiums (1975). *Teil 2. Datenermittlung.* München: Eigenverlag.

Reulecke, W. (1991). Konzentration als trivalente Performanzvariable – theoretische Prämissen, Rastermodell und empirisches Umsetzungsbeispiel. In J. Janssen, E. Hahn & H. Strang (Hrsg.), *Konzentration und Leistung* (S. 63-73). Göttingen: Hogrefe.

Richter, P. (1997). Der Arbeitsbegriff im Wandel. In I. Udris (Hrsg.), *Arbeitspsychologie für morgen. Herausforderungen und Perspektiven* (S. 15-36). Heidelberg: Roland Asanger.

Richter, P. (1999a). Quo vadis – Arbeitspsychologie – 10 Jahre danach. In C. Graf Hoyos & D. Frey (Hrsg.), *Arbeits- und Organisationspsychologie. Ein Lehrbuch* (S. 695-704). Weinheim: Beltz / Psychologie Verlags Union.

Richter, P. (1999b). Zur Integration handlungspsychologischer und soziotechnischer Bewertungsansätze von Arbeitstätigkeiten. In W. Hacker & M. Rinck (Hrsg.), *Zukunft gestalten. Bericht über den 41. Kongreß der Deutschen Gesellschaft für Psychologie in Dresden 1998* (S. 268-275). Lengerich: Pabst Science Publishers.

Richter, P. & Hacker, W. (1998). *Belastung und Beanspruchung. Stress, Ermüdung und Burnout im Arbeitsleben.* Heidelberg: Roland Asanger.

Rieländer, S. & Brücher-Albers, C. (Hrsg.). (1999). *Gesundheit für alle im 21. Jahrhundert. Neue Ziele der Weltgesundheitsorganisation mit psychologischen Perspektiven erreichen.* Bonn: Deutscher Psychologen Verlag.

Rohmert, W. (1983). Mechanische Betrachtung menschlicher Arbeit. Statische Arbeit. In W. Rohmert & W. Rutenfranz (Hrsg.), *Praktische Arbeitsphysiologie. Begründet von Gunther Lehmann.* (S. 34-43). Stuttgart. Thieme.

Rohmert, W. (1984). Das Belastungs- und Beanspruchungskonzept. *Zeitschrift für Arbeitswissenschaft, 38,* 193-200.

Rohmert, W. & Laurig, W. (1993). Physische Beanspruchung durch muskuläre Belastungen. In H. Schmidtke (Hrsg.), *Ergonomie* (S. 121-142). München: Carl Hanser.

Rohmert, W. & Rutenfranz, J. (1983a). *Praktische Arbeitsphysiologie. Begründet von Gunther Lehmann* (3. neubearbeitete Auflage). Stuttgart: Georg Thieme.

Rohmert, W. & Rutenfranz, J. (1983b). Voraussetzungen und Folgen menschlicher Arbeit. Erholung und Pause. In W. Rohmert & W. Rutenfranz (Hrsg.), *Praktische Arbeitsphysiologie. Begründet von Gunther Lehmann.* (86-93). Stuttgart. Thieme.

Rollett, B. (1993). Die integrativen Leistungen des Gehirns und Konzentration: Theoretische Grundlagen und Interventionsprogramme. In K. J. Klauer (Hrsg.), *Kognitives Training* (S. 257-272). Göttingen: Hogrefe.

Rutenfranz, J. (1981). Arbeitsmedizinische Aspekte des Stressproblems. In J. Nitsch (Hrsg.), *Stress. Theorien, Untersuchungen, Maßnahmen* (S. 379-390). Bern: Huber.

Rutenfranz, J. & Rohmert, W. (1983). Voraussetzungen und Folgen Menschlicher Arbeit. Arbeitszeitprobleme. In W. Rohmert & W. Rutenfranz (Hrsg.), *Praktische Arbeitsphysiologie. Begründet von Gunther Lehmann.* (S. 128-131). Stuttgart. Thieme.

Rutenfranz, J.; Knauth P. & Nachreiner, F. (1993). Arbeitszeitgestaltung. In H. Schmidtke, *Ergonomie* (S. 574-599). München: Carl Hanser.

Ruppe, I. (1995). Moderne Bürotechnik und elektromagnetische Felder. In Bundesanstalt für Arbeitsmedizin (Hrsg.), *Arbeitsmedizinische Aspekte der modernen Büroarbeit. Fortbildungstag vom 10.09.1994 in der Bundesanstalt für Arbeitsmedizin* (S. 58-69). Berlin: Wirtschaftsverlag NW.

Salamann, G. (1984). *Community and Occupation: An exploration of work-leisure relationships.* Cambridge: Cambridge University Press.

Saupe, R. & Frese, M. (1981). Faktoren für das Erleben und die Bewältigung von Stress im Schreibdienst. In M. Frese, *Stress im Büro* (S. 199-224). Bern: Hogrefe.

Sauter, S. L. & Murphy, L. R. (1995). The Changing Face of Work and Stress. In S. L. Sauter & L. R. Murphy, (Eds.), *Organizational Risk Factors for Job Stress* (pp. 1-6). Washington, DC: American Psychology Association.

Sauter, S. L. & Murphy, L. R. (1995). (Eds.). *Organizational Risk Factors for Job Stress.* Washington, DC: American Psychology Association.

Schindl, R. (Hrsg.). (1986). *Lunge Umwelt am Arbeitsplatz.* Linz: Universitätsverlag Rudolf Trauner.

Schlicht, W. (1995). *Wohlbefinden und Gesundheit durch Sport.* Schorndorf: Karl Hoffmann.

Schmidt, R. & Thews, G. (1985). *Physiologie des Menschen* (22. korrigierte Auflage). Berlin: Springer.

Schmidtke, H. (Hrsg.). (1993). *Ergonomie* (3. neubearbeitete und erweiterte Auflage). München: Carl Hanser.

Schug, R. (1989). *Arbeit und Stress*. München: Bayrisches Staatsministerium für Arbeit und Sozialordnung.

Schulz, P. & Höfert, W. (1981). Wirkungsmechanismen und Effekte von Zeitdruck bei Angestelltentätigkeiten: Feld- und Laborstudien. In M. Frese, *Stress im Büro* (S. 72-93). Bern: Hogrefe.

Schwager, T. & Udris, I. (1995). *Was tun Betriebe für die Gesundheit ihres Personals? Recherche der Maßnahmen in der Gesundheitsförderung am Arbeitsplatz, RIGA.* Zürich: Eidgenössische Technische Hochschule, Institut für Arbeitspsychologie. [Zitiert nach Frieling & Sonntag 1999]

Schwarzer, R. & Leppin, A. (1996). Soziale Unterstützung und Wohlbefinden. In A. Abele & P. Becker, *Wohlbefinden. Theorie – Empirie – Diagnostik* (S. 175-189). München: Juventa.

Selye, H. (1981). Geschichte und Grundzüge des Stresskonzepts. In J. Nitsch (Hrsg.), *Stress. Theorien, Untersuchungen, Maßnahmen* (S. 163-187). Bern: Huber.

Semmer, N. (1984). *Stressbezogene Tätigkeitsanalyse. Psychologische Untersuchungen zur Tätigkeitsanalyse am Arbeitsplatz.* Weinheim: Beltz.

Semmer, N. (1997): Stress. In H. Luczak & W. Volpert (Hrsg.), *Das Bild der Arbeit* (S. 190-207). Bern: Huber.

Shiffrin, R. M. & Schneider, W. (1977). Controlled and Automatic Human Information Processing: II. Perpetual Learning, Automatic Attending, and a General Theory. *Psychological Review, 84,* 127-190.

Sonnentag, S. (1996). Arbeitsbedingungen und psychisches Befinden bei Frauen und Männern. Eine Metaanalyse. *Zeitschrift für Arbeits- und Organisationspsychologie, 3,* 118-126.

Sperling, J. (1983). *Pause als soziale Arbeitszeit.* Berlin: Die Arbeitswelt.

Steinberg, U. (1995). Büroarbeit – arbeitswissenschaftliche Aspekte. In Bundesanstalt für Arbeitsmedizin, Berlin, *Arbeitsmedizinische Aspekte der modernen Büroarbeit. Fortbildungstag vom 10.09.1994 in der Bundesanstalt für Arbeitsmedizin* (S. 12-26). Berlin: Wirtschaftsverlag NW.

Stiotta, B. (1993). *Der Einsatz von mentalen Entspannungstechniken im Berufsschulbereich und ihre Auswirkungen auf die Lern- und Gedächtnisleistung.* Unveröffentlichte Diplomarbeit, Universität Wien, Institut für Psychologie.

Stöger, I. (1986). *Die Auswirkung der Progressiven Muskelentspannung auf die Konzentrationsleistung.* Unveröffentlichte Dissertation, Universität Wien, Institut für Psychologie.

Stone, G. C.; Weiss, S. M.; Matarazzo, J. D.; Miller, N. E.; Rodin, J.; Belar, C. D.; Follick, M. J. & Singer, J. E. (Eds.). (1987). *Health Psychology.* Chicago: University Press.

Strümpel, B. (1995). Erwerbsarbeit im Wandel. In S. Greif; H. Holling & N. Nicholson, *Arbeits- und Organisationspsychologie. Internationales Handbuch in Schlüsselbegriffen* (S. 49-55). Weinheim: Beltz.

Testzentrale (1996). *Testkatalog 1996/97.* Göttingen: Hogrefe.

Tiger, L. (1979). *Optimism: The Biology of Hope.* New York: Simon & Schuster. [Zitiert nach Frank, 1996]

Thie, J. F. (1995). *Gesund durch Berühren. Touch for Health.* München: Irisiana.

Thierry, H. & Jansen, B. (1995). Arbeitszeit. In S. Greif; H. Holling & N. Nicholson, *Arbeits- und Organisationspsychologie. Internationales Handbuch in Schlüsselbegriffen* (S. 131-137). Weinheim: Beltz.

Treismann, A. M. (1964). Verbal Cues, language and meaning in selective attention. *American Journal of Psychology, 77,* 215-216.

Trimmel, M. (1990). *Angewandte und Experimentelle Neuropsychophysiologie.* Berlin: Springer.

Trimmel, M. (1997a). Neuropsychophysiologische Korrelate der mentalen Belastung durch Computertätigkeit. In E. Baumgartner (Hrsg.), *Qualitätskriterien in der Arbeitsmedizin: Praxis, Ausbildung und Überwachung, Modere Arbeitssysteme (u. a.) Telearbeit, Besonders schutzwürdige Personen am Arbeitsplatz* (S. 147-154). Hall in Tirol: Österreichische Gesellschaft für Arbeitsmedizin.

Trimmel, M. (1997b). *Wissenschaftliches Arbeiten. Ein Leitfaden für Diplomarbeiten und Dissertationen in den Sozial- und Humanwissenschaften mit besonderer Berücksichtigung der Psychologie* (2. Auflage). Wien: WUV.

Trimmel, M. (1998). Homo Informaticus – der Mensch als Subsystem des Computers? Thesen und empirische Ergebnisse zu psychologischen Auswirkungen der Mensch-Computer-Interaktion und der Informatisierung der Gesellschaft. In A. Kolb, R. Esterbauer & H.-W. Ruckenbauer (Hrsg.), *Cyberethik: Verantwortung in der digital vernetzten Welt* (S. 96-114). Stuttgart: Kohlhammer.

Trimmel, M.; Groll-Knapp, E.; Sammer, G.; Ganglberger, J. A. & Haider, M. (1985). Ereigniskorrelierte Potentiale: Selbstkontrolle des transcephalen DC-Potentials und Konzentrationsleistung. In D. Albert (Hrsg.), *Bericht über den 34. Kongreß der Deutschen Gesellschaft für Psychologie in Wien 1984* (S. 519-522). Göttingen: Hogrefe.

Troy, N. & Ulich, E. (1982). Die Arbeit am Bildschirm - Probleme und wie man sie bewältigt. In Novotny, F. (Hrsg.), *Bürogestaltung + Gesundheit* (S. 125-152). Baden-Baden: Fachverlag für Büro- und Organisationstechnik.

Udris, I. (1981). Stress in arbeitspsychologischer Sicht. In J. Nitsch (Hrsg.), *Stress. Theorien, Untersuchungen, Maßnahmen* (S. 391-499). Bern: Huber.

194

Udris, I. (1995). Soziale Unterstützung. In S. Greif; H. Holling & N. Nicholson, *Arbeits- und Organisationspsychologie. Internationales Handbuch in Schlüsselbegriffen* (S. 421-425). Weinheim: Beltz.

Udris, I. (Hrsg.). (1997). *Arbeitspsychologie für morgen. Herausforderungen und Perspektiven.* Heidelberg: Roland Asanger.

Udris, I. & Frese, M. (1988). Belastung, Fehlbeanspruchung und ihre Folgen. In D. Frey, C. Graf Hoyos & D. Stahlberg (Hrsg.), *Angewandte Psychologie. Ein Lehrbuch* (S. 427-447). München: Psychologie Verlags Union.

Udris, I & Frese, M. (1999). Belastung und Beanspruchung. In C. Graf Hoyos & D. Frey (Hrsg.), *Arbeits- und Organisationspsychologie. Ein Lehrbuch* (S. 429-445). Weinheim: Psychologie Verlags Union.

Udris, I. & Kaufmann, I. (1982). Psychische Belastung und Beanspruchung. In L. Zimmermann (Hrsg.), *Belastungen und Stress bei der Arbeit* (S. 110-165). Reinbeck: Rohwolt.

Ulich, E. (2001). *Arbeitspsychologie* (5. vollständig überarbeitete und erweiterte Auflage). Stuttgart: Schäffer Pöschl.

Ulich, E. (1999). Zukunft der Arbeit – Zukunft der Arbeitspsychologie. In C. Graf Hoyos & D. Frey (Hrsg.), *Arbeits- und Organisationspsychologie. Ein Lehrbuch* (S. 712-716). Weinheim: Beltz / Psychologie Verlags Union.

Ulich, E. & Frei, F. (1980). Persönlichkeitsförderliche Arbeitsgestaltung. In W. Volpert (Hrsg.), *Beiträge zur psychologischen Handlungstheorie* (S. 71-86). Bern: Huber. [Zitiert nach Zapf, 1996]

Ullsperger, P.; Junghanns, G. & Ertel, M. (1995). Stress am Bildschirmarbeitsplatz – aktuelle Befragungsergebnisse. In Bundesanstalt für Arbeitsmedizin (Hrsg.), *Arbeitsmedizinische Aspekte der modernen Büroarbeit. Fortbildungstag vom 10.09.1994 in der Bundesanstalt für Arbeitsmedizin* (S. 127-139). Berlin: Wirtschaftsverlag NW.

Vanecek, E. (1982). *Angewandte Lernpsychologie im Unterrichtsgeschehen.* Unveröffentlichte Habilitationsschrift, Universität Wien, Institut für Psychologie.

Vester, F. (1995). *Phänomen Stress.* München: Deutscher Taschenbuch Verlag.

Volpert, W. (Hrsg.). (1980). *Beiträge zur psychologischen Handlungstheorie.* Bern: Huber. [Zitiert nach Zapf, 1996]

Wallenstein, G. (1995). Das Sick-building-Syndrom. In Bundesanstalt für Arbeitsmedizin (Hrsg.), *Arbeits-medizinische Aspekte der modernen Büroarbeit. Fortbildungstag vom 10.09.1994 in der Bundesanstalt für Arbeitsmedizin* (S. 76-84). Berlin: Wirtschaftsverlag NW.

Walther, D. S. (1988). *Applied Kinesiology. Synopsis.* Pueblo: Systems DC.

Warr, P. (1995), Psychische Gesundheit und Arbeit. In S. Greif; H. Holling & N. Nicholson, *Arbeits- und Organisationspsychologie. Internationales Handbuch in Schlüsselbegriffen* (S. 385-389). Weinheim: Beltz.

Weber, H. & Laux, L. (1996). Bewältigung und Wohlbefinden. In A. Abele & Becker, P. (Hrsg.), *Wohlbefinden. Theorie – Empirie – Diagnostik* (S. 139-154). Weinheim: Juventa.

Weinert, A. B. (1987). *Lehrbuch der Organisationspsychologie* (2. erweiterte Auflage). München: Psychologie Verlags Union.

Weiss, C. (1980). *Wohlbefinden: Theorieentwurf und Testkonstruktion*. Bielefeld: Kleine. [Zitiert nach Abele & Becker, 1996]

Wenninger, G. (1999). Arbeits-, Gesundheits- und Umweltschutz als gemeinsame Aufgabe. In C. Graf Hoyos & D. Frey (Hrsg.), *Arbeits- und Organisationspsychologie. Ein Lehrbuch* (S. 105-121). Weinheim: Beltz/Psychologie Verlags Union.

Wenzel, A. (1999). Betriebliche Gesundheitsförderung – ein organisationspsychologisches Arbeitsfeld. In M. Rieländer & C. Brücher-Albers (Hrsg.), *Gesundheit für alle im 21. Jahrhundert. Neue Ziele der Weltgesundheitsorganisation mit psychologischen Perspektiven erreichen* (S. 277-282). Bonn: Deutscher Psychologen Verlag.

Westhoff, K. (1985). Eine erste Prüfung einer Konzentrationstheorie. *Diagnostica, 31,* 265-278.

Westhoff, K. (1991). Das Akku-Modell der Konzentration. In H. Barchmann, W. Kinze & N. Roth (Hrsg.), *Aufmerksamkeit und Konzentration im Kindesalter* (S. 47-55). Berlin: Verlag Gesundheit.

Westhoff, K. (1993a). *Handbuch psychosozialer Meßinstrumente.* Göttingen: Hogrefe.

Westhoff, K. (1993b). Zur Übbarkeit konzentrierten Arbeitens. In K. J. Klauer (Hrsg.), *Kognitives Training* (S. 247-256). Göttingen: Hogrefe.

Westhoff, K. & Hagemeister, C. (1991). *Zur Wirkung von Übung auf Konzentrationsfehler* (Vortrag bei der 1. Arbeitstagung für Differentielle Psychologie und Persönlichkeitsforschung, 20.-21. November 1991 in Heidelberg). [Zitiert nach Westhoff, 1993b]

Westhoff, K. & Kluck, M.-L. (1984). Ansätze einer Theorie konzentrativer Leistungen. *Diagnostica, 30,* 167-183.

Westhoff, K. & Lemme, M. (1988). Eine erweiterte Prüfung einer Konzentrationstheorie. *Diagnostica, 34,* 244-255.

Wieland-Eckelmann, R.; Allmer, H.; Kallus, K. W. & Otto, H. J. (1994). *Erholungsforschung – Beiträge der Emotionspsychologie, Sportpsychologie und Arbeitspsychologie.* Weinheim: Beltz.

Wiener Arbeitsgemeinschaft für Gesundheitsförderung (1997). *Gesundheitspreis der Stadt Wien.* Wien: Eigenverlag.

Zapf, D. (1996). Arbeit und Wohlbefinden. In A. Abele & P. Becker, *Wohlbefinden. Theorie – Empirie – Diagnostik* (S. 227-244). München: Juventa.

Zapf, D. & Frese, M. (1991). Soziale Stressoren am Arbeitsplatz. In S. Greif, E. Bamberg & N. Semmer (Hrsg.), *Psychischer Stress am Arbeitsplatz* (S. 168-184). Göttingen: Hogrefe.

Zimmermann, L. (Hrsg.). (1982). *Belastungen und Stress bei der Arbeit* (Humane Arbeit – Leitfaden für Arbeitnehmer, Band 5). Reinbeck: Rohwolt.

Zipp, P. (1983a). Mechanische Betrachtung menschlicher Arbeit. Bau und Funktion des Muskels. In W. Rohmert & W. Rutenfranz (Hrsg.), *Praktische Arbeitsphysiologie. Begründet von Gunther Lehmann.* (S. 30-34). Stuttgart. Thieme.

Zipp, P. (1983b). Mechanische Betrachtung menschlicher Arbeit. Dynamische Arbeit. In W. Rohmert & W. Rutenfranz (Hrsg.), *Praktische Arbeitsphysiologie. Begründet von Gunther Lehmann.* (S. 44-48). Stuttgart: Thieme.

10 Anhang

10.1 Abbildungsverzeichnis

10.2 Tabellenverzeichnis

10.3 Beispiel für ein Pausentagebuch

Seite 1

Pausentagebuch: Pausen und Konzentration am Büroarbeitsplatz

Datum	2.11.		3.11.		4.11.		5.11.		6.11.		7.11.		8.11.		9.11.		10.11.		11.11.	
Uhrzeit	10.00	15.00	10.00	15.00	10.00	15.00	10.00	15.00	10.00	15.00	10.00	15.00	10.00	15.00	10.00	15.00	10.00	15.00	10.00	15.00
Übungen:																				
Wechselspiel																				
Mühle																				
Ausgleichshaltung																				
Ohrenkneten																				
Schenkel zupfen																				
Augen-Achten																				
Neurolymphatische Massagepunkte																				

Datum	12.11.		13.11.		14.11.		15.11.		16.11.		17.11.		18.11.		19.11.		20.11.		21.11.	
Uhrzeit	10.00	15.00	10.00	15.00	10.00	15.00	10.00	15.00	10.00	15.00	10.00	15.00	10.00	15.00	10.00	15.00	10.00	15.00	10.00	15.00
Übungen:																				
Wechselspiel																				
Mühle																				
Ausgleichshaltung																				
Ohrenkneten																				
Schenkel zupfen																				
Augen-Achten																				
Neurolymphatische Massagepunkte																				

Datum	22.11.		23.11.		24.11.		25.11.		26.11.		27.11.		28.11.		29.11.		30.11.		1.12.	
Uhrzeit	10.00	15.00	10.00	15.00	10.00	15.00	10.00	15.00	10.00	15.00	10.00	15.00	10.00	15.00	10.00	15.00	10.00	15.00	10.00	15.00
Übungen:																				
Wechselspiel																				
Mühle																				
Ausgleichshaltung																				
Ohrenkneten																				
Schenkel zupfen																				
Augen-Achten																				
Neurolymphatische Massagepunkte																				

Pausentagebuch Gruppe Kinesiologie

PRN: 30

10.4 Linkempfehlungen

Ulrike Amon-Glassl, INDIVIDUAL CAOCHING Amon-Glassl OEG:
http://www.individualcoaching.at,
mailto:amon-glassl@individualcoaching.at

Allgemeine Unfallversicherungsanstalt: http://www.auva.or.at
BG-Netzwerk Prävention: http://www.bg-praevention.de
Bundesarbeitsgemeinschaft für Sicherheit und Gesundheit bei der Arbeit (Basi):
http://www.basi.de/
Bundesverband der Betriebskrankenkassen: http://www.bkk.de
Canadian Health Network (CHN): http://www.canadian-health-network.ca
ErgoNetz: http://www.ergonetz.de/
Ergonomie Online des IHA der ETH Zürich:
http://www.iha.bepr.ethz.ch/pages/ergo/ergo.htm
Europäische Agentur für Sicherheit und Gesundheitsschutz am Arbeitsplatz:
http://europe.osha.eu.int/ oder http://www.osha.de
Europäische Gemeinschaft – Öffentliche Gesundheit:
http://europa.eu.int/comm/health
Fakultät für Gesundheitswissenschaften der Universität Bielefeld:
http://www.uni-bielefeld.de/gesundhw
Fonds Gesundes Österreich: http://www.fgoe.org; http://www.gesundesleben.at
Forschungsverbundprojekt – GESINA (Gesundheit und Sicherheit in neuen
Arbeits- und Organisationsformen):
http://www.orgapsy.uni-dortmund.de/projekte/gesina/
Forum Arbeitsschutz: http://www.forum-as.de/
Gesellschaft für Arbeit und Ergonomie: http://www.ergo-online.de/
Gesundheitsforum Niederösterreich: http://www.gfnoe.at
Hauptverband der Berufsgenossenschaften: http://www.hvbg.de
Initiative Neue Qualität der Arbeit: http://www.inqa.de
International Labor Organization: http://www.ilo.org
Netzwerk „...mehr Gesundheit im Betrieb": http://www.gesanet.de
Netzwerk Betriebliche Gesundheitsförderung: http://www.netzwerk-bgf.at
Oberösterreichische Gebietskrankenkasse: http://www.ooegkk.at
Österreichische Sozialversicherung: http://www.sozialversicherung.at
Prävention Online: http://www.praevention-online.de
REFA Bundesverband: http://www.refa.de
World Health Organization: www.who.int

Betrieb aktiv -
Bewegung am Arbeitsplatz

GUTSCHEIN

- Warum Kurzpausenübungen?
- Kurzpausenübungen, aber richtig!
- Kurzpausenübungen, aber wann?
- Tipps zum Einstieg
- 10 Tipps zu einem gesünderen Arbeitsablauf

**Senden Sie uns den Gutschein
und Sie erhalten kostenlos die Foldersserie
Betrieb aktiv - Bewegung am Arbeitsplatz**

OÖ■GKK
FORUM GESUNDHEIT
www.ooegkk.at

Senden Sie mir gratis 8 Folder Kurzpausenübungen zu!

Name

Anschrift

PLZ/Ort

Einsenden an:
OÖ Gebietskrankenkasse
Referat GF
Gruberstraße 77
4021 Linz